LANGSONG YU YANSHUO

高等学校
播音与主持专业应用创新型人才
培养系列教材

朗诵与演说

总主编　庚钟银
主　编　王　洪
副主编　刘　铮

高等教育出版社·北京

总主编语

有人说，播音与主持艺术专业教育只存在于中国高校，其他国家不曾有闻，此话未必尽然。其实，我国高校中的播音与主持艺术专业，与欧美一些国家高校中的口语传播专业是颇为相近的。二者核心都是指向言语沟通，区别在于名称不同、容积不一。作为专业教育，传统意义上的播音与主持艺术确为口语传播区域内的一块重要领地。但目下中国，媒介生态变了，社会需求变了，时代观念变了，播音与主持艺术专业名称虽然可以继续沿用，内涵则不宜局限于以往的藩篱，而应相随突围，并且有所扩张，既需把守“艺术”身份，也要挺进“传播”王国，攫取更为丰富的生存与发展资源。

时至今日，我国开设播音与主持艺术专业的高校上百所，专业教育当由为广播电台电视台培养播音员、主持人的单一目标，拓展为面向社会培养相关人才的多个目标，甚至朝着素质教育转变。口语传播语境下，肩负更多使命的播音与主持艺术专业教育，对于培养播音员、主持人，对于塑造其他以言语沟通为重要手段的工作者，对于改善族群文明形象等，均具非凡意义。可想而知，社会往来中，人们如果擅于以言语的方式尊重地表达、准确地表达、艺术地表达，对职业、对人生、对族群将是一件多么响亮而美好的事情！

重新定位后的播音与主持艺术专业教育内容，不应只着眼于气息调动、吐字归音、语言口头表达技巧、非语言符号认知取用等元素的配制，也应着力于如何有理、有据、有序地声明，如何动心、动情、动容地交谈，如何政治、商业、文化地诉说，如何恰当、有效、智慧地传播等要义的深究。

显然，传统的专业教材难以与其乐观地呼应。

若此，编写与时俱进的播音与主持艺术专业教材便有了开朗的空间。

呈现在大家面前的高等学校播音与主持专业应用创新型人才培养系列教材，借鉴欧美国家高校口语传播专业的教育理念和教学内容，吸收国内外有关成果，结合我国高校播音与主持艺术专业建设需要，融播音、主持、配音、朗诵、演说、论辩、谈判、营销表达、新闻发言人表达，以及形象策划、体态语言设计等内容于一体，不吝传统性与现代性、国际化与革命化色彩的张扬，旨在使播音与主持艺术专业学生通过科学、系统地学习，跃入专业修养与人文修养交互渗透、交相辉映的境界，能够以不俗的气质去从容地面对工作、面对生活。

本系列教材包括《广播播音与主持》《电视播音与主持》《朗诵与演说》《形体与礼仪》《口语传播范例与作品分析》等5本。教材编写者均具长期的播音与主持艺术专业教学、科研及实践经验。教材编写紧密联系业界实际、学界需要，努力遵循教育教学规律，创新教育教学观念，聚合可靠知识养分，引进网络媒体手段，每一本都有新思想或新形态清爽出场。

本系列教材不囿于传统教材的写作方法，使用二维码技术关联了大量文字、音频、视频等案例，充分发扬了播音与主持专业视听艺术的特点，使教材更生动直观，方便读者的学习使用。

本系列教材的使用者不限于高校播音与主持艺术专业的师生，口语传播关联者皆可择而用之。期待本系列教材对使用者具有切实的助益；也期待使用者对本系列教材提出批评建议。

萌生编写一套对应现实需要、格局有别以往的播音与主持艺术专业教材的想法，已是五年前的事情了。而最终确定组织编写这套教材则是在两年前。这要感谢高等教育出版社编辑潘亚文女士对选题的肯定，更要感谢她对教材写作的坚强推动，也要感谢她的同仁为保证教材出版质量所付出的精心而细致的劳动。

但愿本套教材不负使用者，不负诸位编辑，不负朝气蓬勃、掷地有声的播音与主持艺术专业。

庚钟银

2016年1月16日

目录

朗诵篇

朗诵篇

第一章

朗诵概述

朗诵是一门语言艺术，具有非常悠久的历史，是人们感受和弘扬民族文化、传承经典传统文化的一种重要手段。作为朗诵篇的开头，本章将就朗诵的意义、朗诵的界定、朗诵的特征进行讨论。

第一节　朗诵的意义

朗诵是人们喜闻乐见的与有声语言表达有关的艺术活动，有着非常广泛的群众基础，无论任何职业、年龄、性别的人都可以参与其中。朗诵者通过有声语言、恰当的态势语言并结合舞台表演技巧和多种表现手段去表现文字作品，传情达意。这种表达往往能够直接体现出朗诵者的内心体验和情感共鸣，从而更加真实地反映出人们精神层面的需求和意识形态。

朗诵活动使我们更加深刻、清晰地感受到文学艺术作品的审美价值和社会价值。朗诵深深根植于我们的生活，润物细无声地拓展了我们的思维空间；它陶冶我们的情操，丰富我们的情感和内心世界，让文化内涵的种子深深种在我们的心中；它就像空气、阳光、雨露一样自然而然地存在着。朗诵艺术的魅力是无穷的，它塑造了我们优雅的气质，给我们的生活增添了无穷的浪漫气息。同时，它又是神秘的，或直白或隐晦地向我们传递着各种信息与情感，它营造出的艺术氛围和优美意境使人流连忘返。它不仅仅是对知识的传授，更是对人格、品格、性格的教育艺术。

朗诵是口语交际的一种重要形式。人们通过朗诵可以提高阅读能力，增强艺术鉴赏能力，更为重要的是，通过朗诵，我们可以陶冶自己的情操，开阔视野；可以有效地培养对语言词汇细致入微的体味能力以及确立口语表述最佳形式的自我鉴别能力。因此，研究朗诵的意义是极其必要的。

一、提升人文涵养，提高审美层次

席勒认为，从美的事物中找到美，这就是审美教育的任务。人的审美追求，在于提高人的精神境界，促进与实现人的发展；在于使这世界因为有我而变得更加美好。朗诵传递的是审美的感受和丰富的人文气息，我们可以从朗诵中收获审美的愉悦之感，培养情操，启迪思想，在朗诵的过程中，我们能够深深感受到文字作品所包含的创作者真挚的情怀与真诚的态度。我们也会有着对真、善、美的向往和追求。真就是文字作品中的真知灼见；善就是文字作品所呈现出的正能量和人文关怀，那种积极、健康、向上的人生观、价值观；美就是文字作品及朗诵的方式给我们带来的精神层面的审美享受。朗诵使我们在审美愉悦中完成了对自我的一种精神超越，使我们向真、善、美不断靠近。

二、传承经典文化，增强艺术鉴赏力

朗诵的丰富内涵应该被认识并深深融入人们的日常生活和精神世界，成为滋养民族生命力、凝聚力的甘泉。而诵读经典则是连接大众心灵与优秀传统文化的最直接的途径，同时，朗诵作为一门艺术形式也受到了优秀传统文化的浸润和熏陶。朗诵活动对于提高人们的思想品德、文化素质、艺术鉴赏力都有着巨大的作用，对于构建社会主义和谐社会，也具有重要而深远的意义。古语云："能读千赋，则善赋。"[1] 中国上下五千年积累下来的经典文学艺术作品是古圣先贤们思想智慧的结晶，更是无比宝贵的精神财富。通过朗诵这些作品，人们能够感受到其中那些鲜明、独特而感人的艺术形象，体会到独具魅力的艺术情怀，从而引发个人的思考与创作，提升个人的艺术修养与鉴赏能力。

1. 桓谭：《新辑本桓谭新论》，中华书局 2009 年版，第 52 页。

三、陶冶性情，提升艺术气质

我们从朗诵中收获的，除了文字的魅力与感染力之外，还有对性情的陶冶与对艺术气质的熏陶，这种提升是潜移默化的。在朗诵苏轼的作品时，我们对"腹有诗书气自华"有了更深刻的体会；在朗诵陶渊明的作品时，我们体会到了面对世外桃源的豁然开朗和超然的生活态度；在朗诵李白的作品时，我们感受到了"千金散尽还复来"的豁达与豪迈……朗诵给予我们的，是一种精神气质的自我提升和独立人格的完善，使我们懂得了一个人的快乐不源于外在的功名，而源于内心的充实、安宁与自得。朗诵不仅可以提升人们的文化素养，净化人们的心灵，更使人们对文学艺术作品的感悟有所升华。

四、引起心灵共鸣

所谓朗诵的心灵共鸣，即在朗诵活动中，朗诵者们对作品同时产生相同的意念或想法，从而达到心意相通的目的；朗诵者在朗诵活动中彼此影响、相互沟通、传情达意，使身心感到愉悦；朗诵者从朗诵中获得了无穷的、使自己身心愉悦的感受，并不断努力追求更多的灵感与创作激情。著名美学家宗白华说："一切美的光是来自心灵的源泉；没有心灵的映射，是无所谓美的。"[2]可见，朗诵活动如果没有朗诵者内心深处的共鸣与认同是无法呈现出审美效果和审美意义的。优秀的文字作品所呈现出的美，亦是需要朗诵者对作品进行感知—解读—呈现的过程，使自己的内心与作者相契合，才能被感受到。好的文字作品总是能轻易地打动我们——那种同呼吸、共命运、感同身受的感觉会自然而然地融入到我们的血液中去。通过朗诵，我们可以感受到作者内心深处的震颤与激荡，见作者之所见，闻作者之所闻，想作者之所想，体会作者写作时的那一份情怀，分享那一份心境，感受那一份喜悦和忧伤。

2. 宗白华：《美学与意境》，人民出版社 1987 年版，第 210 页。

五、增强形象思维能力

朗诵者通过对文学作品深刻理解与再创作的过程，能够了解准确的词语语意、生动的语法修辞、巧妙的构思布局、细致的描写、严谨的逻辑、优美的韵律等，从而潜移默化地增强想象力等形象思维的能力，无形当中也增强了自己的语言表达能力和表现力。

第二节　朗诵的界定

在中国，与"朗诵"有关的文献可以追溯到周朝。《周礼·大司乐》有言："兴、道、讽、诵、言、语。"注："倍文（背文）曰讽，以声节之曰诵。"[3]"讽"是背文的意思，而"诵"则是用优美的声音适当地运用节奏背文。诵，本意为背诵，朗读。《说文解字》："诵，讽也。"[4]《玉台新咏·古诗为焦仲卿妻作》："十五弹箜篌，十六诵诗书。"[5]

《现代汉语词典》对"朗诵"一词的解释为："大声诵读诗或散文，把作品的感情表达出来。"[6]《辞海》对"朗"的解释为："明亮。《诗·大雅·既醉》：'昭明有融，高朗令终。'"[7]"诵"的解释为："朗读……《论语·子路》：'诵《诗》三百。'"[8]

因此，我们可以理解为："朗"，即声音清晰、响亮；"诵"，即念、背诵。朗诵，就是用清晰、响亮的声音，结合各种语言手段来表达作品的思想感情的一种语言艺术。可进行朗诵的文学体裁多种多样，诗歌、散文、寓言、小说、戏剧等，都可以进行朗诵。

19 世纪以来，英国、法国、美国、俄罗斯等国的多数作家都热衷于朗诵，朗诵运动在文坛得以广泛开展。1984 年，我国的广播出版社出版了苏联符·尼·阿克肖诺夫的《朗诵艺术》，这是我们能看到的唯一一部有关朗诵方面的国外专著。列夫·托尔斯泰认为

3. 以上两句引自《十三经注疏》整理委员会整理，李学勤主编：《十三经注疏·周礼注疏（上、下）》，北京大学出版社 1999 年版，第 575 页。

4. 许慎撰：《说文解字（附检字）》，中华书局 1963 年版，第 51 页。

5. 徐陵编，吴兆宜注，程琰删补，穆克宏点校：《玉台新咏笺注》，中华书局 1985 年版，第 43 页。

6. 中国社会科学院语言研究所词典编辑室编：《现代汉语词典（第 6 版）》，商务印书馆 2015 年版，第 714 页。

7. 夏征农、陈至立主编：《辞海：第六版彩图本》，上海辞书出版社 2009 年版，第 1304 页。

8. 夏征农、陈至立主编：《辞海：第六版彩图本》，上海辞书出版社 2009 年版，第 2155 页。

艺术的定义是："只要作者所体验过的感情能感染观众或听众，这就是艺术。"[9]"在自己心里唤起曾经一度体验过的感情，在唤起这种感情之后，用动作、线条、色彩、声音，以及言词所表达的形象来传达出这种感情，使别人也能体验到这同样的感情——这就是艺术活动。"[10] 这些定义恰好解释了朗诵的作用。

9. 列夫・托尔斯泰著，何永祥译：《什么是艺术》，江苏美术出版社 1990 年版，第 59 页。

10. 列夫・托尔斯泰著，丰陈宝译：《艺术论》，人民文学出版社 1958 年版，第 48 页。

第三节　朗诵的特征

朗诵是朗诵者运用有声语言，准确、生动、形象地对文字作品进行二度创作的过程，使自己对文章的理解和感悟与作者写作时的心境相吻合，将文章的内涵通过自己的理解给予升华。所以，朗诵的特征也是十分明显的。

一、以有声语言为载体

有声语言是朗诵的唯一载体。文字作品中的语气、语调、语势、语感、抑扬顿挫、轻重缓急等都需要通过有声语言呈现出来。朗诵者的有声语言如果极具魅力，那么就会使朗诵的魅力大大提升。那些富有磁性的、动听的、吸引人的声音总是能让听者为之动容。有声语言又具有韵律美、音韵美、节奏美，朗诵者运用朗诵技巧，投入情感，使声音抑扬顿挫，从而使人有听下去的欲望。

二、二度创作是必然过程

朗诵虽然要依据文字作品来进行，但绝不是照本宣科、见字出声，而是要对文字作品进行真正的"创作"。朗诵者拿到一篇作品，在熟读之后要对其进行思考、揣摩，了解作品的相关资料，研究如何准确、得体地将作品呈现出来。文字是不可能把作者的全部想法都表达清楚的，"言不尽意"即为此意，朗诵者要在深入理解作品的基础上将那些隐藏于文字之外的意思补充进来；文字也不可能把一句话恰切的语气体现出来，这也要靠朗诵者运用有声语言的表达技巧进行"创作"；另外，朗诵本身就是一种创作，动听的声音、高超的表达技巧都在一定程度上为文字作品增色，加之配乐、灯光、舞美的设计等，使得朗诵成为一项创造性的活动。

三、个人特色显著

"一千个人心中有一千个哈姆雷特"。朗诵是朗诵者"二度创作"的过程，朗诵带有深深的朗诵者的"标签"。由于观念、学识、阅历、气质的不同，且对于作品的鉴赏力、感受力亦不相同，朗诵者对于作品的理解、感悟、共鸣都是不同的，因此，朗诵者对于作品的呈现方式也不是唯一的，而是带有显著的个人色彩和个性特征的，所以就有了不同的表现风格、形式和特色。正是显著的个人特色和朗诵的差异性，使朗诵本身更具有魅力和观赏性。

四、综合性突出

朗诵艺术是一项综合性的艺术，朗诵者只有具备一定的文化底蕴，才能更好地理解、感受、鉴赏文字作品；朗诵者要拥有较好的语音条件和表述能力，做到发音规范、口齿清晰；朗诵者要感情充沛，具备丰富的情感表达能力，使自己表情达意更加顺畅；朗诵者要具有一定的朗诵技巧，不同体裁的文学作品有着不同的朗诵技巧的要求，例如，散文需要朗诵者具有细腻的叙述方式，诗歌需要朗诵的节奏富有韵律感等；朗诵者要具备一定的舞台表现力，要敢于表现自己，淋漓尽致地呈现出作品需要表达的内容和艺术特征；此外，朗诵者还要不断提高政治思想觉悟、社会道德修养。上述内容，正是朗诵艺术综合性的体现，也是朗诵者应具备的综合素质的集中展现。

五、文学性与制约性并存

朗诵是依托文学作品而存在的，文学性是朗诵的重要特性。“朗诵的内容一般都是诗歌、散文、小说等文学作品。一些非文学作品，如社论、书信等，一旦作为朗诵材料，往往也会偏向于表现某个人的某种思想感情，自然带有明显的文学色彩。文学艺术也是语言的艺术。作品的人物形象、故事情节都是运用语言表现的。有声语言最能显示语言的风采和魅力。文学作品通过朗诵可以再现作品描写的人物形象、环境气氛和生活场景，充分发挥它的艺术魅力和教育作用。”[11] 朗诵能够细腻地诠释优秀文字作品的文化意蕴和精神内涵。那些优秀的文学作品往往主题鲜明、基调明确，语句优美，善于刻画和描写。在朗诵时，朗诵者只有深刻理解、揣摩文字作品的深层含义，调动自己的情绪，才能用富有表现力和感染力的有声语言进行表达。因此，朗诵带有非常鲜明的文学性。

11. 赵树森、郭启明主编：《口语表达训练教材》，语文出版社1986年版，第236页。

在朗诵活动中，文字作品对朗诵有一定的制约作用，即文字作品的基调、主题、情感等都是特定的，朗诵者不能随意发挥，脱离作品的实际。朗诵者无论是解读文字作品、抒发情感，还是运用朗诵技巧进行二度创作，都应在文字作品的“规定”之下进行。作品的基调、情感的浓淡、具体表达方式的选择都受到文字作品的制约，抛开文字作品而任意发挥脱离了朗诵的本质。

六、表演性与审美性兼具

朗诵与表演是密不可分的。无论多么简单的内容，无论多么小的舞台，只要是朗诵，就一定具有表演性。朗诵者在诠释文字作品、抒发内心情感的同时，会将表演自然而然地融入到朗诵中——眼神、表情、身段、动作、声音的抑扬顿挫、情感的表达等，都会给观众情景再现的感受。苏联戏剧家斯坦尼斯拉夫斯基关于戏剧理论的著作《演员自我修养》是苏联现实主义戏剧体系的主要代表作，这一体系对包括中国现代戏剧艺术在内的20世纪世界现实主义戏剧运动产生了很大的影响，其关于舞台台词的理论也丰富了朗诵艺术的理论。朗诵与表演之间的关系是密不可分的，朗诵者通过精心的舞台创意、设计和策划，运用恰如其分的角色感、态势语言，增强自己在舞台上的表现力，也使朗诵艺术的呈现变得异彩纷呈、魅力无穷。朗诵艺术的表演特别强调声音的造型美与情感的吸引力，以诵为主并辅以一定的情态、动作。当朗诵者走上舞台，朗诵的形式、配乐、灯光、舞美等又提高了其舞台实践的审美效应，产生独特的艺术魅力。朗诵诉诸听觉，变静止为动态，宛如给作品插上翅膀，直达人的心灵。朗诵艺术唤起了美感，美感使朗诵艺术熠熠生辉。[12]

12. 本段内容参考陈朝霞：《朗诵艺术：从审美意蕴的内化到声音表象的外化》，福建师范大学硕士学位论文，2008年。

七、朗诵魅力的展现——欣赏性、情感性、感染性

优质的朗诵作品，往往文采出众、声情并茂，也更有意境和情致。朗诵有助于我们理解和欣赏文学作品。朗诵活动是情感的载体，情感是语言的内蕴。要使语言训练与情感熏陶融为一体，就必须引导观众入其境、通其心、感其情，进而借助朗诵，以抑扬顿挫之声，表身临其境之意，抒深切真挚之情，以达到情自心中来，情自口中出的境界。朗诵的过程实质上是一个传情达意的再创作过程。朗诵者站在舞台上，是为了把自己对文字的理解和感受传给听众，而感受则是更加直接、生动、具体的一种体验：视觉感受、听觉感受、嗅觉感受、味觉感受、触觉感受、时间和空间的感受……这些感受要传递给听众，朗诵者就要以生动的形象、炽热的情感去感化听众，在听众与文学作品之间搭起一座桥梁，让听众产生共鸣。一个好的朗诵作品，会让听众动心动容。

第二章
朗诵的准备

朗诵者在朗诵前必须做好一系列的准备工作，如语音准备、心理准备、作品的准备以及辅助艺术元素准备。只有准备充足，朗诵者才能准确地把握作品内容，使情声气相结合，引起观众的共鸣。

第一节 朗诵的语音准备

朗诵是一种艺术性、技巧性很高的有声语言创作活动。没有标准的语音，没有咬字、发声、用气等语言表达的基本技巧，朗诵者便无法胜任这一复杂的创作活动。因而，良好的语音是朗诵的基础。朗诵对声音的要求，包括以下四个方面：准确规范，清晰流畅；圆润集中，朴实明朗；刚柔相济，虚实结合；色彩丰富，变化自如。要达到这一要求，朗诵者必须遵循一定的用气发声规律，从呼吸的控制、共鸣的运用、吐字归音和情声气和谐四个方面苦练基本功，还要掌握一些呼吸和口腔控制的特殊语言技巧。

一、呼吸技巧

呼吸和声音的关系非常密切，气动则声发，每个人开口说话都离不开呼吸。呼吸是我们发音的动力，声音轻重缓急、抑扬顿挫的变化都与呼吸有关。

（一）呼吸方式

最常见的呼吸方式有三种：胸式呼吸、腹式呼吸、胸腹联合式呼吸。

胸式呼吸是一种浅呼吸，又叫锁骨式呼吸，多见于女性。这种呼吸方式主要是靠肋间肌及斜角肌使胸廓放大、缩小，从而实现呼吸的一种方式。由于在使用胸式呼吸时胸部向前上方挺起，可明显看到锁骨及两肩的耸动，所以又叫锁骨式呼吸。有的人在朗诵时呼吸显得急促，甚至上气不接下气，这是因为他使用的是胸式呼吸，不能自如地控制自己的呼吸。胸式呼吸呼入呼出的气量少、气息弱，发出的声音尖细、轻飘、没有底气，而且胸式呼吸使声带常常处于比较紧张的状态，因此朗诵者在需要提高音量或持久发言时常力不从心。

腹式呼吸主要由横膈肌的上升与下降改变胸腔的上下径来实现控制的一种深呼吸。多见于成年男性和孩子。外部特征主要是随着呼吸的进行，腹部明显凸起、收回，胸部没有明显变化。腹式呼吸吸入的气量多，呼气发声时呼出气流的强度及流量有一定幅度的变化，气息较深，位置较低，发出的声音往往显得低沉，缺少弹性变化。腹式呼吸所产生的声音在日常交谈时显得从容、沉稳，但在演说、朗诵进入高潮部分需要高音时就无能为力了。

胸腹联合式呼吸的特点是胸腔、腹腔都配合呼吸进行收缩或扩张，尤其注重横膈肌的运动。这种呼吸方式不仅兼有胸式呼吸和腹式呼吸的优点，还有二者无法比拟的独特之处：首先，胸腹联合式呼吸能使胸、腹所有的呼吸器官都参与合作，使呼吸更稳健；其次，这种呼吸方式不但扩大了胸腔的周围径，而且扩大了胸腔的上下径，使胸腔的容积更大，吸入的气量更多；再次，这种呼吸方式有助于音色的美化。由于肋间肌的参与，控制膈肌升降的能力增强，呼出气流的强度变化明显，声音富于弹性变化，这使得音色不但坚实稳定而且响亮干净，最大限度地保证了在公众场所朗诵的声音效果。

气乃音之帅，朗诵需要充沛的气息保证良好的发声品质，所以朗诵者大多采用胸腹联合式呼吸。胸腹联合式呼吸的具体方法是：吸气后两肋扩大，横膈肌下降，小腹微收；呼气平稳、均匀、持久。气息控制和运用要根据朗诵作品的内容及情感来决定，要做到：吸气一大片，呼气一条线；气断情不断，声断意不断，把呼吸技巧的运用作为情感表达的手段。

下面用胸腹联合式呼吸法朗诵古诗，注意情感变化，力求声情并茂。

春　晓

孟浩然

春眠不觉晓，处处闻啼鸟。
夜来风雨声，花落知多少。

望庐山瀑布

李　白

日照香炉生紫烟，遥看瀑布挂前川。
飞流直下三千尺，疑是银河落九天。

出　塞

王之涣

黄河远上白云间，一片孤城万仞山。

羌笛何须怨杨柳，春风不度玉门关。

（二）用气技巧

气息是心灵焕发出来的动力，情感的起伏制约着气息的变化。气随情动是心理过程在生理上的反应。具体讲，气息状态的变化是在情感和心理需要的推动下，由于呼吸肌群活动的强度、持续时间和方法不同而造成的不同的控制状态，不同的控制状态又造成了不同的气流压力、气息流速、气息方式。不同的气息再与喉头、共鸣配合，便可表现为声音的高低、强弱、长短、刚柔、明暗、虚实、厚薄等种种变化。也就是说，没有多变的气息和使用技巧，便无法形成多色彩的声音。气息运用的各种技巧，并不是自然形成的，是需要习得的。这里，介绍几种常见的用气技巧。

1. 偷气

朗诵时，常常会遇到一些节奏较为紧凑、情绪比较连贯的语句，不容许有明显的停顿，也不适宜有明显的吸气动作，此时，运用偷气可以达到换气效果。偷气的方法是口鼻同时吸气，口腔动作小，吸气少，没有声响和换气的痕迹。

2. 续气

朗诵的内容如果语句较长，感情连贯，节奏逐渐加快，语势不断加强，需要一气呵成但不需要急促换气，就可以运用续气的方法。续气是将积蓄的气流反取上来逐渐消耗。

3. 叹气

叹气是朗诵中由于对作品内容的感叹而形成的一种气息状态。方法是先深吸一口气，然后长长地呼出，使全身松弛、舒缓。叹气多配合言语表示不满、焦虑。

4. 托气

托气指朗诵中屏住呼吸，形成“音断声停气不动”或“声断意不断”的状态。运用托气，可以生动、细腻地刻画出人物的心理状态，渲染气氛，制造悬念，能产生很好的艺术效果。

5. 抽气

抽气俗称“倒吸一口凉气”。方法是吸气时动作迅速，时间可长可短，一般伴随着从齿缝中发出的“咝”的声音。抽气常表示突然、惊吓、意外等状态。

6. 揉气

揉气是朗诵时吸气不太满，出气与字音糅合，气、声在口腔、咽腔、鼻腔等共鸣腔体中上下迂回运动，就像有某种力量在揉动。揉气常表示夸张的感情色彩。

7. 哼气

哼气的方法是自然吸气，口腔闭合，气息从鼻腔哼出，可伴着“哼”声，还可结合轻度的嘲笑声和面部表情。哼气常表示对事物的鄙视、轻视和嘲弄的态度。

8. 喘气

喘气是由于内心的冲击或形体的激烈运动而形成的急促呼吸方式。喘气一般呼吸量大，速度极快，俗称“上气不接下气”，表示慌乱、紧张、急促等感情色彩。

（三）呼吸训练

运用胸腹联合式呼吸在吸气时要做到双肩放松、两肋张开、横膈肌下降、小腹内收，呼气时要稳健平实、均匀持久。

训练时要注意，腹肌是气息的支撑点，气息靠腰的力量保持稳定，胸肺稳定才能保证气息均匀。气顺咽壁提到口，朗诵者均衡控制气息发出声音。颈不立，则咽壁松弛，声音无力。因此，与呼吸有关的各个部分都不能放松。

1. 慢吸慢呼训练

头正肩松，双目平视前方，深吸气，使腰肺气满，气入丹田，保持几秒时间，然后轻缓地呼出。发声练习要在呼气时进行。下面介绍几种常用的练习方法。

（1）做闻花香的练习：如闻玫瑰花，深呼吸，说：“真香啊！”吸气时，身体站直，双手自然下垂，头正肩松。呼气时，抬起手臂，手心对准口腔，通过手心感觉呼气是否均匀。

（2）数数字：一口气数“1，2，3，4，5，6……”注意吐字清晰、气息平稳。

（3）练习使用丹田气：呼气时均匀出声，练“ɑ”“i”，先低声，再高声。练习时小腹收缩，胸腰扩张，舌、下颚均放松。发声时两手轻按两肋，如出声时感到两肋发胀，就说明用上丹田气了。

2. 快吸慢呼训练

快吸慢呼要吸气深，呼气通畅。比如在收到让人惊喜的礼物时，你会迅速而短促地吸一口气，并保持气息，甚至在喊一声“啊”以后，还保持着吸气的状态，之后再将气呼出，这就是快吸慢呼。这种方法可以训练蓄气、控气的能力。下面介绍几种常用的练习方法。

（1）吹蜡烛：模拟吹灭蜡烛，深吸一口气后均匀缓慢地吹，尽可能让呼气的时间长一点，达到 25 ~ 30 秒。

（2）喊人名：快吸一口气，喊人名：“阿红。”喊人名时注意延长时间。

（3）绕口令：一口气说完下面的绕口令，注意节省气息，吐清字音。

一树枣儿

出东门，过大桥，
大桥底下一树枣儿，
拿着竿子去打枣儿。
青的多，红的少。
一个枣，两个枣，三个枣，四个枣，五个枣，
六个枣，七个枣，八个枣，九个枣，十个枣。
十个枣，九个枣，八个枣，七个枣，六个枣，
五个枣，四个枣，三个枣，两个枣，一个枣。

3. 换气、补气训练

朗读长句子或播报人名、地名名单，是练习换气、补气的好方法。

朗读下面一个自然段，注意换气和补气。

世界知名的泰航皇家风兰服务将连接北京、广州、昆明、上海经曼谷抵斯德哥尔摩、哥本哈根、伦敦、布鲁塞尔、阿姆斯特丹、巴黎、法兰克福、苏黎世、马德里、罗马、雅典、迪拜、马斯喀特、卡拉奇、科伦坡、加德满都、德里、加尔各答、达卡、仰光、普吉岛、合艾、槟城、吉隆坡、新加坡、雅加达、登巴萨、斯里巴加湾市、马尼拉、清迈、金边、万象、胡志明市、河内、汉城、福冈、大阪、名古屋、东京、佩斯、墨尔本、悉尼、布里斯班、奥克兰、洛杉矶等 70 个目的地。乘搭泰航往曼谷至世界各地，飞翔万里，快捷舒适。

朗读《三字经》片段，掌握换气和补气技巧。

人之初，性本善。性相近，习相远。
苟不教，性乃迁。教之道，贵以专。
昔孟母，择邻处。子不学，断机杼。
窦燕山，有义方。教五子，名俱扬。
养不教，父之过。教不严，师之惰。

4. 弱控制训练

弱控制训练是一种吸气深、呼气匀、控制气息、扩展音域的训练。

运用弱控制技巧，朗读下面古诗。

卜 算 子

苏 轼

缺月挂疏桐，漏断人初静。

谁见幽人独往来，缥缈孤鸿影。

惊起却回头，有恨无人省。

拣尽寒枝不肯栖，寂寞沙洲冷。

5. 强控制训练

强控制训练要求吸气深并保持一定气量，因为气不够喉咙会紧张；呼气要均匀、通畅、灵活。

扫描二维码或访问下列网址欣赏示范音频 2d.hep.cn/21103851/1

我爱这土地

艾 青

假如我是一只鸟，（慢吸慢呼）

我也应该用嘶哑的喉咙歌唱：

这被暴风雨所打击着的土地，（快吸慢呼）

这永远汹涌着我们的悲愤的河流，

这无止息地吹刮着的激怒的风，

和那来自林间的无比温柔的黎明……

——然后我死了（慢吸慢呼）

连羽毛也腐烂在土地里面。

为什么我的眼里常含泪水？（快吸慢呼）

因为我对这土地爱得深沉……

二、用声技巧

人体中，介于咽和气管之间的部分称为喉，肺呼出的气流通过喉部，使其中的声带发生振动，形成供共鸣器官产生音量、音色，供咬字器官加工语音的原始材料——喉原音。声音的产生在气息由下向上的定向输送过程中，声带产生了开—闭—开—闭的周而复始的高速运动，并使穿过声带的气流产生了疏—密—疏—密的变化，声波就此形成。如果把人的发声系统比作一件乐器，喉即是这件乐器的振动体，声带大体相当于乐器的琴弦、簧片。

声音的变化与声带振动的状态有着密切的关系。我们对于声音变化的分析还要从音高、音强、音长、音色几个声学物理特征来进行。

（一）音高的变化

音高是指声音的高低，也就是基音的频率及其变化。在保证音色和谐的前提下，人支配自己的音调而产生的声音高低变化的范围，在艺术发声中称为“音域”。音域的宽窄，是发声能力的重要标志之一。

在朗诵过程中，一般发高音时，共鸣主要以鼻腔共鸣为主，气息压力比较强，口腔和呼吸肌也比较紧；而发低音时，共鸣以胸腔共鸣为主，气息压力相对小于发高音时，口腔和呼吸肌也相对松于发高音时；发中音时，共鸣主要以口腔共鸣为主，气息压力最小，口腔和呼吸肌也最松。这是就一般情况而言，但在实际运用中，会有各种状态的不同组合。特别需要指出的是，朗诵者对共鸣腔的运用绝不是单一的，而是两种甚至是三种混合，但根据音高需要，以一种为主。也就是说，朗诵中，共鸣腔的运用是两种或三种的混合，只是不同的部位产生的共鸣比例不同而已。用好了共鸣，声音可以高低自如，色彩丰富，富于艺术表现力。

对音高的训练，可以做这样有效的练习。

1. 螺旋式上绕、下绕练习

用“ɑ”“i”音，由低起，螺旋上升，控制好气息，尽量扩展音域，随着声音的提高，注意体会小腹与两肋对抗力量的变化以及口腔内共鸣点似“指针后移”的感觉。练习要量力而行，循序渐进，避免喊叫。

2. 阶梯式升高、降低练习

首先可用单一元音或单一音节，从说话的自然音高中的某一个音开始，一次次地接连发音，一个音阶、一个音阶地逐次升高或降低。通过向声音高低两个方向扩展，扩大音域范围。对于发声偏高的人，应着重向低音方向扩展；发声偏低的人，应着重向高音方向扩展。练习时要注意说与唱的区别，避免唱出音节。

3. 由高到低，使用不同的音高读下面的句子

在读下面的句子时，要找出自己满意的、适合于朗诵的音高，把这一音高与自己习惯使用的音高比较，看看是否存在习惯性发声偏高或偏低的问题，根据自己的问题，再确定下一步的练习内容。

（1）人生的意义在于奉献，而不是索取。

（2）我们的提高，是在普及基础上的提高；我们的普及，是在提高指导下的普及。

（3）人不要把自己个人得失看得那么重，重要的是要看自己对人类、对党的事业贡献有多大。

（4）中国中央电视台。

（5）各位领导、各位嘉宾、现场的各位观众朋友们，大家晚上好！

4. 运用音高变化朗读这首词，注意音高的起伏变化

扫描二维码或访问下列网址欣赏示范音频
2d.hep.cn/21103851/2

满　江　红

岳　飞

怒发冲冠，凭栏处、潇潇雨歇。
抬望眼，仰天长啸，壮怀激烈。
三十功名尘与土，八千里路云和月。
莫等闲，白了少年头，空悲切！
靖康耻，犹未雪；臣子恨，何时灭？
驾长车，踏破贺兰山缺。
壮志饥餐胡虏肉，笑谈渴饮匈奴血。
待从头、收拾旧山河，朝天阙。

（二）音强的变化

音强是指声音的强弱。它主要与气流的压力大小有关，口腔及呼吸肌的松紧，对音强也有影响。

音强的强弱没有绝对的标准。强与弱自身又可分为不同程度。如以平时自如的说话音量为适中，那么，比其声音大的为强，强又可分为中强、较强、更强等不同层级。一般用强声说话，气息压力强，呼吸肌和咬字肌比较紧。比适中的声音弱的为弱，弱可分为较弱、更弱等不同层级。用弱声说话，气流压力较小，呼吸肌及咬字肌比较松。

练习喊话。注意声音的层次感、立体感：高、中、低、底。

我们对着高山喊：祖国，我爱你！
我们对着大地喊：祖国，我爱你！
我们对着森林喊：祖国，我爱你！
我们对着大海喊：祖国，我爱你！

练习对话。注意保持声音位置和用气息支撑，由近及远或由远及近地变化音强。

甲：你上哪儿去？
乙：我到宿舍拿教材。
甲：请你把我的教材也带来。
乙：你的教材在哪里啊？

甲：在我书架上。

乙：好的。

（三）音长的变化

音长是指声音延续的长短。它与气息的长短有很大的关系，但音长的长短与气息的长短并不相等。音长的长短可以影响语速，但不绝对。如字音短，这类字音相连，语流就快；相反，如字音长，这类字音相连，语流就慢。音长在朗诵中的作用也举足轻重。它既可以用来充分表现语言的内涵与韵味，又可以用来表现各种不同的情感，增强感染力与艺术性。

比如，《东方红》朗诵词中的“星火燎原”，从音长的角度可以做这样的处理：

（语速渐慢——慢、沉痛）

突然间，天空出现了乌云，大地卷起了狂风——蒋介石背叛了革命，大屠杀开始了。中国共产党人和革命群众的鲜血，染红了黄浦滩头、珠江堤畔、湘江两岸……一直到大河上下，长城内外。

（语速渐快——快、坚强、有力）

但是，人民是杀不绝的，革命是扑不灭的，共产党人是吓不倒的！“他们从地下爬起来，揩干净身上的血迹，掩埋好同伴的尸首，他们又继续战斗了。”

（四）音色的变化

音色也叫音质，它是一个声音区别于其他声音的基本特征。每个人由于发声体、共鸣腔先天的区别，音色是不同的，有的清亮、有的淳厚、有的柔和、有的生硬、有的纤细、有的粗哑、有的甜美、有的怪异。这是一个人声音高低、强弱以及声音中基音和陪音的各种差异等综合因素的反映，也是每个人发声时生理差异的反映。一个人的个性音色是不以人的意志为转移的。不过，音色在某种程度上是可以变化的，同一个人的音色，在一定范围内可以有宽窄、明暗、刚柔、虚实的变化。音色的变化是通过气息位置的深浅、气息量的大小、口腔开度的不同、唇舌力度的强弱、咬字位置的前后等多方面的控制变化得来的，而且是受到具体情感影响的。以音色刚柔的变化为例，气息足一些，口腔开度大一些，唇舌力度强一些，声音就有“刚”的色彩；相反，气息少一些，气流速度和缓一些，口腔开度小一些，唇舌力度弱一些，声音就相对“柔”一些。明亮的声音，口腔开度要大；口腔开度小，舌位靠后，音也就显得闷暗。有的人用声习惯不好，不科学，原本不错的音色由于“压喉”或“捏挤”，变得难听。

音色运用，一定要遵循自然的原则，因为朗诵不是在塑造一个剧本中的角色，朗诵者应当真诚面对观众，不允许为声音刻意“化妆”。因此，不要模仿别人的声音，任何违背自己生理条件硬去模仿别人音色的做法都是愚蠢的，是会造成发声器官病变的。用声“挫挤压抻”、喉音重、鼻音重，就是盲目追求某种音色造成的，这种声音是很容易使嗓子疲劳的，而且会恶性循环，使声音彻底嘶哑。如果表达具体情感时需要一定的音色变化，就要通过气息强弱、口腔控制进行调整。通过练习不同感情色彩的古诗词的朗诵，朗诵者可以悉心体会音色变化的方法。

1. 体悟“以实为主，虚实结合”的音色

声音色彩的变化最主要的是虚实的变化。实声是声带闭拢时发出的声音，虚声是声带较为松弛、声门适度张开时发出的声音。在音高、音量比较自然和“宽窄”适度的情况下，发出实声的 a 或 i 的长音，在保持基本状态不变的情况下，只稍稍放松气力，在有少许“回音”感的情况下，再次发音，便是“以实为主，虚实结合”的音色。

2. 对比训练

（1）单元音音色对比练习：

a （实声）—a（虚声）

i （实声）—i （虚声）

a （实声）—a（虚实声）—a （虚声）

o （实声）—o（虚实声）—o （虚声）

（2）复韵母音色变化练习：

ai （实声）—ai（虚实声）—ai（虚声）

ei （实声）—ei（虚实声）—ei（虚声）

（3）词语过渡训练：

大（实）—海（虚）—啊（实）

大（虚）—海（实）—啊（虚）

3. 综合训练

朗诵感情色彩强烈的文学作品，体会虚实表达的色彩变化。如苏轼的《水调歌头》。

水调歌头

苏 轼

明月几时有？把酒问青天。不知天上宫阙，今夕是何年。我欲乘风归去，又恐琼楼玉宇，高处不胜寒。起舞弄清影，何似在人间！

转朱阁，低绮户，照无眠。不应有恨，何事长向别时圆？人有悲欢离合，月有阴晴圆缺，此事古难全。但愿人长久，千里共婵娟。

朗诵《岳阳楼记》，要语音纯正，立字响亮悦耳、圆润动听。

岳阳楼记

范仲淹

庆历四年春，滕子京谪守巴陵郡。越明年，政通人和，百废具兴。乃重修岳阳楼，增其旧制，刻唐贤今人诗赋于其上。属予作文以记之。

予观夫巴陵胜状，在洞庭一湖。衔远山，吞长江，浩浩汤汤，横无际涯；朝晖夕阴，气象万千。此则岳阳楼之大观也，前人之述备矣。然则北通巫峡，南极潇湘，迁客骚人，多会于此，览物之情，得无异乎？

若夫霪雨霏霏，连月不开；阴风怒号，浊浪排空；日星隐耀，山岳潜形；商旅不行，樯倾楫摧；薄暮冥冥，虎啸猿啼。登斯楼也，则有去国怀乡，忧谗畏讥，满目萧然，感极而悲者矣。

至若春和景明，波澜不惊，上下天光，一碧万顷；沙鸥翔集，锦鳞游泳；岸芷汀兰，郁郁青青。而或长烟一空，皓月千里，浮光跃金，静影沉璧；渔歌互答，此乐何极！登斯楼也，则有心旷神怡，宠辱皆忘，把酒临风，其喜洋洋者矣。

嗟夫！予尝求古仁人之心，或异二者之为。何哉？不以物喜，不以己悲。居庙堂之高则忧其民；处江湖之远则忧其君。是进亦忧，退亦忧。然则何时而乐耶？其必曰：先天下之忧而忧，后天下之乐而乐欤！噫！微斯人，吾谁与归！

时六年九月十五日。

三、吐字归音技巧

朗诵对吐字归音的要求比较高。字是意义与情感的负载体，朗诵者必须通过适当的吐字归音才能传情达意。朗诵是通过话筒等电声设备传达语言的，因而，要求吐字归音更加清晰、集中、自如。吐字归音是学习朗诵必须训练的重要基本功。我们把一个音节的发音过程分为“出字、立字、归音”三个阶段。出字是指声母和韵头（介音）的发音过程，立字是指韵腹（主要元音）的发音过程，归音是指音节发音的收尾（韵尾）过程。那么，吐字归音的基本要领是：出字要准确有力，有叼住弹出之感；立字要拉开立起，明亮充实，圆润饱满；归音趋向要鲜明，迅速到位，干净利落。一个音节的发音过程要求有头有尾，构成一个“枣核型”：声母、韵头为一端，韵尾为一端，韵腹为核心。字的中间发音动程大，时间长，字的两头发音动程小，关合所占时间也短。

（一）吐字要清晰

出字即吐字，指发声母（头）和韵头（颈）的阶段，要求发音部位一定要准确，并且弹发有力，主要体现在声母的发音上。吐字的技巧不仅关系到音节的清晰度，而且关系到声音的圆润、饱满。

首先，我们要做到熟练地掌握常用词语的标准音。朗诵时，要熟悉每个音节的声母、韵母、声调，按照它们的标准音来发音。其次，要力求克服发音含糊、吐字不清的毛病。比如：声母的成阻阶段比较马虎，不注意发音器官的准确部位；韵母阶段不注意口形和舌位；发音吐字速度太快，没有足够的动程。朗诵与平时说话不同，要使每个音节清晰悦耳，发音就要有一定的力度和动程。每个音素都要到位，平时多练习绕口令就是为了打好吐字的基本功。

1. 口腔控制的总体把握

口腔控制是吐字到位的保证。不具备良好的口腔控制能力想叼住字也叼不住，想使字拉开立起也做不到。因而，咬字与口腔控制紧密相关。

朗诵时口腔控制的总体感觉是：开口如半打哈欠，闭口如啃苹果。口腔控制的要领是：提颧肌、开牙关、挺软腭、松下巴、唇舌力量集中。

口腔控制应注意在训练表达时口腔开合的自如、灵活，扩大口腔容量。训练方法如下：

（1）提颧肌。颧肌用力向上提起，鼻孔略张开，面部略带笑容。

（2）开牙关。上下槽牙间保持一定的距离。

（3）挺软腭。半打哈欠时，可以体会到软腭挺起的状态。

（4）松下巴。发音时，下巴自然内收放松。

（5）唇舌力量集中。唇的力量集中到唇的中部；舌的力量集中时舌体取收势，把力量集中到舌的前部中纵线上。

下面，运用口腔控制的方法朗诵两首诗：

绝　　句

杜　甫

两个黄鹂鸣翠柳，一行白鹭上青天。
窗含西岭千秋雪，门泊东吴万里船。

泊　秦　淮

杜　牧

烟笼寒水月笼沙，夜泊秦淮近酒家。
商女不知亡国恨，隔江犹唱后庭花。

2. 唇舌训练

唇舌训练应注意在练习表达时双唇和舌位的灵活性及力度。训练方法包括：

（1）唇的练习

① 喷：也称作双唇后打响，双唇紧闭，将唇的力量集中于后中纵线三分之一的部位，唇齿相依，不裹唇，阻住气流，然后突然连续喷气出声，发出 p，p，p 的音。

② 咧：将双唇闭紧尽力向前噘起，然后将嘴角用力向两边伸展。反复进行。

③ 撇：双唇闭紧向前噘起，然后向左歪、向右歪、向上抬、向下压。

④ 绕：双唇闭紧向前噘起，然后向左或向右做 60 度的转圈运动。

（2）舌的练习

① 刮舌：舌尖抵下齿背，舌体贴住齿背，随着张嘴的动作，用上门齿齿沿刮舌叶、舌面，使舌面能逐渐上挺隆起，然后，将舌面后移向上贴住硬腭前部，感觉舌面向头顶上部"百会"穴的位置立起来。这一练习对于增加舌面隆起的力量、打开后声腔和纠正"尖音"很有效。口腔开度不好的人、舌面音 j，q，x 发音有问题的人可以多练习。

② 顶舌：闭唇，用舌尖顶住左内颊，用力顶，似逗小孩儿假装嘴里有糖状，然后，用舌尖顶住右内颊做同样练习。如上左右交替、反复练习。

③ 伸舌：将舌伸出唇外，舌体集中，舌尖向前、向左右、向上下尽力伸展。这一方法主要为了舌尖能集中用力。

④ 绕舌：闭唇，把舌尖伸到齿前唇后，向顺时针方向环绕 360 度，然后向逆时针方向环绕 360 度，交替进行。

⑤ 立舌：将舌尖向后贴住左侧槽牙齿背，然后将舌沿从齿背推至门齿中缝，使舌尖向右侧翻，然后做相反方向的练习。这一练习对于改进边音 l 的发音有益。

⑥ 打响舌。将舌尖顶住硬腭、用力持阻，然后突然弹开，发出类似"de"的响声。

⑦ 捣舌。将枣核状物体（枣核、橄榄核等）尖端对正口腔前后中纵线放在舌面上，用舌面挺起的动作使它翻转，反复练习。

3. 口齿训练

朗诵发音要有一定的力度和时值，每个音素都要到位。口齿训练应注意克服方言障碍，纠正发音缺陷，训练发音力度与清晰度。

（1）正音练习

根据普通话的读音标准，校正自己的地方口音和习惯音。正音练习包括很多内容，主要有：平舌音和翘舌音练习，鼻音和边音练习，送气音和不送气音练习，前鼻音和后鼻音练习等。我们列举一些难点声母对比训练和难点韵母对比训练。

① 难点声母对比训练

Ⅰ. 送气音和不送气音的分辨

《汉语拼音方案》的声母表中，在塞音和塞擦音两组音中各有3个送气音、3个不送气音。所谓“送气”指的是气流送出的状态，送气、不送气是相对而言的，没有不用气就可以发出的音素。发音时气流微弱且短的，自然地流出的是不送气音；用力喷出一口气的叫送气音，在普通话中它有辨义的作用。

两字词的比较：

b，p	被服—佩服	饱了—跑了	步子—铺子	鼻子—皮子
d，t	队伍—退伍	调动—跳动	河道—河套	肚子—兔子
g，k	挂上—跨上	天公—天空	关心—宽心	干完—看完
j，q	精华—清华	尖子—扦子	长江—长枪	吉利—奇丽
zh，ch	摘花—拆花	竹纸—竹尺	大志—大翅	扎针—插针
z，c	子弟—此地	清早—青草	大字—大刺	坐落—错落

两字词的连用：

b，p	编排	被迫	奔跑	爆破
p，b	陪伴	破败	盘剥	配备
d，t	代替	地毯	带头	灯塔
t，d	态度	天地	偷盗	坦荡
g，k	赶快	港口	功课	高亢
k，g	开工	肯干	客观	考古
j，q	机器	价钱	近亲	坚强
q，j	抢救	请假	千斤	勤俭
zh，ch	支持	专长	战船	征程
ch，zh	吃斋	车站	城镇	沉重
z，c	字词	早餐	杂草	资财
c，z	参赞	存在	刺字	操纵

Ⅱ. 平舌音和翘舌音的分辨

练习时首先要能够分辨平舌音和翘舌音，其次要找出两组音发音的区别在什么地方。共同点是舌头整个呈现出马鞍形，即有两个焦点，一个在前（舌头与上齿龈），一个在后（舌面后部与硬腭），前高后低，舌面中部呈下凹形态。舌尖前音的第一焦点比舌尖后音靠前，但第二焦点舌尖前音比舌尖后音靠后。舌尖前音的舌面中部下凹度较浅，而舌尖后音的舌面下凹度较深。

两字词的比较：

z，zh	短暂—短站	栽花—摘花	自立—智力	小邹—小周
c，ch	藏身—长生	一层——成	仓皇—猖狂	有刺—有齿
s，sh	四十—事实	三哥—山歌	散光—闪光	私自—识字

两字词的连用：

z，zh	宗旨	自转	作者	增殖	尊重
zh，z	职责	正宗	制作	知足	寨子
c，ch	错车	彩绸	财产	此处	猜出
ch，c	差错	车次	储藏	纯粹	陈醋
s，sh	私事	四声	色深	散失	撒手
sh，s	世俗	输送	山色	收缩	失算

Ⅲ. 翘舌音和舌面音的分辨

翘舌音与舌面音易在粤方言区产生问题，如“知道”（zhī dào）和“机到”（jī dào）不分。分辨这两组声母，首先要学会发音要领。它们的发音方法有相同之处，都是塞擦音，不送气音，但发音部位不同。发翘舌音，舌尖翘起后，顶住或靠近齿龈后部。而发舌面音，舌面前部要抵住或接近硬腭前部。

两字词的比较：

zh，j	标志—标记	朝气—娇气	总之—总机	杂志—杂技
ch，q	长生—强身	池子—旗子	船身—全身	痴人—奇人
sh，x	诗人—昔人	湿气—吸气	时期—星期	胜利—犀利

两字词的连用：

zh，j	战舰	章节	真假	折旧
j，zh	价值	急诊	加重	记者
ch，q	插曲	初期	唱腔	常情
q，ch	起程	球场	汽车	清澈
sh，x	水仙	顺心	升学	瘦小
x，sh	协商	显示	欣赏	兴盛

Ⅳ. 舌面音的练习

舌面音 j，q，x 跟 i，ü 或以 i，ü 开头的韵母拼合的，叫团音；舌尖前音 z，c，s 跟 i，ü 或以 i，ü 开头的韵母拼合的，叫尖音。普通话里没有尖音，只有团音。目前，一部分人把舌面音发成了尖音，也就是说舌面音发得太靠前了。

两字词的练习：

j	嘉奖	健将	讲解	简洁
q	亲切	轻巧	气球	秋千
x	新鲜	雄心	相信	行销

混合练习：

j，q	坚强	解劝	进取	就寝
j，x	焦心	酒席	俊秀	迹象
q，j	清洁	奇迹	起居	巧计
q，x	抢先	前线	亲信	取消
x，j	消极	细节	先进	夏季
x，q	稀奇	戏曲	向前	小桥

Ⅴ. 舌尖前音的练习

舌尖前音 z，c，s 是易产生问题的一组音。主要的问题是舌尖不够“尖”，形成舌面前部（舌叶）与上齿龈接触面大或过紧而产生噪声，另外就是舌尖没与上齿背成阻，跑到两齿中间去了，这就是所谓“大舌头”。只有注意发音部位的准确，才能发准舌尖前音。

两字词的练习：

z	曾祖	最早	总则	造作
c	寸草	从此	苍翠	草丛
s	思索	琐碎	僧俗	搜索

混合练习：

z，c	遵从	座次	杂草	早餐
z，s	棕色	走私	阻塞	砸碎
c，z	存在	操作	参赞	嘈杂
c，s	醋酸	蚕丝	厕所	粗俗
s，z	塞子	散座	四则	色泽
s，c	私藏	松脆	色彩	酸菜

Ⅵ. 唇齿音 f 和舌根音 h 的分辨

要学会发音要领，弄清楚相同之处及不同之处是什么。首先，它们的发音方法是一样的，都是清擦音，区别是在成阻部位上。唇齿音 f 是上齿和下唇形成阻碍，而舌根音 h 的成阻部位在舌根和硬腭与软腭交界处。了解发音部位是分辨两个声母的前提。其次，要进行听力训练，从听感上灵敏地区分 f，h。在这个基础上根据音节表加强记忆。

两字词的比较：

f，h　　开发—开花　　开方—开荒　　公费—公会　　废话—绘画

两字词的连用：

f，h　　防护　　分化　　反话　　负荷　　返航　　烽火

h，f　　海防　　后方　　合法　　洪福　　横幅　　挥发

Ⅶ．鼻音 n 和边音 l 的分辨

它们的发音部位相同，不同的只是发音方法。n 是鼻音，发音时，气流从鼻腔流出。l 是边音，发音时，气流从舌的两边流出。如感觉不到气流，可把鼻子堵住，发音困难的就是鼻音，因为气流不出来。相反，发音不困难的就是边音。练习发边音时，可适当地把嘴咧开一些，这样就可以帮助气流从舌头两边顺利流出。有的人不是不会发 n，l，而是受方言影响不知道哪些音节该发 n 或 l，这就需要根据音节表去牢记。

两字词的比较：

n，l　　女客—旅客　　男子—篮子　　难住—拦住　　留念—留恋

两字词的连用：

n，l　　年龄　　能力　　耐劳　　内陆　　女郎

l，n　　冷暖　　老牛　　龙年　　落难　　辽宁

② 难点韵母对比训练

Ⅰ．i 和 ü 的分辨

这两个音的舌位相同，它们的不同在于唇形。发 i 时，嘴角稍向左右咧开，唇形是扁平的，可见到牙齿。发 ü 时，双唇收拢接近圆形，见不到牙齿。语流语速加快时，撮口的 ü 音容易发成扁唇的 i，使语意混乱。要注意区分，要多练习口力。

两字词的比较：

i，ü	意见—遇见	前面—全面	比翼—比喻
	季节—拒绝	经济—京剧	分期—分区
ie，üe	切实—确实	蝎子—靴子	写出—学出
ian，üan	颜色—原色	潜力—权力	鲜红—血红
in，ün	印书—运输	通信—通讯	鱼鳞—渔轮

两字词的连用：

i，ü	利于	秩序	失去	必须	急剧	机遇
ü，i	须知	渔利	躯体	语系	取缔	聚集
ie，üe	谢绝	鞋靴	解决	竭蹶	喋血	切削

üe，ie	雪夜	学业	月斜	越界		
ian，üan	垫圈	前缘	减员	边远	田园	天旋
üan，ian	锻件	选点	全天	捐献	劝勉	卷烟
in，ün	音韵	濒临	锦纶	进军	音韵	嶙峋
ün，in	群心	寻亲	军心	寻衅		

Ⅱ. 鼻音韵尾 n 和 ng 的分辨

区分这两类韵母的前提是先区分韵尾，它们的不同之处是：发前鼻音 n 时，舌尖顶住齿龈；发后鼻音 ng 时，舌后部隆起，舌根尽力后缩，顶住软腭；发 n 时口形较闭，发 ng 时口形较开。在实际运用中，不能只有发音趋向而没有真实的发音位置，否则前后鼻音会混淆不清。

两字词的比较：

an，ang	出产—出厂	天坛—天堂
ian，iang	新鲜—新乡	小县—小巷
uan，uang	心欢—心慌	车船—车床
en，eng	长针—长征	真理—争理
in，ing	天津—天井	信服—幸福
un，ong	乡村—香葱	飞轮—飞龙
un，iong	勋章—胸章	运煤—用煤

两字词的练习：

an，ang	反抗	赞赏	班长	盼望
ang，an	抗战	伤寒	长安	抗旱
ian，iang	天象	偏向	艳阳	边疆
iang，ian	江天	强颜	香烟	抢险
uan，uang	愿望	宽广	观光	选矿
uang，uan	光源	黄砖	光环	狂欢
en，eng	身正	尘封	真正	神圣
eng，en	城镇	生辰	诚恳	风尘
in，ing	新瓶	进行	民兵	聘请
ing，in	拧紧	清新	影印	行进
uen，ong	竣工	轮空	滚筒	蚊虫
ong，uen	功勋	龙云	通顺	农村
un，iong	军用	云涌	驯熊	群雄

（2）绕口令练习

吐字时韵母发音要到位，有的人因图省事嘴巴没张到位，或者发音器官动作不够协调，于是就发生“吃字”“隐字”“丢字”等现象，如“政治家”念成“针织家”，“公安局”念成“官局”。发音不到位容易造成歧义，不能准确地表情达意。绕口令训练可以提高吐字清晰度和语速。

练习下面的绕口令，做到发音准确。

八百标兵奔北坡，炮兵并排北边跑，炮兵怕把标兵碰，标兵怕碰炮兵炮。

巴老爷有八十八棵芭蕉树，来了八十八个把式要在巴老爷的八十八棵芭蕉树下住，巴老爷拔了八十八棵芭蕉树，不让八十八个把式在八十八棵芭蕉树下住。八十八个把式烧了巴老爷的八十八棵芭蕉树，巴老爷在八十八棵芭蕉树下哭。

调到敌岛打特盗，特盗太刁投短刀。挡推顶打短刀掉，踏盗得刀盗打倒。

哥挎瓜筐过宽沟，赶快过沟看怪狗。观看怪狗瓜筐扣，瓜滚筐空哥怪狗。

七加一，七减一，加完减完等于几？七加一，七减一，加完减完还是七。

石狮寺前有四十四个石狮子，寺前的树上结了四十四个涩柿子。四十四个石狮子不吃四十四个涩柿子，四十四个涩柿子倒吃四十四个石狮子。

山前有个严眼圆，山后有个阎圆眼，二人山前来比眼，不知是严眼圆的眼圆，还是阎圆眼的眼圆。

粉红墙上画凤凰，凤凰画在粉红墙；红凤凰，粉凤凰，粉红凤凰，花凤凰。

（3）诗歌朗诵练习

诗歌朗诵不仅可以锻炼语音的纯正性，还可以训练声音的音韵美、节奏美。诗歌朗诵的节奏不宜过快，要在集中解决语音难点问题的基础上，再考虑内容的表达。

朗读下面一首古诗，注意语音纯正、吐字清晰悦耳。

白雪歌送武判官归京

岑　参

北风卷地白草折，胡天八月即飞雪。
忽如一夜春风来，千树万树梨花开。
散入珠帘湿罗幕，狐裘不暖锦衾薄。
将军角弓不得控，都护铁衣冷难着。
瀚海阑干百丈冰，愁云惨淡万里凝。
中军置酒饮归客，胡琴琵琶与羌笛。

纷纷暮雪下辕门，风掣红旗冻不翻。
轮台东门送君去，去时雪满天山路。
山回路转不见君，雪上空留马行处。

（二）立字要响亮

立字是在吐字归音的过程中对韵腹的处理。韵腹是一个音节中最响亮的部分，音节的音色主要是由韵腹决定的。发音时要求做到韵腹饱满、拉开、立起。韵腹是韵母中的主要元音，口腔开度最大，泛音共鸣最丰富，声音最响亮。因此，要求韵腹的发音圆润饱满，出字后就应该把发音部位放松，同时口腔尽量打开，这样才能使音节“立得住”。

韵腹是较窄元音 i，u，ü，e 的，口腔拉开的程度一定要比生活言语的开度大些，口腔圆些，尤其是 in，ün 中的 i，ü 要注意，如：拎、云。

韵母是 ian、üan 的，因字腹前后的两个音口腔开度都很窄，而且舌位相距很近，容易把字腹带窄，拉不开，立不起来，甚至把 ian 发得近似于 in，要避免这样的问题。如：先进、玉渊潭、宣传、田间。

韵母 uei，uen 的主要元音是 e，虽然书写上省去了这个 e，但发音时却不能省，口腔还是要有一定开度，如：瑞雪、黄昏、伦理。

下面朗读唐代诗人王之涣的《凉州词》。注意韵腹为 a 的音开口最大，发音要立起、拉开，音色才圆润、饱满。

凉　州　词

王之涣

黄河远上白云间，一片孤城万仞山。
羌笛何须怨杨柳，春风不度玉门关。

（三）归音要到位

归音指音节后部收尾的过程，也就是发完韵腹向韵尾过渡的过程。充当韵尾的都是开口度最小的高元音，归音时应该干净利索，不拖沓，不含糊。基本要求是对字尾的处理弱收到位，趋向鲜明。到位指尾音应归到的位置，弱收指字尾的发音渐弱趋正的过程，要在趋正的过程中保持发音的完整，保持字音结束的趋向。

常见的毛病有两种，一是拖泥带水，二是火候不够，归音不到位。普通话中能够作韵尾的只有四个音素：i，u，n，ng（ao 的韵尾其实是一种误写，实际发音是 au），各自归音时要注意的问题是：

1. 展唇

凡 ai，ei，uai，uei 韵母的字归音时（韵尾 i），应微展唇角，唇形扁平。

游园不值

叶绍翁

应怜屐齿印苍苔，小扣柴扉久不开。
春色满园关不住，一枝红杏出墙来。

凉州词

王翰

葡萄美酒夜光杯，欲饮琵琶马上催。
醉卧沙场君莫笑，古来征战几人回？

2. 聚唇

凡 ao，iao，ou，iou 韵母的字归音时（韵尾 u），应聚唇。

咏柳

贺知章

碧玉妆成一树高，万条垂下绿丝绦。
不知细叶谁裁出，二月春风似剪刀。

3. 抵舌

凡是收前鼻音 n 的音节（韵尾 n），字尾收音时要做一个明显的抵舌动作。

父老乡亲

石顺义

我生在一个小山村，那里有我的父老乡亲。胡子里长满故事，憨笑中埋着乡音。一声声喊我乳名，一声声喊我乳名，多少亲昵，多少疼爱，多少开心！啊，父老乡亲，啊，父老乡亲，我勤劳善良的父老乡亲，树高千尺也忘不了根。

4. 穿鼻

凡是收后鼻音 ng 的音节（韵尾 ng），归音时气息要灌满鼻腔。

小　白　杨

梁上泉

一棵小白杨，长在哨所旁，根儿深，干儿壮，守望着北疆。微风吹，吹得绿叶沙沙响，太阳照得树叶闪银光。小白杨，小白杨，它长我也长，同我一起守边防。

朗诵下面两首古诗，注意语音纯正，归音到位。

九月九日忆山东兄弟

王　维

独在异乡为异客，每逢佳节倍思亲。
遥知兄弟登高处，遍插茱萸少一人。

渭　城　曲

王　维

渭城朝雨浥轻尘，客舍青青柳色新。
劝君更尽一杯酒，西出阳关无故人。

第二节　朗诵的心理准备

朗诵的状态指朗诵者在朗诵过程中表现出来的形态，包括心理状态与生理状态两大方面，其中心理状态是主导方面。张颂教授认为，朗诵者在朗诵过程中，必须获得并保持正确的状态。朗诵的状态正确与否是朗诵成败的关键。如果朗诵的状态不正确，或过分紧张，张口结舌；或过分懈怠，无精打采；或激动万分，千头万绪；或追求技巧，三心二意；或腔调固定，色彩单一……这一切都直接影响着朗诵者对作品的理解、感受、构思、设计等全部准备工作，应该引起我们足够的重视。所以，在朗诵作品前，我们一定要有充分的朗诵心理准备。

一、信心百倍，积极主动

朗诵者要由衷地感受到作品的深刻性、丰富性，要引发比较强烈的朗诵愿望，通过有声语言，尽力展现作品的面貌和魅力，以事省人，以理服人，以情感人。朗诵者展现出的信心一方面体现了朗诵者对内容十分熟悉，并且已经内化为自己的理解和感受；另一方面表现出朗诵者对朗诵进程的驾驭能力，使朗诵的语言声声入耳、字字含情，对朗诵节奏的控制能一鼓作气、善始善终。

朗诵者出现缺乏信心，不够主动的状态，一是过分紧张，导致思想出现空白，看字念音不知所云，情感不到位，只想草草了事；二是过于懈怠，心不在焉，传达不出内在感情，敷衍了事。要克服朗诵中紧张或懈怠的不良状态，就要“战略上藐视，战术上重视”，在朗诵中做到“目中有人，心中无人”，要认识到朗诵并不神秘，人人都可学，有口皆能诵，并通过反复训练、细心体会，来提高自己的水平。

二、全神贯注，进入作品

“全神贯注”指在朗诵中要注意力集中，排除干扰，全力以赴，把全部精力都倾注在朗诵的作品上。“进入作品”指把作品内容、语言化为自己的理解、感受，化为自己的思维过程、心理活动。朗诵者要去主动揭示作品的语言本质及逻辑链条，要设身处地、寓情于景，加强形象感受，要尽力引发思想感情的运动状态。这些要求要在整体运筹之中具体加以把握。

在“进入”朗诵内容时，朗诵者要有足够的、适度的控纵能力，既不游离于外，也不陷入其中，真正掌握和行使诵读的主动权、自主权。注意避免出现三种情况：一是朗诵者将主观随意性强加于朗诵内容和作品形式中；二是忽进忽出，全无主动性；三是强迫自己进入而不得，是为了进入而进入，丧失了内在的依据性。

三、动脑动心，有感而发

朗诵是一次再创作的过程，需要动脑动心，有感而发。在朗诵的准备过程中，朗诵者获得了对朗诵内容的深刻理解和具体感觉，但这并不能保证在朗诵过程中也有相同范围、相同程度的思想感情和运动状态行之于声。这时，“第二次唤起”是关键环节，如果在朗诵时不能把那深刻的理解、具体的感受再一次唤起，不能既动脑又动心，不能句句声情并茂，有感而发，那么任何最充分的准备与钻研、体味与酝酿，也只能是功败垂成。

“第二次唤起”是朗诵状态中最重要的组成部分，是正确的朗诵状态的标志，是进入朗诵内容的必备条件。“第二次唤起”以全部准备工作为根基，取决于朗诵者的语言造诣、语言功力。在朗诵时应做到“见文生情”，既看到文字，又看到内涵；既再现场景，又引发感情；既产生表象，又把握本质……“第二次唤起”需要长期培养和训练，各人有各人的具体途径和方法。

四、速看慢诵，由己达人

有稿朗诵过程中，我们看到作品的字词，就会反映到大脑里，而后就字出声。每当读出看过的字词时，我们的眼光又会落到下一组字词上，在边看边读、边读边看的过程中存在着纵横交错的复杂情况。正确的朗诵状态，要求朗诵者必须按照作品的文字序列，紧紧抓住“看、想、读”这个过程，正确处理这三者的关系，提高朗诵质量，既不颠倒它们的顺序，也不应忽略、省略某一个环节。

听者是从声音上感受作品的，所以要求朗诵者看和想非常迅速，而读就要从容，这就是“速看慢诵”。“速看”包含着“速想”，并通过“想”把看和读化为有机的整体。速看，因人而异，因内容而不同，没有绝对的速度标准，但过细、“字斟句酌”，会影响朗读的顺畅；过粗、“一目十行”，则会影响朗读的深度。我们反对看的速度均等、缺少变化，脱离思想感情，忽视“看是为想”“想中去读”的重要性，混淆朗读的“看”与阅读的“看”。实际上阅读的速度要比朗诵的速度快很多。“慢诵”，才能“由己达人”，“滚瓜烂熟”缺乏与听者的交流，缺乏体味的过程。为了让听者听清、产生共鸣，“读”一定要比“看”慢，一般五百字可以读三分钟左右。朗诵的速度主要由作品的内容和形式来定，又受朗诵者水平的影响，不要太快，也不要太慢，太快嘟噜含糊，太慢散乱黏糊，使听者生厌。

五、全身松弛，用声自如

“全身松弛”的朗诵状态指能松能紧，需要松时松，需要紧时紧，而不是自始至终全紧或自始至终全松，犹如排球场上的运动员，根据来球情况，可以马上跳起拦网、扣球，也能立即俯下身去抢接、救球。“用声自如”并不是完全像生活中说话那样用声，但也不能完全脱离自己说话时的用声，而是选取自如声区，选取最佳音域、最佳音量。

“全身松弛，用声自如”目的是使朗诵者在朗诵过程中保持一种弹性状态，以自身最大的优势，表情达意，言志传神。弹性状态使朗诵者保有一种潜在的能力，一旦具体思想感情产生了某种需要，它可以立即供应适当的气息，贴切的声音形式，而不觉吃力，也不致发生供不应求的现象。在正确的朗诵状态下，朗诵者才能控制自如、心口相应地完成表达。

六、克服固定腔调

在朗诵中，固定腔调是指使用固定不变的声音形式，把词语纳入一种单一的格式，以不变的声音形式应对万变的朗诵材料。缺乏变化的朗诵状态是造成固定腔调的直接原因。固定腔调分以下几种：

一是念书腔，就是照字念音，或有字无词，或有词无句，词或词组没有轻重的区分，更没有具体感受的充实，都听不出完整的句、段，毫无思想感情的流露。念书腔还保留着识字的明显痕迹，这在小学低年级中更为普遍，值得重视。

二是唱书调，唱书调节拍不变，连休止符、符点都极少见；音程变化不大，只是几个音简单重复，在“唱”的过程中，表情达意的作用便被大大削弱了。唱书调的最大弊端是声与义隔，只闻声而不解意、不传情。

三是念经式，这是指那种用小而快的声音读书的方式，它可能是从“默读”“虚声读”

沿袭而来的，而且属于单纯为了背书的读法。

要打破固定腔调，使语流符合朗诵规律，必须增强语感，改变言不由衷、消极被动的朗诵状态，加强思想感情的运动，切实把握语气的色彩和分量，注意气息、声音的变化，使有声语言充满活力。

第三节　朗诵作品的准备

一、选定作品，规范读音

（一）朗诵作品的选择

朗诵是一门传情的艺术。朗诵者要想很好地传情，引起听众的共鸣，就要注意朗诵作品的选择。

用于朗诵的作品有两种：一种是专为朗诵而创作的，如朗诵诗专指为诗歌朗诵活动写作的新诗文体，满足听众当下的社会心理需求是其主要创作目标，而群众性听觉艺术需要的空间形式，决定了朗诵诗大众化与民族化语言表演形式的鲜明特征。另一种是在已发表的文学作品中选择适合朗诵的内容，作为公众人文活动的形式和政治宣传的工具。

陆澄在《诗歌朗诵艺术》中谈到朗诵诗的选择要遵循四项原则：上口、入耳、合情、生趣。作为口头传播的艺术，朗诵内容应使朗诵者易上口、聆听者易入耳、与听众有情感共鸣、有原则和情趣。朗诵作品的选择是眼力也是品味，选择的基本标准有以下四点：

1. 格调高雅，内容健康

朗诵前注意揣摩甄别，选择主题鲜明、内容健康、格调高雅、适合诵读的作品。朗诵作品只有在情感真挚，文采华茂方面具备生命力，方能在口耳相传中吸引、打动听众。比如表现爱国题材的朗诵作品有舒婷的《祖国啊，我亲爱的祖国》，王怀让的《我骄傲我是中国人》，艾青的《我爱这土地》等，都是文质兼美、具有感染性和鼓动性的优秀诗篇。

2. 通俗易懂，朗朗上口

朗诵作用于人的听觉，转瞬即逝，要在短暂的过程中唤起听众的情感共鸣和思想共识，就应选择浅显明白，通俗易懂的作品。意境深邃、文辞优美的作品朗朗上口，便于感染听众，使听众移情入境，在审美的愉悦中得到启发。比如鲁迅的《〈野草〉题辞》深奥隐晦、含蓄隽永，除专题诵读活动外，不适合一般的朗诵活动。

3. 主题鲜明，符合要求

在有特定主题和情景要求的朗诵活动中，朗诵者所选择的作品要符合主题要求，不能离题；在对时间、题材等进行规定的朗诵活动中，朗诵者更要注意作品的选择。如端午诗会，要契合纪念屈原这个主题；“中华诵”比赛就不能选外国作品，因为主题是弘扬中华文化。朗诵时也不宜选择“过季”的作品，有的文章属于特定时代的产物，文字表达方式明显不合时宜，有的提法甚至是错误的，应尽可能不要选择这类作品。还有，一些近年来市场上比较风行的“精品美文”有的写得确实不错，但有的只好看不好读，因为这类作品大多是作者个性化的内心倾诉，似喃喃低语，并不一定适合拿来当作朗诵作品。

4. 贴近听众，量身打造

朗诵作品要贴近听众，选听众喜爱的作品，也要选适合自身特点的作品，便于发挥优势。男性适合诵读语势变化大、情感激越、音域宽厚雄浑、格调豪迈奔放的作品；女性应选用语势变化小、情感平缓、平和亲切的作品。如高尔基的《海燕》适合有爆发力的语音浑厚的男声诵读；何其芳的《我为少男少女们歌唱》适合成年人诵读，因为“轻轻地从我琴弦上失掉了成年的忧伤，我重新变得年轻了……”

（二）朗诵字音的规范

要使自己的声音优美动听，必须使用标准的普通话进行朗诵，只有这样才能更好地、更准确地表达作品的思想内容。用普通话朗诵，便于不同方言区的人理解、接受。因而，在朗诵之前，首先要咬准字音，掌握语流音变等普通话知识。

1. 读准字音，据义定音

我国文字一字多音、一字多义的情况常有，朗诵时把字音读错了，轻则破坏作品美感，严重的会把作品的思想内容给歪曲了。普通话读音有全国统一的审音标准，一般以《新华字典》《现代汉语词典》作为根据，但是上述字、词典都在不断修订，我们要注意依据最新版本。此外，《普通话异读词审音表》也有重要的参考价值。朗诵时，对于人名地名的读音、古音、外来语译音等也需加以注意。

2. 分析修辞，把握平仄

一般的作品都有一定的文学价值，只有仔细分析它的一字一句和文学表现技巧，朗诵时才能将其价值完全地表达出来。如“两个黄鹂鸣翠柳，一行白鹭上青天”这句诗包含四种事物，即鹂、柳、鹭、天；有四种颜色，即黄、翠、白、青。这句诗是工整的对偶，两个、一行是数量词对，黄鹂、翠柳与白鹭、青天是形容词形容修饰名词对，鸣、上是动词对，这些词语都要重读，且注意感情色彩。如果兼论平仄，第一句是“仄仄平平平仄仄”，第二句是“平平仄仄仄平平”，基本上是符合平仄规定的。

3. 区分关联词，语气得当

朗诵复句时，朗诵者如对分句间的关联词的作用加以分析，也是有助于准确表达作品内涵的，如“一边……一边……”是并列关系，“不但……而且……”是递进关系，“与其……不如……”是联合关系，“虽然……可是……”是转折关系，“如果……就是……”

是条件关系，“因为……所以……”是因果关系。朗诵要体现出这些词语在表达中的逻辑力量，语气上要加以强调。

二、理解作品，把握主旨

（一）了解作品背景

朗诵首先要了解作品的创作背景，掌握作品的基本内容。朗诵的基本要求，是能够清楚地表达作品的内容，所以必须对朗诵的作品进行深入细致地分析和研究，理解及掌握作者的思想感情，这样才能正确表达作者的意思，把听众带到作者所描绘的情境中去。朗诵者对作者的时代背景、生平事略、思想及写作动机、意图等，都应该进行深入了解，对文章的内容越了解，越能运用声音、表情、语调和动作去感染听众。朗诵者要弄清文章到底是以写人为主，以写事为主，还是以写意见、感受为主；写人是写什么人，写事是写什么事，写意见、感受是写什么意见、感受。朗诵者也可以结合问题特征进行分析。如果是故事、小说，朗诵者要掌握人物性格，分清哪些是主要人物，哪些是次要人物，弄清人物之间的关系，作者的态度；弄清所叙述事件的来龙去脉，注意怎样开头怎样结尾，要使文章中所叙述的形象、细节在自己的脑海中产生清晰而完整的概念。如果是说明文，朗诵者应留意它的层次、结构，把知识、概念传达出来。如果是议论文，朗诵者便看它的主要论点是什么，思考怎样能够通过引论、论证、论据、结论把主张展示出来。

（二）理解主题，把握基调

把握基调，概括文章的中心思想是朗读必做的功课。中心思想是作者通过作品表现出来的主要看法、主张、感情或倾向。朗诵者首先必须深入阅读作品，从层次、段落的分析入手，先找出段意，然后通篇考虑，分清主次，加以综合。议论文的中心论点就是中心思想，往往表达直截了当，易于把握。有些复杂的记叙文，特别是散文、小说、诗歌等文学作品，观点比较隐蔽，感情比较含蓄，如不细加揣摩，实在不容易领会。有些作品，标题与内容并不一致，需要细心分析才能把握它的中心；有些作品，文字浅显而含义隐晦；有些作品则字词艰涩，而主题明确，阅读时不可一概而论。假若作品备有前人的注释或者近人的评论，则应该多加参考，以帮助理解。节录的作品，除非独立成篇，否则必须结合原文了解它的上下文，避免断章取义。

（三）分析段落、篇章结构

朗诵要抓中心句，朗诵者要概括作品段意、层意，梳理出主次轻重和脉络线索。不同的文体，朗诵的要求便有所分别，如朗诵抒情文要注重感情的抒发；朗诵议论文要注重文辞的承接转折，突出其议论精密的一面。所以，朗诵者首先要了解作品的体裁，然后再细致地分析段落。作品每个自然段总有一个相对独立的意思，只要抓住中心句，便能找出段落大意。段落可以由一正一反两层意思组成，必须厘清脉络，区分主次。研究段与段之间的内在关系后，朗诵者便能掌握篇章的结构，厘清全篇脉络，这样朗诵时才能步步推进，也容易使听众投入其中。

三、内化作品，领会感受

（一）调动积累，内化作品

朗诵者要调动生活积累，充分地内化朗诵材料，吃透、领悟、准确把握稿件的内涵。在一些朗诵场合，有的朗诵者虽然也有抑扬顿挫的语调，可就是打动不了听众。究其原因，如果不是作品本身有缺陷，那就是朗诵者对作品的感受还太肤浅，没有真正走进作品，只是在那里故作腔调。听众是敏锐的，他们不会被虚情所动，朗诵者要唤起听众的感情，使听众与自己同喜同悲同呼吸，就必须仔细体味作品，进入角色，进入情境。

（二）体会文字，重视感受

感受是指朗诵者由文字对于视觉的刺激所产生的反应，它是一种对外界实物的感知、体会的过程。它包括眼、耳、鼻、舌、身方面的感觉和时间、空间、运动方面的知觉，这是形象感受；还包括语言链条清晰、不模棱两可的逻辑感受。逻辑感受要求朗诵者在表达中应体现出主次感、并列感、递进感、总扩感、转折感、对比感。当然，感受的作用在于把朗诵者的思维引向情感，它只是情感的诱发因素。

我们看到“天冷极了，下着雪，又快黑了”这样一些文字，仿佛看到了雪花片片、夜幕低垂，而且有寒意入侵的感觉，这便是视觉和触觉方面的感受。我们在朗诵一篇作品之前必须重视文字刺激带给我们的感受。

（三）揣摩态度，体悟情感

语言文字是思想交流的工具，但它的生命力却在于语言文字蕴含着的态度情感。这种态度情感是朗诵的根基。朗诵者经过对作品的分析、感受，做出评价和反应，还要揣摩原作者的态度和感情色彩，然后才能将作品恰如其分地表达出来，以达到感染听众的目的。例如刘邦的《大风歌》既表现了他统一天下、成就霸业后衣锦还乡的自豪和气度，又隐约流露出对巩固政权的忧虑和求贤纳士的迫切心情，情感复杂，但气势恢宏。

四、锤炼作品，艺术加工

（一）丰富想象，自我代入

在理解、感受作品的同时，朗诵者往往伴随着丰富的想象，这样才能使作品的内容在自己的心中、眼前活动起来，就好像亲眼看到、亲身经历一样。以陈然《我的自白书》为例，在对作品进行综合分析的同时，可以设想自己就是陈然，当时正处在这样的情境中：我被国民党逮捕，在狱中饱受折磨，但信仰丝毫不动摇，最后，敌人把一张白纸放在我面前，让我写自白书，我满怀对敌人的愤恨和藐视，满怀革命必胜的坚定信念，自豪地写下了“怒斥敌酋”式的《我的自白书》。这样通过深入的理解、丰富的想象，使己动情，从而也使人动情。

（二）艺术处理，案头加工

艺术处理指从局部或整体对原作品加以内容或形式的设计。例如，柯岩的诗作《周总理，你在哪里》运用了呼唤式语体，表达了“万众放声、天地同悲”的感人情景。这首诗以往多以单独朗诵的形式出现，但在一次朗诵会上被设计成集体朗诵的形式，“我们对着高山喊”“我们对着大地喊”“我们对着大海喊”等领句由单人领诵，“周总理”的深情呼唤以及“高山”“大地”“森林”“大海”“广场”的回应，则由群体朗诵，并且每一声呼唤和回音都作由强而弱的处理，模拟自然的声音回响效果。这一艺术处理，把书面的声音还原成逼真的听觉形象，让诗作的艺术魅力得到完美的体现，从而营造出强烈的语言震撼力。

案头加工除了朗诵的形式设计、朗诵的角色分配外，还有停连、轻重、快慢、语调及喷口、缓托等诵读技巧的标注处理。朗诵者要经过反复的试诵、调整，找到最佳的朗诵方案。

第四节　朗诵的辅助艺术元素准备

朗诵艺术是一种演员和观众共同参与创造，有主体、有对象的真实可信的艺术形式。它是表演艺术中的一种，也就必然具备表演艺术的可听性和可视性。在这里，我们介绍朗诵者的造型和朗诵作品的配乐两个主要的辅助艺术元素的准备。

一、朗诵者造型准备

朗诵者的造型包括服饰和化妆，这两者需根据不同的情境区别对待，大致说来，要坚持美学原则和国际上公认的 TPO 原则。T（time）指时间、日期、季节、时代，P（place）代表地方、场所、位置、职位，O（object）代表目的、目标、对象。总之，要合时、入境、随俗。如果是大型朗诵演出，服饰的定位要经过导演的构思和设计，服从主题和表演的需要。

（一）服饰

服饰的基本要求是：整洁、得体、文雅、大方。具体的着装选择首先应参考朗诵作品的主题内容、艺术风格，还要考虑表演环境等因素。主题凝重庄严，可考虑着正装；若生活色彩较浓，服装不妨相对休闲些。

服装的款式和色彩可起到营造氛围、烘托诗意的作用。朗诵张若虚的《春江花月夜》，着艳丽旗袍更能体现古典文化气息；朗诵毛泽东的《七律·长征》，可穿上红军服、带上红军帽；而朗诵《秋瑾》适合穿长袍、戴长围巾。

服饰的色彩要与舞台的背景相协调，注重整体的视觉效果。大型集体朗诵，几十人统一着装，决定着舞台的基本色调氛围，服饰色彩必须精心选择，符合舞美要求。

鞋、帽、围巾及饰品应根据朗诵内容和舞台需求进行选择，讲究和谐、简洁。

（二）化妆

小型朗诵会的化妆以淡妆为主，一般不进行舞台化妆；剧场式的大型朗诵，应当根据舞台灯光效果统一化妆。

总体来说，服饰和化妆要注意两点：第一，忌着休闲装。首先，从心理上来说，服装不得体会影响着装者的自信心；其次，从礼仪上讲，休闲装不适合比赛或表演的语境，显得松垮、太随意；最后，更重要的是无论表演还是比赛，随意的着装有损朗诵者的形体风貌、精神气质，最终影响表演的整体效果。第二，朗诵者的妆不宜过浓，否则会失去朴实和真切的感觉。

二、朗诵作品的配乐

音乐可以为朗诵艺术增色。音乐通过旋律、节奏、和声等塑造音乐形象，表达思想感情。运用音乐进行配乐朗诵，可以使听众走进一个特定的意境之中，更好地体会作品的情感，同时朗诵者的情感也更容易被调动起来，使有声语言表达更显生动、立体、活跃。

毕一鸣教授认为，朗诵配乐的意义，一是渲染情境，引发联想；二是深化主题，揭示意义；三是增强美感，跌宕回环；四是触动激情，丰富想象。因此，配乐朗诵并不是随随便便找一段乐曲去陪衬，而必须认真选取，使之符合朗诵的整体艺术效果。

（一）选曲编配

1. 常见的配乐形式

常见的配乐形式有铺垫式配乐、编辑式配乐、创作式配乐三种，都要求朗诵者充分地占有音乐素材，准确地理解朗诵内容，让音乐与作品主题相呼应，忌选用主题太过鲜明或为人熟知的乐曲。

最简单的是铺垫式配乐，这种方式只需选取基调、风格、节奏等与朗诵作品相适应的乐曲编配，并贯穿始终即可。这种配乐形式的缺点是与朗诵语言不一定完美地交融。

编辑式配乐是根据朗诵内容的节奏和进程对已选取的乐曲进行剪辑，设计成不同的音强、音长、音高等片段，然后组合成与作品内容严密对应的配乐。缺点是这种配乐只为某一特定作品设计，不能互用。韩伟的《致国歌》配乐编辑较成功，可借鉴。

创作式配乐一般出现在大型朗诵活动中，专门请作曲家为朗诵内容创作音乐，与朗诵内容完美结合，是高层次的配乐作品。例如，丁建华在国家大剧院朗诵《青春万岁》就是在新创作的大型交响乐的伴奏下进行的。

2. 配乐常用的曲目

欢快型：《杜鹃圆舞曲》《欢乐颂》《蓝色多瑙河》。

舒缓型：《舒伯特小夜曲》《秋日的私语》《水边的阿迪丽娜》《梦幻曲》《沉思》《少女的祈祷》《思乡曲》《神秘园》《春江花月夜》。

昂扬型：《大漠敦煌》《红旗颂》《命运交响曲》。

3. 选曲的基本原则

选曲的原则是要与朗诵作品的感情基调和节奏相吻合。《我为少男少女们歌唱》的基调是明朗欢快的，应选取节奏明快的《杜鹃圆舞曲》；《乡愁》是抑郁、缠绵的，应选用小提琴曲《思乡曲》；《有的人》充满哲理，应选小提琴曲《沉思》；《我骄傲，我是中国人》高亢昂扬，可选用《大漠敦煌》或《红旗颂》等乐曲。朗诵者平时要加强音乐修养，积累音乐素材，以备不时之用。

（二）乐器选择

不同的乐器演奏风格大相径庭，乐器之间的客观差异，使得不同的朗诵作品对不同乐器的演奏效果有所选择。在民族乐器中，二胡被誉为“会说话的乐器”，常常表现如泣如诉的情调，但如果为外国经典诗歌、散文配乐，就很难让人与作品表现的西方风情相联系。为外国经典诗歌、散文配乐，西洋乐器小提琴和钢琴曲都是不错的选择。在西洋乐器中，小提琴被称为“乐器中的皇后”“女高音”，钢琴音域广阔，表现力丰富，被誉为“乐器之王”，但如果为《雨巷》配乐，排箫就更为传神，它的音色常给人以空灵朦胧之美，更合乎诗作的意境。古筝乐曲古朴、典雅、悠远、飘逸，适合为《春江花月夜》这样的名作配乐。

不同乐器演奏的音乐，能丰富不同文学作品的意境，为朗诵艺术效果添彩。

（三）配乐的方法

1. 巧妙构思，大胆创新

朗诵配乐的最高境界是借助音乐的魅力扩展朗诵语言的表现力，产生感人肺腑的艺术效果。这就需要在配乐方法上巧妙构思，进行大胆创新。配乐中可以运用一些鸟语花香、溪水潺潺、电闪雷鸣的现实音效渲染气氛，也可以让朗诵与演奏彼此呼应、此起彼伏，增加艺术感染力和审美力。

2. 灵活剪辑，恰当留白

在选编配乐曲目时，常遇到理想的乐曲长度无法覆盖整篇诗词的尴尬，这时要灵活剪辑，在适当的位置采用“留白”的方式取得“此时无声胜有声”的艺术效果。在为篇幅较长的文学作品配乐时，可以在语言和音乐的分合错落中丰富艺术表现力，增强张弛跌宕的效果。

3. 控制音强，完善音效

首先，朗诵配乐音量的控制很重要，配乐宜轻不宜重，要防止喧宾夺主，掩盖朗诵的语音。其次，配乐一般采用“渐入”的方式开始，音乐由弱渐强；配乐多采用“渐隐”的方式结束，音乐由强渐弱，避免哄然而起，戛然而止。最后，音乐起于朗诵语言之前，止于朗诵语言之后，余音袅袅，情思悠悠。音效的控制关系着朗诵的成败，一定要慎之又慎。

第三章
朗诵的技巧

朗诵者在朗诵时要深刻透彻地把握作品的内容，合理地运用各种艺术手段，准确地表达作品的内在含义。为了使声音清晰洪亮，增强语音的感染力，恰当地传情达意，我们需要适当地使用一些技巧和方法。常用的表达手段：一是内部技巧，二是外部技巧，三是态势语言的运用。

第一节　朗诵的内部技巧

一、情景再现

（一）理论概要

情景再现是在符合作品需要的前提下，以作品提供的材料为原型，使作品中的人物、事件、情节、场面、景物、思绪等在脑海里不断浮现，形成连续活动的画面，并不断引发相应的态度、感情的过程。

理解和感受作品的过程，不但要感受其中的形象——“景”，而且要感受其中的神采——“情”，从而达到情景交融的境界。这个过程是运动的，不是静止的，是融合的，不是孤立的。

情景再现有三个关键点：感受、想象、表达。感受是基础，想象是桥梁，表达是实现。换句话说，我们要掌握情景再现这一有声语言的表达技巧，需要获得三种力：感受力、想象力、表达力。

1. 积极丰富的感受

（1）感受的两个层面：感觉——客观事物在人脑中的主观反映；知觉——视觉、听觉、触觉、嗅觉、味觉等。

视觉、听觉、触觉、嗅觉、味觉、空间知觉、时间知觉、运动知觉等，并不是实在刺激引起的，只不过是一种幻觉。这正是由作品引起的诸种感知觉的内心体验。凡此种种，我们统称为形象感受。在形象感受中，各种感知觉互相联系，互相渗透，互相作用。

（2）朗诵感受：感之于外，受之于心。“感之于外”，不是只感受到文字或语言的存在，而是透过语言的符号感觉到这符号所代表的客观事物的存在，也就是客观事物间接刺激所产生的内心反应。

（3）感受的特点：间接感受；有目的的感受；单一途径，多样客体。

（4）感受的三个层面：表层感触，中层介入，深层感悟。

2. 精确、具体的想象

想象既是作品中的文字在头脑中的形象化展示，也是生活中的情景再现。想象由内部语言引起和制约，在语言内容的发展中随之发展。朗诵中的想象有两个特点：

第一，精确。作品已规定了想象的目的，想象的性质，想象的范围，想象的任务。尽管在具体性上不会与作品完全吻合，但再造想象的特点是明确的。

第二，具体。朗诵者在注重形象感受的同时，还不可忽略逻辑感受。作品的结构表明了逻辑关系，起承转合，上下衔接，因此，想象不仅越具体越丰富，而且越具体越有利于一环扣一环，形成逻辑链条。

3. 情景再现是一种联想、想象的心理过程

联想是回忆的一种常见的形式，它反映事物的相互联系。如人们对四季的联想。

想象是记忆中的表象创造新形象的过程，也是过去经验进行新的结合的过程。如中国人心目中龙、凤的形象。

4. 情景再现的要求

（1）情景再现不是任意的想象或联想，必须以作品为依据，在分析理解作品的基础上进行。

（2）情景再现是一个连续活动的过程，应该在朗诵者的脑海里形成像电影一样的连续画面。

（3）情景再现应以情为主。脑海里有了活动的画面之后，更重要的是伴随画面引发具体的态度、感情。

5. 情景再现“四步走”

第一步：厘清头绪。厘清头绪是情景再现的前提，在开口朗诵之前就要做到心中有数。

第二步：设身处地。设身处地主要是获得现场感，产生“我就在”的感觉。

第三步：触景生情。触景生情是情景再现的核心，朗诵者要积极调动思维运动，让相关生活图景迅速在脑海里浮现出来，而后更进一步让具体的“景”激发生动的“情”。

第四步：现身说法。现身说法是情景再现的迸发，要变“我就在”为“我就是”，使自己的感情与作品所蕴含的情感息息相通，从而产生强烈的朗诵愿望，如鲠在喉，不吐不快。

（二）训练材料与训练提示

（1）锅里的水吱吱地响，老大娘里屋外屋地忙，烧完热水，又端饺子，又端鸡蛋，香味儿伴着腾腾的热气在屋里弥漫。

训练提示：抓住感受，引向情感。人们对与之发生关系的客观事物（包括自身状况）的主观色彩，可以激活想象产生心理体验，营造语言意境感染听众。在语言表达过程中，要综合把握视觉、听觉、嗅觉、空间感受、运动感受，以期产生具体的想象和联想，体味其中的景和情。

（2）雪纷纷扬扬，下得很大。开始还伴着一阵儿小雨，不久就只见大片大片的雪花，从彤云密布的天空中飘落下来。地面上一会儿就白了。冬天的山村，到了夜里就万籁俱寂，只听得雪花簌簌地不断往下落，树木的枯枝被雪压断了，偶尔咯吱一声响。

训练提示：注意静态描写、动态描写的不同变化，展开“活动的画面”，用视觉、听觉体会雪，体会不同场景中蕴含的特定情感。

（3）综合训练：

扫描二维码或访问下列网址欣赏示范音频 2d.hep.cn/21103851/3

春（节选）

朱自清

盼望着，盼望着，东风来了，春天的脚步近了。

一切都像刚睡醒的样子，欣欣然张开了眼。山朗润起来了，水涨起来了，太阳的脸红起来了。

小草偷偷地从土地里钻出来，嫩嫩的，绿绿的。园子里，田野里，瞧去，一大片一大片满是的。坐着，躺着，打两个滚，踢几脚球，赛几趟跑，捉几回迷藏。风轻悄悄的，草软绵绵的。

桃树、杏树、梨树，你不让我，我不让你，都开满了花赶趟儿。红的像火，粉的像霞，白的像雪。花里带着甜味，闭了眼，树上仿佛已经满是桃儿、杏儿、梨儿。花下成千成百的蜜蜂嗡嗡地闹着，大小的蝴蝶飞来飞去。野花遍地是：杂样儿，有名字的，没名字的，散在草丛里，像眼睛，像星星，还眨呀眨的。

训练提示：体会人物心情和作者情感态度的具体性，依据文字描述，产生“感同身受”的真切体验。根据具体内容，运用自己的生活积累来充实和丰富对词语的感受，迅速调动起符合文字内容的饱满情感。在表达过程中，可通过改变音高，改变用声方法，改变情感、气息，用不同的重音、停顿、连接或者改变字与字之间的速度来增加作品表达过程中的变化。

二、挖掘内在语

（一）理论概要

内在语是指在朗读中文章的语言所不便表露、不能表露、没有完全表露出来或没有直接表露出来的语句关系和语句本质（即话里有话、弦外之音）。

首先，内在语是承续语言链条的结节点。帮助我们明确句子或小层次之间隐含的关联词，弄清语句之间的关系，使表达更准确，更具说服力。其次，内在语是语句目的的集中体现，是确定表达语气的依据。同一句话，内在语不同，表达的语气（包括内在的思想感情和外在的具体声音形式两方面）就会不同。再次，它溶入了朗诵者独特的具体感受，因此带有明显的个性色彩和创造性。最后，通过对内在语的准确把握可以保证态度、情感的正确倾向。

（二）内在语的作用

内在语的两大功能：揭示语句本质和语言链条。

1. 揭示语句本质

朗诵者应该参照语句表层意义的线索来揭示语句本质，而揭示语句本质落实到表达上则可以引发贴切的语气。

2. 揭示语言链条

作品中文字不太贯通的地方，都可运用内在语来衔接、过渡、铺垫或转换，找到自然贴切的语气。

（三）内在语的分类

内在语有六种基本类型：发语性内在语、寓意性内在语、关联性内在语、回味性内在语、提示性内在语、反语性内在语。

1. 发语性内在语

发语性内在语用于“带发”出作品“原来”的开头。朗诵者在内心将发语性内在语朗诵出来，与作品开头的词语自然地衔接。

例：（青年朋友，俗话说）少壮不努力，老大徒伤悲。

当作品的开头写得比较突兀呆板，我们在前面加一个称呼语、问候语或一个疑问短语来带发，就较容易找到自然的语气，进入状态，使语句的指向性更强。

2. 寓意性内在语

寓意性内在语是作品文字的“弦外之音”，是隐含在语句深层的内在含义，是结合上下文语境挖掘出来的语句本质和语句目的。

3. 关联性内在语

关联性内在语是指没有用文字表示出来的语句关系。具体地说，就是体现语句逻辑关系和语法意义的隐含性关联词以及关联词短语。

4. 回味性内在语

回味性内在语一般用于段落始末，特别是全文的结尾处。大体有四种形式：

（1）寓意式回味。例：……我需要它。

（2）反问式回味。例：朋友，您说对吗？

（3）意境式回味。例：冬天来了，春天还会远吗……

（4）线索式回味。例：桌上的钟表嘀嘀嗒嗒地走着……

5. 提示性内在语

如果关联性内在语是“沙里淘金”的过程，那么提示性内在语就是“点石成金”的过程。特别是那些文字不太通，前后句转换突兀，语气不好衔接的地方，设计一个恰当的提示性内在语就能使语句更自然地过渡。

它的形式有：设问呼应、提醒关注、表现情态、展示过程、感叹强调等。

例：一进家门，就闻到扑鼻的香味儿，我赶紧朝厨房跑去。

6. 反语性内在语

反语性内在语直接体现了语句表层意义与深层内在含义的对立关系与对比关系。有下面 4 种类型：

（1）对立型反语内在语。例鲁迅的《友邦惊诧论》中：好个“友邦人士”！日本帝国主义的兵队强占了辽吉，炮轰机关，他们不惊诧；阻断铁路，追炸客车，捕禁官吏，枪毙人民，他们不惊诧。中国国民党治下的连年内战，空前水灾，卖儿救穷，砍头示众，秘密杀戮，电刑逼供，他们也不惊诧。在学生的请愿中有一点纷扰，他们就惊诧了！

（2）反问型反语内在语。例：中国人死都不怕，还怕困难吗？

（3）双关型反语内在语。

（4）非对立型反语内在语。

（四）内在语的最优化

语句内在语的最优化，是服从于作品整体的，即主题思想和整体基调，切忌就句论句地确定内在语。朗诵者使用内在语要注意以下几方面：

（1）内在语是对作品理解和感受的集中概括。

（2）在作品的重点和难点上把握内在语。

（3）要注意语句本质的差异。

（4）内在语要鲜明简洁有说服力。

表述内在语的目的，是为了训练把握内在语的能力，使自己思想感情运动起来，使语言鲜明简洁，有说服力。

（五）训练材料与训练提示

（1）朗诵《乌鸦和猪的“谅解”》。

乌鸦和猪的“谅解”[1]

乌鸦在一株树上，看见下面有一只浑身长满黑毛的猪。

“哈哈，这个黑家伙，多难看呀！”乌鸦说。

猪向四处看了看，发现说话的是乌鸦，也就说：“讲话的，原来是一个黑得可怜的小东西！”

“你说谁？你也不看看你自己！”乌鸦气愤地说。

“你也看看你自己吧！”猪也很气愤。

它们争吵了一阵，就一道去池塘，证实谁更黑得难看。它们从水里照了照自己，又互相端详了一下，谁也不开口了。但乌鸦忽然高兴起来说：“其实，黑有什么不好看呢？”

“我也以为黑是很好看的。”猪也快乐地说。

1. 本文选自湛卢著，何玉门绘图：《猴子磨刀》，少年儿童出版社1956年版，第83页。

训练提示：体会乌鸦和猪对话中的真实含义。表达时语气要贴切、准确，并注意感情色彩分量的变化。

（2）朗诵《掩饰过失的猫》。

掩饰过失的猫[2]

有那么一只猫，它总是把自己吹嘘得了不起，对于自己的过失，却百般掩饰。

它捕捉老鼠，不小心，被老鼠逃掉了。它说：“我看它太瘦，只好放走它，等以后养肥了再说。”

它到河边捉鱼，被鲤鱼的尾巴劈脸打了一下，它装出笑容：“我不是想捉它——捉它还不容易？我就是要利用它的尾巴来洗洗脸。刚才到阁楼上去玩，我的脸搞得多脏啊！”

一次，它掉进泥坑里，浑身糊满了污泥，看到同伴们惊异的眼光，它解释道：“身上跳蚤多，用这办法治它们，最灵验不过！”

后来，它掉进河里，同伴们打算救它，它说：“你们以为我遇到危险了吗？不，我在游

2. 本文选自潘鸿新主编：《中外寓言选读》，三联书店上海分店1988年版，第59页。

泳……”话没说完，它就沉没了。

“走吧！”同伴们说，“现在，它大概又在表演潜水了。”

训练提示：体会猫每次回答的不同心理状态，准确表达其内在语的含义。表达过程中要注意体会猫说话的神情与动作以及寓言本身要阐述的哲理。

三、寻找对象感

（一）理论概要

对象感是指朗读者必须设想和感觉对象的存在及其反映，必须从感觉上意识到听众的心理需求、愿望、情绪等，并由此而调动自己的思想感情，使之处于运动状态。

（二）对象感的特点

（1）对象感是使思想感情处于运动状态的一种手段、一种途径，是属于某种联想、想象中的东西。

（2）对象感必须是具体的。

（三）设想方法

对象的设想，必须从量和质两方面进行，质的方面又是最根本的。我们在设想对象的过程中，必须从作品、受众人群、接受方式等诸多方面进行全方位的考量，深入到几乎每一个细节，只有这样才能把握全局，有的放矢。

（四）如何获得对象感

就某一篇作品而言，我们设想的具体对象应该是稳定的、统一的。同样的作品，不同的朗诵者完全可以设想出不同的具体对象。对初学者来说，对象感的训练不应强求一律。

对象感使我们朗诵时的思想感情一直处于运动状态，我们要从流动的思想感情中找到与设想对象相符合的态度、语气、眼神、姿态。在朗诵前的备稿中，对具体对象的设想就要完成。

（五）训练材料与训练提示

院长嬷嬷找玛利亚谈话

《音乐之声》选段

院长：过来，孩子！

玛利亚走过去，行吻手礼。

院长：你坐下。

玛丽亚：哦，院长嬷嬷，真对不起。当时我忍不住了。大门开着，山在召唤我，我就一下子……

院长：玛利亚，我不是叫你来认错的。

玛利亚：哦，院长，让我请求宽恕吧！

院长：假如你认为这样好。

玛利亚：是，是这样。今天，天多么蓝，到处绿油油的、香喷喷的。我觉得我不能不去，那鸟儿领着我往高处飞呀飞呀，就像要我一块飞上天一样。

院长：孩子，天黑了，你迷路了怎么办？

玛利亚：哦，我在山上不会迷路的。那山是我的，我生长在那儿。是山引我来你这儿的。

院长：哦？

玛利亚：我小的时候，从山上下来，爬上一棵树，就往修道院里瞧，看见嬷嬷们去做晚祷，一路上唱着歌。噢，我还做了一件错事，院长，啊，我今天又擅自在山上唱歌了。

院长：玛丽亚，只有在修道院里，我们才禁止见习修女唱歌。

玛利亚：我不管在哪儿总是想唱歌。我嘴里总说个没完，只要我想到的，我总是说。

院长：有人把这叫作诚实。

玛利亚：哦，这太不好了，院长！您知道我跟贝尔德嬷嬷一顶嘴，她就罚我亲地板，后来为了省麻烦，我一见她就去亲地板了。

院长：玛丽亚，当时你在墙外看着我们，想当修女，这不一定等于说你已经适应过我们的生活，对吗？

玛利亚：不，院长！我可一直在祈祷，在尽量做，在学。

院长：那你在这儿最主要的学到什么了，孩子？

玛利亚：去寻求主的旨意，照主的旨意行事。

院长：玛丽亚，这是主的旨意，要你离开我们。

玛利亚：离开？

院长：暂时离开，玛丽亚。

玛利亚：哦，院长，求求你，不要把我送走！我一定要留在这儿，这儿是我的家，我的生命。

院长：你真想做个修女？

玛利亚：我真想。

院长：反正，你知道我们对你的期望，如果你到外界去看看，你就会发现自己能不能达到这个期望！

玛利亚：你对我的期望，院长，我能做到，一定做到！

院长：玛丽亚！

玛利亚：是，院长。主的旨意。

院长：赛斯堡有一家想请个家庭教师，用到九月。

玛利亚：到九月？

院长：去照看七个孩子。

玛利亚：七个孩子？

院长：你不喜欢孩子，玛丽亚？

玛利亚：喜欢，可七个……

院长：我通知冯·特拉普上校，你明天去报到。

玛利亚：哦，上校？

院长：一个帝国海军的退役军官，一个非常善良、勇敢的人。他的妻子前几年死了，把孩子都撂给了他，据我知道，他为了请不到家庭教师很为难。

玛利亚：啊，为什么为难，院长？

院长：到了时机，天主会指点你的。

训练提示：朗诵时语言平实、自然，要符合人物的性格特征，注意体会人物的心理活动以及人物的对白，把真实的内心感受传递给听众，可适当添加表演元素，使其具有很强的对象感。

第二节　朗诵的外部技巧

一、重音技巧

（一）理论概要

重音是指朗诵、说话时句子里某些词语念得比较重的现象。一般用增加声音的强度来体现。在朗读中，重音位置不同，语意也会随之发生变化。例如：

我**知道**你爱看小说。（别以为我不知道。）

我知道你爱看**小说**。（爱不爱看诗歌我不知道。）

重音有语法重音和强调重音两种。

（二）重音的表现方法

1. 高低强弱法

“欲高先低，欲强先弱”或“低后渐高，弱中渐强”。

2. 快慢停连法

快慢停连法即有意将音节拖长一些，用延长音节的办法使重音突出。

例：太阳像**负**着什么重担似的，**慢慢儿**，**一纵一纵**地使劲向上升。

3. 重音轻读

表现重音，不一定非要增加音量，有时用减轻音量的方法，将重音用低沉的音色轻轻吐出，效果反而会更好。一般在表达极为复杂而细腻的感情时，多用这种方法。

例：风**轻悄悄**的，草软绵绵的。

4. 停顿强调

这一技巧是指在要强调的词后面做一短暂的停顿。

例：再见了，亲人！我的心永远 / 和你们在一起。

（三）重音的位置

重音的位置取决于文章的思想感情和语句的内在含义。确定重音的位置要先明确具体语句在全篇中所处的位置和分量，再确定语句重音。

（四）训练材料与训练提示

（1）“六月一日是儿童节。”

训练提示：在有声语言表达中，语句的不同目的决定句子的不同重音。比如这句话，就可以有以下几种重音处理方式：

① 重音是“六”。这表明：语言发出者要确认儿童节的具体月份：既不是五月，也不是七月或其他月份，而是六月。这句话表达效果就是：“**六**月一日是儿童节。”

② 重音是“一”。这表明：语言发出者要确认儿童节的具体日期：不是在二日、三日或其他日期，而是在一日那天。这句话的表达效果就是：“六月**一**日是儿童节。”

③ 重音是“是”。这表明：在前面的语境中出现了对“六月一日是儿童节”这个事实的怀疑，而语言发出者为了消除这个怀疑而对这一事实进行确认。这句话的表达效果就是：“六月一日**是**儿童节。”

④ 重音是“儿童”。这表明：在前面的语境中出现过对“六月一日是什么节”的疑问，强调“儿童”就形成了六月一日是“什么”节日的清晰语意，回答了以上疑问：“六月一日是**儿童**节。”

⑤ 重音是“儿童节”。这表明：在前面的语境中出现过对“六月是一个什么日子”的疑

问，强调“儿童节”，就形成了“六月一日是一个节日”的清晰语意：“六月一日是**儿童节**。”

（2）“我们在努力追求和平的目标。”

训练提示：语句目的需要贴切的重音来强调。就这句话而言，如果表达者是在转述侵略者的话，就要揭穿侵略者的伪善面目，就应该把“和平”处理成反语性重音：“我们在努力追求**和平**的目标。”但如果强调“努力”，那就会形成“义正词严”“真心诚意”的语意，从而偏离了既定的语言目的：“我们在**努力**追求和平的目标。”

二、停连技巧

（一）理论概要

朗诵者在适当的地方利用停连，造成声音的暂时间歇和延读，可以帮助听者更好地理解和感受作品的思想内容。停连可以分为语法停联和强调停连两类：

1. 语法停连

语法停连反映词句间的语法关系，显示语法结构的停连。

2. 强调停连

强调停连是为了突出某种事物或表达某种特殊感情而作的停连。它不受语法停连的限制，而是依据表情达意的需要来决定停连的位置和时间。

（二）停连的方法

从语句的停顿和连接来看，主要有以下四种方式：

1. 落停

落停即停顿时间相对较长，句尾声音顺势而落，声止气也尽。这种停顿多用在一个相对完整的意思讲完之后，句逗停顿中多用在句号、问号、感叹号处。

2. 扬停

扬停即停顿时间相对较短，停之前声音稍上扬或持平，声虽止但气未尽，一听便知是才说了半句话，还有下文。这种停顿多用在一个意思还未说完，而中间又需要停顿之处。句逗停顿多用在分号、逗号、顿号处。

3. 直连

直连即顺势而下，连接迅速，不露连接的痕迹。这种连接方式多用于内容联系紧密，感情持续抒发的地方，一般与扬停配合使用。

4. 曲连

曲连即在连接处有一定空隙，但又连环相接，迂回向前。这种连接方式多用于既要连接，又要有所区分处，常与落停配合使用。

（三）停连的分类

1. 区分性停连

区分性停连是书面文字转化为有声语言时，对一个个汉字进行再创造的组合、贯通的技巧。例：在这叫喊声里，乌云听出了愤怒的力量、热情的火焰和胜利的信心。

2. 呼应性停连

有声语言的行进，在停连上有前呼后应的性质。运用呼应性内在联系的停连也有某种区分作用，但主要是突现呼应关系。例：他当过演员，在大学里教过书，还干过几天电工。

3. 并列性停连

并列性停连是指在作品中，同等位置、同等关系、同等样式的词语之间的停顿及各成分内部的连接。例：这些石刻狮子，有的母子相抱，有的交头接耳，有的像倾听水声，千姿万态，惟妙惟肖。

4. 分合性停连

分合性停连包括先分后合、先合后分两种情况。例：葡萄一大串一大串挂在绿叶底下，有红的、白的、紫的、青的、暗红的、淡绿的，五光十色，美丽极了。

5. 强调性停连

在句子之间、词组或词之间，为了强调某个句子、词组或词，可在前边或后边以至前后同时进行停顿，使所强调的词句突现出来，在其他不需强调的词句中，有停顿处也相对缩短一些时间，这就是强调性停连。例：一个夏天，太阳暖暖地照着，海在很远的地方奔腾怒吼，绿叶在树枝上飒飒地响。

6. 判断性停连

既然是判断性停连就应该有思维过程，朗诵者在思维过程中的感受就应该体现出来。为了表现思索、判断的过程，朗诵者可以运用判断性停连的方法。例：大家都随着女教师的手指齐声地念起来：我们 / 是 / 中国人，我们 / 爱 / 我们的 / 祖国。

7. 转换性停连

由一个意思变成另一个意思，一种感情变成另一种感情，这中间应该有相应的停顿，显示转换的关节。例：清晨出发的时候天气晴朗暖和，没想到中午突然刮起了暴风，下起了大雪，气温急剧下降。

8. 生理性停连

在某些作品中，由于人物生理上的异态，产生语流不畅、断断续续的情况，表达者就要运用生理性停连。

9. 回味性停连

回味性停连是具体思想感情运动延续下去的结果，是听众从有声语言中有了具体感受之后的心理反应。运用这种停连时，停的时候时间要给足，在强调的词后边停顿才叫

"回味"。

10. 灵活性停连

在运用灵活性停连时，我们既不要拘泥文字，又不要削足适履，要从思想感情的运动状态中去确定和把握。

（四）训练材料

朗诵下面的短文，注意停连的运用。

补　　旧[3]

3. 本文选自景希珍口述，丁隆炎整理：《在彭总身边　警卫参谋的回忆》，四川人民出版社1979年版，第84、85页。

来到吴家花园，起初组织上还是要给彭总派护士、公务员，他不要。他说："我没病，要什么护士。现在是个闲人了，还要人家来打扫卫生，料理生活，那真是岂有此理！"

从此，一应生活上的事，如扫地、洗衣服、补衣服，都是彭总自己动手。他的夫人浦安修同志那时在北师大作领导工作，只有星期日才回来。

冬天来到的时候，彭总找出了他的旧棉衣在屋檐下补着，一边晒着太阳。我看他干得十分吃力，对他说："眼花手笨的，还是我来吧。"他说："你呀，未必有我这两下子。"

我接过来一看，针脚整齐，横是横、竖是竖的，补得就是不错。彭总从老花镜上边看着我，有些得意地说："多多评头论足吧。"就在这次，他给我谈了他的身世。他童年丧母，家庭很穷，他不但要给人家当苦工，还要照管两个弟弟。"那时候，什么活没干过？什么苦没吃过？"彭总感触很深地说："今天，住到这个圆明园，皇帝老倌住过的地方呵！"

他的这身棉衣，是在抗美援朝期间，有次回国来，为了外出方便买来穿上"打掩护的"。质料很一般，外头连罩衫也没有。就是这身棉衣，伴着他在吴家花园度过了六七个寒冬，后来又穿着它到了西南。直到他被林彪、江青派来的一伙人揪上北京，我们最后分别时，他穿的还是这身黑蓝颜色、上头闪着一层油光的土布棉衣。

记不得是哪个冬天了，也是一个风和日丽的日子，彭总在院子里补衣服，我带着家里人照相玩。走过他面前，故意逗趣他说："这位老大爷，照张相吧？"我们都以为他不会干的，还会说"我这个人长得丑"之类的话。谁知这一回，他抬起头来，笑呵呵地坐正了，说：

"照吧！"

笑声中，我给他拍了一张"老人补旧"的照片。

这张照片的主人已经不在人间了，照片本身也在一场浩劫中化成了灰烬，但是当时的情景，却永远留在我和妻子的心里。

三、语气控制

（一）理论概要

1. 语气

语气在《现代汉语词典》中的解释为："说话的口气……表示陈述、疑问、祈使、感叹等分别的语法范畴。"[4] 在《辞海》中的解释为："通过一定的语法形式表示说话人对行为动作的态度。"[5] 这些概念明确了语气与感情态度有关，说明语调可以表示各种语气。

4. 中国社会科学院语言研究所词典编辑室编：《现代汉语词典（第 6 版）》，商务印书馆 2015 年版，第 1590 页。

5. 夏征农，陈至立主编：《辞海：第六版彩图本》，上海辞书出版社 2009 年版，第 2796 页。

2. 语调

语调在《现代汉语词典》中的解释为："说话的腔调，就是一句话里语音高低轻重快慢的配置，表示一定的语气和情感。"[6] 在《辞海》中的解释为："句子里声音的高低变化和快慢轻重。句子都有一定的语调，表示某种语气和情感。如陈述句多用下降调，疑问句多用上升调等。"[7] 这些概念说明语调是一种声音形式，可以表现语气态度。

6. 中国社会科学院语言研究所词典编辑室编：《现代汉语词典（第 6 版）》，商务印书馆 2015 年版，第 1590 页。

7. 夏征农，陈至立主编：《辞海：第六版彩图本》，上海辞书出版社 2009 年版，第 2795 页。

例如：

当年毛委员和朱军长带领队伍下山去挑粮食，不就是用这样的扁担吗？（上扬调，表示疑问。）

盼望着，盼望着，东风来了，春天的脚步近了。（降抑调，表示肯定。）

我家的后面有一个很大的花园，相传叫百草园。（平直调，叙述、说明。）

这真是所谓"你不说我还明白，你越说我越糊涂了"……（曲折调，揶揄语气。）

3. 把握语气的三个关键点

（1）具体的思想感情是语气的灵魂，在语气中处支配地位。

（2）具体的声音形式是语气的躯体，具体的思想感情只有通过具体的声音形式才得以表现。

（3）语气以句子为单位，它存在于一个个句子中。

4. 语气的感情色彩

（1）是非——指态度方面的具体性质。如态度是赞扬、支持、亲切、活泼，还是批评、反对、严肃、郑重等。

（2）爱憎——指感情方面的具体性质。如感情是喜悦、热爱、焦急，还是悲伤、憎恨、冷漠等。

5. 把握语气色彩的注意事项

（1）准确贴切。要在具体的语言环境中把握语句的感情色彩，避免见字生情、见句生情；要抓不同语句的个性色彩，避免模棱两可，似是而非。

（2）丰富细腻。把握不同语句同样感情色彩之间层次上的差异，把握同一语句里色彩的多样化特点。

6. 语气的分量

在把握语气感情色彩的基础上，朗诵者要区分是非、爱憎的不同分寸的“度”，掌握语气感情的分寸、火候，力求在表达时拿捏准确，恰到好处。

语气的分量可以从两方面去把握：一是语气，即感情色彩本身的级差；一是外部相关因素影响下，态度分寸方面的级差。

语气的分量分为重度、中度和轻度。

（二）语气色彩与声音形式

1. 语气色彩的类型与声音形式

（1）爱的感情：气徐声柔，口腔宽松，气息深长。如：祖国啊，我亲爱的祖国。

（2）憎的感情：气足声硬，口腔紧窄，气息猛塞。如：为了确定她的死，你要把她的心带回来！

（3）悲的感情：气沉声缓，口腔如负重，气息如尽竭。如：就让我悲愤的泪水汇入无尽的江流吧，为你化作流传千秋永不停歇的嘶鸣。

（4）喜的感情：气满声高，口腔似千里轻舟，气息似不绝清流。如：节日的山城重庆，腊梅飘香，彩灯高挂，一派喜庆气氛，重庆迎来了建直辖市后的第一个元旦。冬季难得的阳光透过薄雾将重庆照耀的一片灿烂。从广州运来的18万枝鲜花竞相争艳，为隆冬的重庆带来阵阵春意。

（5）惧的感情：气提声凝，口腔像冰封，气息像倒流。如：啊！（哭泣）猎人爷爷，求求你饶了我吧。

（6）欲的感情：气多声放，口腔积极敞开，气息力求畅达。如：哦，我在山上不会迷路的。那山是我的，我生长在那儿。是山引我来你这儿的。

（7）急的感情：气短声促，口腔似弓箭，飞剑流星，气息如弓箭穿梭一般。如：哦，院长，求求你，不要把我送走！我一定要留在这儿，这儿是我的家，我的生命。

（8）冷的感情：气少声平，口腔松软，气息微弱。如：哦，玛利亚小姐，院长嬷嬷跟你交代了多少？

（9）怒的感情：气粗声重，口腔如鼓，气息如椽。如：划一条鸿沟，你的善意没有引来和平的甘泉，引来的却是残酷的战争。

（10）疑的感情：气细声黏，口腔欲松还紧，气息欲连还断。如：霸王啊，一个虞姬为什么就这样让你痴情，难道东山再起的旗帜竟不如她飘飞的衣裙。

2. 按不同的要求朗读句子

（1）“我会永远记住他。”

要求：用不同的声音形式说出多种语气色彩。

① 爱的色彩，② 憎的色彩，③ 怀念的色彩，④ 轻蔑的色彩，⑤ 冷的色彩，⑥ 悲的色彩，⑦ 不耐烦的色彩。

（2）“这是怎么回事？”

要求：用不同的声音形式说出多种语气色彩。

① 疑的色彩，② 惊讶的色彩，③ 喜悦的色彩，④ 不满的色彩，⑤ 愤怒的色彩，⑥ 紧张的色彩。

（3）“原来是他呀。”

要求：用不同的声音形式说出多种语气色彩。

① 兴奋的色彩，② 失望的色彩，③ 惊讶的色彩，④ 憎恶的色彩，⑤ 释然，⑥ 冷的色彩。

（三）语势

语势指朗读时声音升降平曲、高低起伏的变化形式。它是通过控制声带的松紧来实现的。语调由平升高，高亢激昂，称为“扬”；语调先平后降，低沉持重，称为“抑”；语调缺少变化，平缓舒展，称为“平”；语调升降频繁，起伏不定，称为“曲”。

1. 语势的种类

（1）波峰类。波峰类指声音的发展态势是由低向高再向低行进，状如波峰。如：世界上没有花的国家是没有的。“花”就处于波峰的位置，句头、句尾的词略低。

（2）波谷类。波谷类指声音由高向低再向高发展，即句头、句尾较高，句腰较低，状如波谷。如：乔治·华盛顿是美利坚合众国的第一任总统。

（3）上山类。上山类指声音由低向高发展，即句头最低，句尾最高，状如登山。不过，上山类有时是步步高，有时是盘旋而上。如：让暴风雨来得更猛烈些吧!

（4）下山类。下山类的特点是句头最高，而后顺势而下，状如下山。应注意的是，它有时是直线而下，有时是呈蜿蜒曲折的态势。如：就在那年秋天，母亲离我们去了。

（5）半起类。半起类的特点是句头较低，而后呈上行趋势，行至中途，气提声止。由于没有行至最高点，所以称为半起。如：这到底是什么幻景呢?

2. 如何避免语势单一

（1）句头起点不宜相同。这要求每句话的开头，朗诵者的声音状态、口腔状态、气息状态都应有所区别。例如：

① 今年四月，我到广东从化温泉小住了几天。

② 那里四周是山，环抱着一潭春水。

③ 那又浓又翠的景色，简直是一幅青绿山水画。

（2）句腰波形不宜相同。每句话的波形尽量避免一样，也就是同一种波形不要连续使用。

（3）句尾落点不宜相同。每句话结束的落点最好不要在同一高度，包括声音的轻重缓急、气息的虚实强弱、口腔的松紧宽窄都应有所不同。

（四）训练材料与训练提示

老人与海[8]

8. 改编自海明威的《老人与海》。

解说：那老人再一次扛起他的桨，朝海边走去。这时候，远处的地平线刚刚出现白色。借着微弱的天光，老人理了理他的渔钩、渔叉和那张绕在桅杆上的旧帆。

老人：已经第八十五天了，一条鱼也没有打到。我好像已经老了，开始背运了，可我的胳膊倒还是有着劲儿。

解说：他慢慢地升起那张补过几次的旧帆，那帆看上去就像是一面永远不会失败的旗帜。

老人：太阳升起来了，太阳刺痛了我的眼睛，这耀眼的阳光已经把我的眼睛刺痛了一辈子。我感到有点儿老了，有点力不从心，可年轻的时候我是个好水手。

解说：不知过了多久，老人发现，那绿色浮杆急速地向水里沉去，他拉了拉鱼绳，感到沉重的分量。

老人：我钩住的是一条什么样的鱼？它几岁了，我还从来没有见过鱼有这么大的劲儿呢！它只要一跳，或者往前一蹿，就会要了我的命！

解说：老人全身心地等待着他和那条大鱼的最后搏斗。他想，他这辈子不会再遇到这么大的鱼了，他要最后再赢一次。太阳落下去了，夜晚来临。老人感到寒冷。他望着满天的星星，他的那盏哈瓦纳渔灯也不像从前那么明亮了。那条鱼拖着老人的小船在海上游了一夜，老人没想到等待一场搏斗需要这么长时间。第二天，当太阳再一次升起，老人又冷又饿，疲惫不堪。

老人：我已经感到了你的力量，让我们面对面地斗一斗吧。我和你谁也没有帮手，这很公平。来吧，来吧，让我看看你是谁，我知道你是谁，用你的大尾巴来拍碎我的船，用你那坚硬的长吻来刺穿我的身体吧，我早已经做好了准备，我不会后悔，死在一条金枪鱼的手里！

解说：当夜晚再一次降临，老人筋疲力尽。

老人：它不会有那么大，不会的！

解说：它就是那么大，大得出乎老人的意料。老人看见了鱼的尾巴从水里露出来，满身紫色条纹，它伸展着巨大的胸鳍，围着小船打转转，老人看见了它的眼睛。

老人：我只有一次机会，这是生死搏斗。不是我叉死它，就是它撕碎我。

解说：老人觉得自己快要撑不住了。他用绵软的双手努力握紧他的鱼叉。然后站起身来，将鱼叉举过头顶，他将鱼叉举到了不可能再高的高度。

老人：来吧，冲着这儿来吧，做一次临死前最后的决斗吧！我老了，没什么力气了，我跟你磨了三天，我等了你一辈子。嘿！老兄，我还从来没见过比你更大、更美、更沉着的鱼呢。来吧，我们都快死了，看我们究竟，谁杀死谁！

解说：那条鱼挣扎着向老人的小船冲过来。它游得那么快，那么有力，坚硬的长吻就像一把利剑！

老人：哎……

解说：老人拼尽他最后的生命，将鱼叉扎入了大鱼胸鳍后面的鱼腰里。那鳍挺在空中，高过老人的胸膛，老人扎中了大鱼的心脏！大鱼生气勃勃地做了最后一次挣扎，它跳出水面，跃向空中，把它的长，它的宽，它的威力和它全部的美都展现出来，而后，“轰隆”一声落入水中。

老人：哈哈哈哈……

解说：老人赢了，他战胜了自己，战胜了那条鱼，那条他一生都没有见过的美丽的大鱼。那条鱼比老人的小船长出许多，老人用了最瘫痪的躯体，费了很长的时间，才把小船拴在大鱼的身上。他不知道应该让鱼带着他走，还是让他带着鱼走。这时候，一群无所畏惧的鲨鱼正嗅着血迹朝这里涌来。成群结队的鲨鱼向老人的战利品，那条系在船边的大鱼发起了猛攻，那撕咬鱼肉的声音，使老人再一次站立起来。他重新举起鱼叉，悲壮地站在船头，他决心捍卫他的战利品，就像捍卫他的荣誉！

老人：这不公平，你们这些厚颜无耻的强盗，真会选择时机。但我不怕你们，我不怕你们，我不怕你们！人，并不是生来要给打败的。你可以消灭他，可就是打不败他，你们打不败他！

解说：当老人终于回到出海时的那个港口，天空第三次黑暗下来。他的船边只剩下大鱼粗长的白色脊骨，夜晚的潮水摇晃着那条美丽硕大的尾巴。老人无力上岸回到他的小屋，就在船上躺下了。头枕着那张补过几次的旧帆。

老人：人，并不是生来要给打败的。你可以消灭他，可就是打不败他。

解说：老人睡着了。他梦见年轻时候的非洲。他梦见了狮子。

训练提示：注意把握人物的特定性格及情景变化，做到感情细腻、虚实结合、变化丰富。

四、节奏把握

（一）理论概要

节奏是指朗读过程中由声音抑扬顿挫、轻重缓急而形成的回环往复的形式。常见的节奏类型大体有：

1. 轻快型

这种节奏语速较快，多扬少抑，多轻少重，声轻不着力，词语密度大，有时有跳越感，多用来描绘欢快、诙谐的情志。例：我爱看天上的一片云，那片白白的、会变的云。瞧它一会儿变成只小黄狗，摇着尾巴，追着太阳跑；一会儿变成只小灰羊，在草原上撒欢儿跳高。

2. 沉稳型

这种节奏语势沉缓，多抑少扬，多重少轻，音强而着力，词语密度疏，常用来表现庄重、肃穆的气氛和悲痛、抑郁的情感。例：灵车队，万众心相随。哭别总理心欲碎，八亿神州泪纷飞。红旗低垂，新华门前洒满泪。日理万机的总理啊，您今晚几时回？

3. 舒缓型

这种节奏语速较缓，语势较平稳，声音轻柔而不着力，常用来描绘幽静的场面和美丽的景色，也可以表现舒展的情怀。例：大海上一片静寂。在我们的脚下，波浪轻轻吻着岩石。像蒙胧欲睡似的。在平静的海面上，月光劈开了一款狭长的明亮的云汀，闪闪地颤动着，银鳞一般。

4. 强疾型

这种节奏语速较快，多扬少抑，声音强劲而有力，常用来表现紧张急迫的情形和抒发激越的情怀。例：在苍茫的大海上，狂风卷集着乌云。在乌云和大海之间，海燕像黑色的闪电，高傲地飞翔。一会儿翅膀碰着波浪，一会儿箭一般地直冲向乌云，它叫喊着，——就在这勇敢的叫喊声里，乌云听出了欢乐。

以上四种节奏类型，只是大体的分类，每一种还可以再分小类，不再一一列举。在实际的朗诵过程中，一篇作品的节奏不一定是单一的，往往随着内容情节的变化，节奏也会相应发生改变。因此在朗诵过程中，节奏必须因“文”而异，切忌死板单一，一统到低。

（二）训练材料与训练提示

英雄碑颂

严　阵

A：走过天安门广场的同志：停下脚，
　　请抬起头来仰望，
合：请脱帽，
B：欢乐和幸福吗？暂且把它忘掉，
合：英雄碑前，要静悄悄……
C：风雨交加之日，你会听到黄河咆哮，
　　它二十年代的巨浪，似雷滚电啸！
D：云霭迷离之夜，你能听见长江怒号，
　　它三十年代的狂涛，如石崩山倒！
A：霜露压肩，你会听到巴山竹笛，
B：冰雪掩足，你能听见中原洞箫！
C：松风起时，你会听到角声裂耳，
D：霹雳过处，你能听见车轮暴跳！

A：月光蒙蒙，碑下走着方志敏，
　　哗啦，哗啦，是他脚上沉重的铁镣！
B：曙光微微，碑前站着李大钊，
　　他那灰色的长衫，被薄雾笼罩！
C：灯影里，殷夫的笔仍旧沙沙作响，
D：星光下，叶挺的剑正在嚓嚓出鞘！
男合：不死的王孝和还怒视着阴森的枪口，
女合：忠贞的刘胡兰正迎向那血染的铡刀！

C：啊！风沙漫漫，漫漫风沙里，
　　风沙里时有时无的是，
合：森林般的长矛！
D：啊！雨雾茫茫，茫茫雨雾中，
　　雨雾中若隐若现的是，
合：火焰般的梭镖！

A：啊，大渡河的波涛上，弹光万道，
B：啊，金沙江的急流里，桨橹如搅！
C：五指山——红云，
D：长白山——银袍，
合：多少英雄冲杀声，全在这碑前缭绕！

A：啊，浩浩南京路，迢迢咸阳道，
多少愤怒的步伐被套上镣铐！
B：啊，青青雨花台，寂寂龙华塔，
多少钢铁的胸膛在血泊里仆倒！
C：啊，古黄鹤楼留下多少志士足迹，
D：啊，新宝塔山熟悉多少英雄面貌！
A：刀山——渣滓洞，
B：火海——上饶，
合：多少同志的鲜血，织成这霞光如潮！

A：井冈山下炮火初歇赤卫队员还在放哨，
B：听：一步一步，葛鞋踏着雨后的春草！
C：湘江岸边红叶簇簇起义农民正磨战刀，
D：听：一声一声，涛音衬着豪迈的谈笑！
A：冀中平原青纱帐里游击健儿正在埋伏啊，
B：江南水乡绿柳丛中将军战马正在长啸！
C：逐鹿中原啊，每一条道路都在抖动，
D：横渡长江啊，每一朵浪花都在燃烧！

A：平汉路上汽笛长鸣罢工工人涌上轨道，
B：看：呼啦啦，平地卷起了红色风暴！
C：上海街头呼声震天爱国学生走出学校，
D：看：轰隆隆，半空中滚来了愤怒浪潮！
A：二月重庆花前，谁在细声说着联络暗号，
B：八月南京月下，谁用铅笔轻轻触着电稿！
C：绞绳千条啊，
合：绞不尽星火燎原，

D：铁锁万把啊，

合：锁不住阳光普照！

A：老同志们：听到战友的声音吗？

B：新同志们：可听到你前辈进军的号召！

C：做妻子的：听听丈夫最后的怒吼吧，

D：做丈夫的：听听妻子高呼的口号！

A：做儿女的：听听父母的慷慨悲歌吧，

B：做父母的：听听儿女热血的呼啸！

C：多少没有说完的话在烈士胸中奔腾啊，

D：你要听吗？英雄碑前，

合：能够听到！

A：北国千山，

B：山山都在这碑前聚，

C：南方万水，

D：水水都在这碑前绕！

AB：啊，多少皮鞭多少枪弹多少棍棒刺刀，

CD：啊，多少眼泪多少仇恨多少血的忠告！

A：为了今天，先辈们曾付出了多大的牺牲啊，

B：为了明天，我们肩头的分量该有多少！

C：好好记取吧：

合：我的同志！我的同胞！

D：万代莫忘啊：

合：六万万个男女老小！

A：走过天安门广场的同志：停下脚，

请抬起头来仰望。

合：请脱帽，

B：烈士们的目光正瞧着我们啊，

合：英雄碑前，不是静悄悄，

英雄碑前，不是静悄悄……

训练提示：结合对作品的理解、感受，准确分析并把握节奏的类型，特别要注意与作品基调相协调。把握不同类型的语气交换时，口腔肌肉在色彩、分量、气息状态、口腔状态等方面的不同变化。

五、无语言表情声音的使用技巧

朗诵不仅需要言词声音，同时还需要辅助动作、表情。表情语言是指通过面部不同的肌肉活动和眼睛活动传递信息，起到辅助和强化口语表达的作用。面部表情对言语交际具有传神达意的功能，美国心理学家阿伯特·梅哈拉说：在感情交流上，无言的举止往往比语言更传情。

人的面部表情非常丰富，单是嘴唇就能表达出不同的意思：嘴唇全闭表示宁静端庄，半开表示惊讶疑问，全开表示惊骇，嘴角向上表示喜悦、礼貌、殷勤和善意，向下表示痛苦悲伤、无可奈何，撇嘴表示不满和蔑视。

无声语言的表现，要有真情实感，表情运用忌讳皱眉、噘嘴，僵硬、严肃，皮笑肉不笑，木讷无表情。只有无声语言与有声语言紧密配合，情感表达才能恰如其分。

朗诵者应在朗诵实践中做到以下几点：

其一，面部表情多样化。朗诵者出场以微笑为主，再随着作品的思想感情的变化调整表情。

其二，正确运用目光。目光即眼神，朗诵者的眼神可分为实视与虚视。实视用于表现作品时与观众的交流，虚视用于表现由作品形象而产生的内在幻象。朗诵者在表达过程中切记不能自始至终用一种眼神，眼睛不能漫无目的地乱转、仰视房顶、偷看某处。

第三节　朗诵的态势语言运用

人们在用有声语言表达思想、交流感情的时候，往往言不尽意或意在言外，这时就会很自然地借助态势语言来补充有声语言不能表达或不必表达的信息。

一、姿势

朗诵者要有一个良好的姿势。有的朗诵者只要往台上一站，就能立刻引起观众的关注和喜爱，这与其肢体语言所创造的美好形象是分不开的。

二、手势

朗诵者的姿势并不是一成不变的。当朗诵者的情绪因朗诵内容的变化而起伏时，朗诵者往往通过动作表现出来，而最常用的动作就是手势。手势并不只是语言的点缀，研究发现，在说话时做手势有助于思考、表达和记忆。手势用得好，会有力地帮助朗诵者表达感情，加深听众的印象，并引起听众的共鸣。

三、眼神

有些朗诵者虽然左一个动作，右一个手势，说山指山，说水指水，忙得不亦乐乎，但却忽略了与受众进行心的交流。而要做心的交流，朗诵者就应打开心灵的窗子——眼睛。对于朗诵者的最好报酬就是他和听众有了情感交流。在这一点上，眼睛的作用真是太大了。

一方面，朗诵者的眼睛要“看得见”朗诵材料中的形象，要与作者神交，并把这种交流传递给听众。另一方面，朗诵者的眼睛也要照顾到听众，从听众那里了解他们对你的反映，并随着他们的反映来控制你的感情、语气。因为听众视线的焦点一般都集中在朗诵者的眼睛上，他们想从中了解你的情绪是否饱满，视像是否真实。所以，只有朗诵者与听众的目光有了交流，他们才愿意在你的带领下共同进退并接受你的意愿。

四、表情

如果说眼睛是心灵的窗子，那么表情就是心灵的大门。后一个比喻有点牵强，但确实能说明问题。听众可以通过你的表情更直接地了解你的情绪。所以表情在朗诵中的作用也是显而易见的。表情也必须与朗诵材料所内含的感情相一致，才能收到良好的效果。朗诵幽默、风趣的寓言、童话不能冷着脸；朗诵活泼、健康的诗歌，不能故作深沉；朗诵缅怀、悼念的文章，也不能一脸阳光。

朗诵时，表情多以平静为佳。面带微笑也很重要，微笑是人类所特有的表情，我们不用这个“专利”实在可惜，它可以与人沟通，融洽关系，表示友好。在一般情况下，朗诵时应微笑。

态势语言有以下几个标准：

（1）适度。要相信有声语言的力量，朗诵中态势语言永远是辅助性的。一句一个动作，过多的动作和过分的表情，会适得其反，破坏表达效果。

（2）自然。一不可装模作样，虚张声势；二不可脱离自我，机械模仿，要由衷、真实、质朴，每一个手势，每一个微笑，每一个眼神，都应该是发自内心的，来不得半点儿虚假做作。

（3）优美。态势语言要使人感到舒服、愉快，要注意动作的幅度，讲究站立的姿势，动作应有控制，要含蓄，符合艺术表现要求。一挥手就又高又直，一笑就咧开大嘴等，都不优美。

总之，态势语言运用得好可避免呆板，增强视觉效果，从而起到吸引听众、强化观点等作用。

第四章

诗歌、散文、寓言故事的朗诵

能够朗诵的文艺作品有很多，根据文学体裁划分，可以有诗歌、散文、寓言故事，还包括小说、戏剧（广播剧、影视人物配音）等，这些都属于有声艺术语言创作的对象。本章只介绍最常见的诗歌、散文和寓言故事类作品的朗诵。

第一节　诗歌的朗诵

一、诗歌的定义与种类

诗歌是一种具有韵律、句子分行排列、词语高度精练、能创造主观和客观和谐统一的独特的文学体裁。[1] 对于朗诵者来说，诗歌是初学者最容易学习、最广泛接触和应用的体裁。

1. 罗莉：《文艺作品演播技巧》（修订版），中国广播电视出版社 2013 年版，第 121 页。

诗歌不像小说和戏剧，是运用精细的环境描写、情节描写和语言描写来反映现实生活和情感，而是通过特殊意义的生活片段或情感体验来传情达意，所以诗歌对社会生活的反映具有高度的概括性、鲜明的形象性、浓烈的抒情性和和谐的音乐性。根据不同的内容和表现形式，诗歌大体有如下分类。

按照内容分类，诗歌可以分为叙事诗、抒情诗、反讽诗、寓言诗等。比方说《木兰辞》《琵琶行》《红石颂歌》《孔雀东南飞》等诗歌就是以叙事的方式抒发丰富的情感，让读者在了解事情的过程中涤荡心灵，这类作品即使叙事平缓，语言质朴，也能让人为之动容和感叹。《祖国啊，我亲爱的祖国》《我骄傲，我是中国人》《致橡树》等诗歌多使用抒情的文字，所以属于抒情诗，其特点就是清心言志、直抒胸臆，给予欣赏者和朗诵者直接的心灵体验和震撼。《死水》和《好东西歌》则是典型的反讽诗，其特点就是大胆地使用比喻、夸张等手法，对不良的人或事进行揭露、批判或讽刺，朗诵时创作者可以适度夸张，但是不能因为嘲讽而嘲讽，一定要力戒浮夸，把握好尺度。《乡愁》和《蛇》可以归为寓言诗，寓言诗通常运用精练而理智的语言来讲述一个简短而生动的故事，并寄寓一定的道理、教训，从而引起读者的回味和思考，具有浓厚的教育意味和色彩。

按形式特点，诗歌可分为格律诗、古体诗、词、现代自由诗、散文诗、民歌等。常见的格律诗是中国古典诗歌中的五言、七言的绝句和律诗。词、曲也可称为格律诗，即所谓的近体诗，其字数、行数、音韵等都有一定的规则。

按时代划分，诗歌可分为现代诗歌和古代诗歌（古典诗歌）。1919 年，从五四新文学运动开始并发展起来的新诗以及反映现代生活和思想感情的某些旧体诗，都是现代诗歌；五四运动以前写作的如诗经、楚辞、唐诗、宋词、元曲等旧体诗，属于古代诗歌。本节所讲述的诗歌为现代诗歌。

按国别划分，诗歌还可分为中国诗歌和外国诗歌。

二、诗歌朗诵的特点与方法

诗歌这种文学体裁在中国有着悠久的历史，震古烁今，对整个文学的产生和发展有着重大的影响。它用精练、形象、富有节奏感和音乐性的语言，用比兴、夸张、拟人、反复等表现手法，通过丰富的想象和联想，抒发情感，创作鲜明的形象和深远的意境，来反映现实生活。[2] 加之诗歌具有的感情浓烈、富有韵律、文学性强等特点，让诗歌更加适于有声语言的创作。诗歌朗诵的特点概括起来有如下几点：

2. 曾致编著：《朗诵艺术指要》，中国传媒大学出版社 2007 年版，第 20 页。

（一）音声的艺术

因为用声音表达是朗诵艺术的重要特征，所以诗歌朗诵的首要特点就是具有音声性，诗歌朗诵亦是音声的艺术。有人说“三分诗歌，七分吟诵”，有的朗诵者一开口就能让听众因其具有魅力的声音而倾倒。的确，优秀的诗歌朗诵者总能用美好的声音将文字语言立体化，使诗歌悦耳动听，沁人心脾。虽然音声不是诗歌朗诵的全部，但是在诗歌朗诵创作中，我们要将扎实的语言基本功训练贯穿始终，语言基本功是诗歌朗诵的必备条件。所以，在朗诵诗歌时，朗诵者必须规范自己的语音，使用普通话，让自身语音纯正、音色润泽、语气丰富、节奏斑斓。音声化的创作能力是评判朗诵艺术的最重要的指标，它影响着诗歌朗诵艺术的呈现，也决定着朗诵者的艺术生涯能否更为长久。

（二）想象的艺术

诗歌离不开感知、情感和理解，这三者恰为想象的三要素，因此我们说诗歌也是想象的艺术。《中国现代朦胧诗赏析》中有这样的描述：“想象基于感知而又改造感知，移情使感知变形，理解化感知为象征。诗的形象思维和小说、戏剧不同，就在于诗人是循着想象的逻辑，而不是感知的逻辑来进行构思的。因此，诗的世界和日常的世界往往很不一样。唯其‘不一样’，它才有诗的特别味道。”[3] 不单诗歌创作中的“改造”“变

3. 章亚昕、耿建华编写：《中国现代朦胧诗赏析》，花城出版社 1988 年版，第 82 页。

形”“象征”影响思维，诗歌的精练性、跳跃性还会将诗作者完整的思维分割成一个个凝结点，并以文字的形式呈现。“呈单线型的逻辑思维与呈复合型的形象思维构成的诗的意象和情思注入在诗句中，但它们的序列并不清晰，充其量它们仅是一颗一颗未经穿起的珠玉，这条连接它们的线就是诗人的思路。它们往往并不直说，而是采用暗示的途径来表现。”[4]诗的形象思维“可以无视日常感觉的持续连贯性，以跳跃来‘撕裂’感觉。究其原因，诗歌不以传达感知为目的，而以抒发情思为使命。不拘泥于感觉，诗的构思也就比较跳脱空灵”[5]。所以，诗歌朗诵前要懂诗思，会诗意。单纯了解诗文字面意思还不够，还要了解诗文背后的故事，诸如诗人的履历、写作背景、创作动机、写作特色和文风等方面的信息。这样才能更好地从感知、情感和理解的角度把控作品，进行二度创作。

4. 罗莉：《文艺作品演播技巧（修订版）》，中国广播电视出版社 2013 年版，第 128 页。

5. 章亚昕、耿建华编写：《中国现代朦胧诗赏析》，花城出版社 1988 年版，第 58 页。

（三）抒情的艺术

诗歌也是抒情的艺术。著名诗人艾青说过：“作为诗，感情的要求必须更集中，更强烈；换句话说，对于诗，诉诸情绪的成分必须更重。别的文学作品，虽然也一样需要丰富的感情，但它们还可以借助于事件发展的逻辑的推理，来获得作者思想说服的目的；而对于诗来说，它却常常是借助于情感的激发，去使人们欢喜与厌恶某种事物，使人们生活得更聪明，使人们的精神向上发展。”[6]因而，诗歌无论是叙事、抒情、喻理、状物等都源于诗人强烈的主观感受，带有诗人浓郁的主观色彩和鲜明的个性特征。

6. 艾青：《诗论》，人民文学出版社 1980 年版，第 86 页。

一首好诗不会故弄玄虚，无病呻吟，它是诗人思想感情的传播载体。唐代诗人白居易说：诗者，根情，苗言。因此，朗诵者必须跟随诗句追根溯源，找到“情”的根本，与诗人“同呼吸，共命运”，才能领悟诗歌的真谛。只有与诗作产生情感的共鸣，朗诵者才能胸中激起千层浪，生发出吟诵的欲望。倘若只是望文生义地表面化理解，冷漠、机械化地诵读，自然不会愉悦听众，也就没有了朗诵艺术的意义。人们之所以喜欢诵读诗歌，是能够从吟诵或聆听中寻得情感上的启发和帮助。当一首诗缺少感情的时候，当诗歌朗诵者缺少真情的时候，人们对于诗及其相关的事物就不能建立信任。这就好似我们和一个不真诚的人交往，内心难免会生出芥蒂，无法深入交流一样。

《朗诵艺术谈》中提到：“作为一种艺术形式的朗诵，却不只是表达；它同时意味着对作品进行解释。仅仅是表达，仅仅是没有曲解，那还不够，它必须给听众更多的东西，是他们用眼睛阅读文字时所得不到的东西，是听众跟随着朗读者，更快地、更直接地进入作家所提供的情境（意境），进入作家敞开的内心世界。这就是说，朗诵者不能只是把文字搬到口头，把无声的语言化为有声语言；而且需要对作品的艺术内容有自己的体验，自己的理解。”[7]所以诗歌朗诵者要想传递作品的真情实感，必须在内心升腾起对作品的喜爱，把作品所言化为自己的内心诉求，才能达到为诗作者代言的要求。

7. 陈爱仪、雷抒雁编：《朗诵艺术谈》，中国青年出版社 1986 年版，第 4 页。

（四）鉴赏的艺术

在最初的朗诵作品选择阶段，每位朗诵者都会非常认真和谨慎，他们对诗作的主题、思想甚至每一个修辞都严格对待。因为，作品是朗诵的根基，好比剧本是一剧之本，其艺术水准直接影响着最终朗诵作品的艺术化呈现。读诗、朗诵和聆听的过程就是造美和审美的过程。被诵读的文学作品往往具有较强的思想性和艺术性，其主题明确、格调高雅、感情丰沛。诗歌朗诵具有强烈的表现力和感染力，人们在聆听、观赏、玩味的过程中产生极大的审美愉悦。朗诵者通过对诗歌的深入体会，能够切身感受丰富情感在心灵中的撞击，进而加强语言表达的感染力，并带动更多的人体验人生真滋味。在这个过程中诗歌朗诵者要进行深度阅读、深度感受、深度创作，创作者的理解力、感受力、创作力、感染力、气质风度、内在涵养、人生态度等都会发生积极转变。[8]

8. 李洪岩：《诗歌朗诵技巧（修订版）》，中国广播电视出版社2012年版，第8页。

选择好的文学作品，朗诵也就成功了一半。在诗歌典籍中，不乏平庸之作，即便是著名的诗人也不能保证自己的作品篇篇经典，所以朗诵者在朗诵前做好鉴赏工作是非常必要的。首先，朗诵者要考虑诗歌主题，看主题是否有令人进行再创作的冲动。经典诗歌的主题将有助于朗诵者满怀激情、一气呵成地完成有声语言创作。其次，朗诵者还要在内容上把关，摒弃空洞无力的口号式作品，选择内容充实，有感而发，具有画面感和故事性的诗作。再次，有些诗歌看似文采十足，但是朗诵时却未必容易让人理解，甚至还非常拗口，所以朗诵者在鉴赏时要考虑朗诵的效果，诗作文字必须符合有声语言表达的规律；而有些诗歌看似平常，但是经过朗诵者运用各种技巧进行处理之后，竟会获得意料之外的震撼效果。因此，选取语言平实、风格简约的诗歌或许是明智之举。总之，和谐的音韵，流畅的表达，淳朴的诗风都是诗歌朗诵鉴赏中不可忽视的衡量标准。

（五）贴近的艺术

诗歌朗诵艺术同声乐、舞蹈一样具有广泛的群众基础，其形式简单，易于仿学和操作，不受时间、空间、年龄、性别等客观条件的束缚，只要热爱诗文，喜欢表达，人人都可以选择自己倾心的诗文，开口即可加入到诗歌朗诵的行列之中。虽然诗歌朗诵的标准很高，需要潜心研修，但是诗歌朗诵的入口很宽，许多诗歌朗诵爱好者和欣赏者都是因从中能够收获情感共鸣而喜爱它。对于业余诗歌朗诵者来说，能够抒发出真情实感，以情带声，以情感人就达到朗诵的目的了。

诗歌朗诵是贴近的艺术不只表现在诗歌朗诵与参与者和欣赏者的距离近，还表现在诗歌与朗诵者之间的距离近，这就要求朗诵者在朗诵时务必要选择贴近自己的诗歌作品。只有有了贴近朗诵者的诗歌作品，才可能有贴近大众的诗歌朗诵作品。诗歌和朗诵者的贴近性主要表现在：诗歌的风格和朗诵者风格之间的相互贴近，诗歌的内容符合朗诵者的年龄、性别、音色等自然条件，诗歌的内涵和朗诵者的经验阅历、学识涵养、理解领悟等元素之间的相互贴近。

此外，优秀的诗歌朗诵作品还应表现出与时代大背景、社会主旋律、活动总主题等方面的贴近性。诗作本身就有着耐人寻味的创作背景和写作目的，诗作会给人带来不同的情感体验和心灵领悟。经典诗作林林总总，就好比每日资讯成百上千，在有限的时间内新闻工作者不能有闻必录，朗诵者也不能只顾个人情绪而不加考虑地将内容强行灌输给听众。所以，表演之前，朗诵者只有选择合适的作品朗诵，才能达到沁人心脾、启人心智、引导共鸣的预想效果。

（六）再创作的艺术

诗歌朗诵属于“有稿播音锦上添花”的二度创作，要想恰到好处地增光添彩，必须深谙“锦缎”的特点才行。所以，朗诵者不能把诗歌朗诵当成绝对的个人情感释放，没有尺度地突显个性，而是要以诗作者的创作为基础，把对诗歌的感性认知和理性认知结合起来，让朗诵者和诗作者在精神上高度契合，这样才能创造出经典的朗诵作品。

要想走进诗人的创作心灵，必然从走进诗作入手。把握作者的创作意图，了解诗人创作时的心态是至关重要的，它能够让朗诵更有目的、有主旨、有重点，直接提供朗诵者创作情感的源流，调动朗诵者饱满的朗诵情绪。例如，舒婷的朦胧诗《致橡树》，从感性理解的层面，读者会认为这是一首表现男女情爱的轰轰烈烈的爱情诗篇。但是，深入了解之后，理性认知层面让我们获知作者的真正用意是要表达对平等、理想爱情的追求。《致橡树》是一首送给新时期人格价值观念觉醒的女性们的励志诗，如果我们的理解仅局限在第一个情感认识的浅层，朗诵的格局难免就小气了。

扫描二维码或访问下列网址欣赏示范音频 2d.hep.cn/21103851/4

激情是所有艺术创作的灵魂，诗歌创作需要激情，无激情便无创作的冲动和支点，诗歌朗诵亦然。但是诗歌朗诵的激情不是凭空臆想的，它是由诸多因素和不同阶段构成的。例如，感性画面的生发、运动、刺激，理性的朦胧到清新，理性与感性的交融，朗诵者的想象、联想、体会、整合等。所以，我们只有由表及里，从感性到理性深入了解、认识、把握作品，才能更好地朗诵它。其中就包括了解诗作的写作背景，诗人的生平介绍等，这些诗作背后的故事都能给我们提供有利参考，帮助朗诵者找准诗人的创作意图，把握作品内涵，确立创作基调。

有时候，即使了解了作者和作品，朗诵者也不见得就能产生真实的情感和激情。因为，作者的所思所感变为朗诵者的心理和情思还是需要一个过程的。所以，朗诵者要想深入作者的心灵，还需要从理性上找共鸣，从情感上寻刺激。例如，朗诵于右任的诗作《望大陆》：

望 大 陆

于右任

葬我于高山之上兮，
望我故乡；
故乡不可见兮，
永不能忘。
葬我于高山之上兮，
望我大陆；
大陆不可见兮，
只有痛哭。
天苍苍，
野茫茫，
山之上，
国有殇。

扫描二维码或访问下列网址欣赏示范音频 2d.hep.cn/21103851/5

晚年在中国台湾的于右任非常渴望叶落归根，但终未能如愿。这是他眷恋家乡所写的哀歌，其中怀乡思国之情溢于言表，是一首触动炎黄子孙灵魂的绝唱。朗诵者如果仅因未曾经历，不能贴近，就断然回避创作，这就曲解了诗歌朗诵的贴近性。所以，朗诵者必须依靠理性认知来激发创作的冲动——在国家观念、民族意识和责任感上，我们有着共同的认识和担当。我们可以借助联想补充认知，让头脑中感性的画面形成理性的表达冲动，这样朗诵者和诗人的所思所感就会融于一体，进而形成极富热情与激情的情真意切的表达。

三、诗歌朗诵案例解析

乡 愁

余光中

小时候
乡愁是一枚小小的邮票
我在这头
母亲在那头
长大后
乡愁是一张小小的船票
我在这头

扫描二维码或访问下列网址欣赏示范音频 2d.hep.cn/21103851/6

新娘在那头
后来啊
乡愁是一方矮矮的坟墓
我在外头
母亲在里头
而现在
乡愁是一湾浅浅的海峡
我在这头
大陆在那头

朗诵分析：

《乡愁》是中国台湾当代诗人、评论家余光中的代表诗文，通篇以乡愁贯穿。诗文第一段是写诗人少小离家，表达游子对故乡和母亲的思念；第二段写诗人成年后，与爱妻劳燕分飞的离别之苦，思念故乡和家中的新娘；第三段写诗人人到中年后经历的与母亲的生死离别之苦，思念故土和亲人的情感更加强烈；第四段写诗人的乡愁随时间的流逝愈发不能抑制，同样是对故乡和母亲的思念，但是故乡和母亲已经升华为大陆。这样的内容不由地让朗诵者为其悲伤，也很容易唤起朗诵者的情感共鸣。但是，仅凭文字的理解还是不够的，例如一些年轻的学生读罢，感觉自己的创作激情被点燃，于是开始所谓的声情并茂，甚至是声泪俱下地朗诵，这就是犯了理解不够深刻的错误。

首先，我们应当明确作者创作诗歌的时间，否则朗诵者无法确认朗诵时的角色定位，拿捏不准说话的语气和特点。其次，我们需要了解余光中的生平，明白为什么他要写乡愁，为什么他的《乡愁》可以从众多同名的文学作品中脱颖而出，诗文背后都有怎样的故事，是什么点燃了余先生创作的欲望。再次，我们要知道《乡愁》的写作背景，明确我们的朗诵目的。总之，补充诗文背后的信息，能让我们更好地理解、感悟和表达。因此，我们还需要收集、整合如下信息。

余光中，1928年出生于江苏南京，籍贯福建泉州永春。1947年考入金陵大学外语系，后转入厦门大学。1949年随父母迁香港，1950年赴台就读于台湾大学外文系。1953年与覃子豪、钟鼎文等共创“蓝星”诗社。1956年与范我存女士结婚。1961年赴美进修，获爱荷华大学艺术硕士学位。此后多次往返于美国与中国台湾之间进行讲学，现居中国台湾高雄，是当代著名诗人和评论家。

余光中是个复杂而多变的诗人。他写作风格变化的轨迹基本上可以说是中国整个诗坛三十多年来的一个走向，即先西化后回归。如他自己所述：少年时代，笔尖所染，不是希顿克灵的余波，便是泰晤士的河水，所酿业无非1842年的葡萄酒。中年以后，他开始认识到自己民族居住的地方对创作的重要性，常写思国怀乡的主题，对乡土文学的态度也由反对变为亲切，显示了由西方回归东方的明显轨迹，因而被台湾诗坛称为“回头浪子”。

在艺术技巧上，诗人认为：初写诗者以句胜，但往往有句无篇，大成者乃以篇胜，则句活矣，是谓善于结构。这也是为何诗人讲究结构美的原因。诗人诗歌的结构特点总结起来就是：工于发端，巧于结尾，前呼后应，照顾紧密。就这首诗来说，结构奇特而又完整。诗人将我在这头，母亲在那头；我在这头，新娘在那头；我在这头，大陆在那头，用乡愁联系起来，形成“这头—乡愁—那头”的新奇结构，给他人一种建筑美。诗人用热爱、思念母亲和新娘的衬托，来表达热爱和思念大陆的情感，显得尤其真挚深沉，耐人咀嚼，回味无穷。

《乡愁》写于1971年，43岁的作者渴望稳定的生活，于是从美国返回中国台湾，而当时的余光中已经20多年没有回过大陆了。诗人在台北厦门街的旧居内写完诗作后，热泪盈眶，沉吟良久。

有了以上的信息，我们了解了诗人的多变，了解了多地辗转的他饱尝离别之苦，明白了其思乡之情的浓烈。对故土的眷恋可以说是人类共同而永恒的情感，所以，理性层面的理解让我们收获了《乡愁》着重表现的文化上的归属感和落叶归根的情愫。这都是生发我们创作激情和欲望，明晰创作基调和目的的有力支撑。

一棵开花的树

席慕蓉

如何让你遇见我
在我最美丽的时刻
为这
我已在佛前求了五百年
求佛让我们结一段尘缘
佛于是把我化做一棵树
长在你必经的路旁
阳光下
慎重地开满了花
朵朵都是我前世的盼望
当你走近
请你细听
那颤抖的叶
是我等待的热情
而当你终于无视地走过

扫描二维码或访问下列网址欣赏示范音频 2d.hep.cn/21103851/7

在你身后落了一地的
朋友啊
那不是花瓣
那是我凋零的心

朗诵分析：

席慕蓉，全名穆伦·席连勃，生于1943年，是一位来自察哈尔盟明安旗的内蒙古王族之后，是当代著名诗人、散文家和画家。

《一棵开花的树》是她脍炙人口的诗篇之一。从字里行间看，该诗像是一位怀春的少女写给心爱男孩子的一首炽烈而又感伤的情诗。席慕蓉表示这种理解是读者的权利，她于2007年在福建参加“海峡诗会”时披露，这是写给自然界的一首情诗。席慕蓉回忆：当时自己在台湾新竹师范学院教书。有一次坐火车经过苗栗的山间，火车不断从山洞间进出。当火车从一个很长的山洞出来以后，她无意间回头朝山洞后面的山地上张望，看到高高的山坡上有一棵油桐开满了白色的花。那时候她差点叫起来，她想怎么有这样一棵树，这么慎重地把自己全部开满了花，看不到绿色的叶子，像华盖一样地站在山坡上。可是，当她要仔细看的时候，火车一转弯，树就看不见了。就是这棵真实地存在于席慕蓉生命现场里的油桐，让她念念不忘。她心想，正如海是蓝给自己看一样，花当然也是慎重地开给它自己的，但是，如果没有自己那一回头的机缘，树上的花儿是不是就会纷纷凋零？

有了对创作背景的了解，作者的写作意图就更加明晰，所以朗诵者可以从更高远的视角领悟作品，表达时也就更有脱凡的气度了。

此外，从写作技巧和风格上看，席慕蓉的作品还具有两个特点：第一，就是写花卉的多，擅用色彩描绘，这一定和她的画家身份有关。第二则，是喜欢用“问句”。事实上，她想要表达的可能是一种模糊、不确定的心态，她不仅在自问，也在向读者发问，例如《一棵开花的树》的开篇“如何让你遇见我，在我最美丽的时刻”。而当席慕蓉在使用问句时，通常不会只使用一次，常常是一而再，再而三地重复运用，连接而下。所以，在朗诵时，朗诵者一定要处理好问句的语气，区分好问句的类型（疑问、设问、反问），把握住问题与下文“答案”衔接的节奏。

扫描二维码或
访问下列网址
欣赏示范音频
2d.hep.cn/21103851/8

祖国啊，我亲爱的祖国

舒 婷

我是你河边上破旧的老水车，
数百年来纺着疲惫的歌；
我是你额上熏黑的矿灯，

照你在历史的隧洞里蜗行摸索；
我是干瘪的稻穗；
是失修的路基；
是淤滩上的驳船，
把纤绳深深
勒进你的肩膊；
——祖国啊！
我是贫困，
我是悲哀。
我是你祖祖辈辈
痛苦的希望啊，
是“飞天”袖间
千百年未落到地面的花朵；
——祖国啊！
我是你簇新的理想，
刚从神话的蛛网里挣脱；
我是你雪被下古莲的胚芽；
我是你挂着眼泪的笑窝；
我是新刷出的雪白的起跑线；
是绯红的黎明
正在喷薄；
——祖国啊！
我是你的十亿分之一，
是你九百六十万平方的总和；
你以伤痕累累的乳房，
喂养了
迷惘的我、深思的我、沸腾的我；
那就从我的血肉之躯上
去取得
你的富饶、你的荣光、你的自由；
——祖国啊，
我亲爱的祖国！

朗诵分析：

作者舒婷，原名龚佩瑜，女诗人，1952年生于福建厦门。20世纪70年代，她的诗作开始受到人们的关注。舒婷的诗既有鲜明的时代叛逆精神，又有执着而深切的热爱之情，发自内心而优美，被人誉为“心灵世界的歌”。该诗写于1980年，获得了中国作协“1979—1980年全国中青年优秀诗作奖”。

《祖国啊，我亲爱的祖国》是舒婷的代表作之一，旨在表达诗人对祖国的一种深情。它具有鲜明的时代特征与个性特色。全诗立意新颖，感情真挚，无一字议论，皆以意象描绘，以情贯穿。舒婷从一个别致的角度来吟唱“我”与祖国的关系，并运用圆周句式，即“我是……我是……”增加了痛苦和挚爱的深度。正如诗中所写：“我是你簇新的理想，刚从神话的蛛网里挣脱……”诗人以赤子的目光，望着祖国的贫穷与落后，以拳拳的儿女之心，表达着哀怨的深情：“我是贫困，我是悲哀。我是你祖祖辈辈痛苦的希望啊，是‘飞天’袖间千百年未落到地面的花朵……”在沉迷的痛苦之后，诗人又表达出希望的欢欣：“我是你簇新的理想”“我是你挂着眼泪的笑窝”“是绯红的黎明正在喷薄”。为实现这美好的希望，诗人表达了一种献身的愿望：“那就从我的血肉之躯上去取得你的富饶、你的荣光，你的自由。”为表达这种赤子的深情，诗人采用了由低沉缓慢走向高亢迅急的节奏，即由悲哀、低沉到欣喜、高昂，又由亢奋到深沉，其中暗含着悲怆、忧患、炽烈，失望与希望，叹息与追求等多种复杂而凝重的感情，体现出诗人独有的委婉幽深、柔美隽永的抒情个性。为表达对祖国的交融感与献身感，诗人运用了主体与客体交错换用、相互交融的手法。主体是诗人的“我”，客体是“祖国”，在全诗的进展中，让其合二而一——我即是祖国，祖国也就是我。祖国是我的痛苦，我是祖国的悲哀；祖国是我的迷惘，我是祖国的希望；我是祖国的眼泪和笑窝，而祖国正在我的血肉之躯与心灵上起飞和奔跑。诗人所选意象既质朴又鲜明，既独特又贴切，每一个词也都与被描绘的景象紧密契合。

朗诵第一节和第二节时要明确，虽然祖国的过去充满贫穷和苦难，但是情感中却始终流动着对祖国的挚爱、依恋和赞颂。例如，“老水车”这个形象，经历了漫长的岁月，虽然“疲惫”，却仍保持着顽强的生命力。同样，下文的“矿灯”“稻穗”“路基”“驳船”等，都是在艰难困苦中不屈不挠的形象。“我是你祖祖辈辈痛苦的希望啊，是‘飞天’袖间千百年未落到地面的花朵”，这几行，写的是中国人民屡受挫折却从不泯灭希望。以上种种，都是对中华民族生生不息的民族精神的赞扬。所以，朗诵者不能因为个别词汇就断然以悲苦的基调朗诵。这首诗是以第一人称写的，因此怎样理解诗中的“我”也是朗诵中的难点。诗中，“我是你……”（或“我是……”）的句式反复出现，将“我”与“你”（即祖国）两者紧紧联系在一起，“我”和祖国生死相依、血肉相连，“我”代表了要为祖国的繁荣富强而承担起重任的一代人，这代人和祖国一起从苦难中走过，在新的历史机遇面前，担起振兴中华的历史使命。所以“我”的形象是和祖国的大形象熔铸在一起的“超我”形象。四个“祖国啊”，朗诵时应该根据情绪的递进诵出差异，体现诗文本身丰富的层次。

第二节　散文的朗诵

一、散文的定义与种类

散文是与诗歌、小说、戏剧并称的一种文学体裁，是最自由的文体，不讲究音韵，不讲究排比，没有任何的束缚及限制。通常一篇散文具有一个或多个中心思想，以抒情、记叙、论理等方式表达。散文的概念，历朝历代都有所变化，本节所讲的散文是现代散文。

散文具有记叙、议论、抒情三种功能，与之对应，散文可分为记叙性散文、抒情性散文和议论性散文三种。

1. 记叙性散文

以记叙人物、事件、景物为主的散文，称为记叙性散文。记叙性散文叙事性较强，人物形象鲜明，描写景物倾注作者的情感。这类散文与短篇小说相似，但又有明显的区别。就叙事而言，散文所述的事件不要求情节完整，更不追求曲折变化，而小说对叙事的要求要较散文高得多；散文在叙事的时候需要饱蘸情感，小说的情感则主要由人物体现出来，不须作者明确抒发。就写人而言，小说要求努力塑造典型人物形象，典型人物是作者虚构出来的；而散文则是在真人真事的基础上，对人物进行某些剪裁加工后描绘出来的。

根据内容的侧重点不同，记叙性散文又可分为记事散文和写人散文。偏重于记事的散文以事件发展为线索，偏重对事件的叙述。它可以是一个有头有尾的故事，如许地山的《落花生》，也可以是几个片段的剪辑，如鲁迅的《从百草园到三味书屋》。偏重于记人的散文，全篇以人物为中心。它往往抓住人物的性格特征做粗线条勾勒，偏重表现人物的基本气质、性格和精神面貌，如鲁迅的《藤野先生》、吴伯箫的《记一辆纺车》、朱德的《母亲的回忆》。人物形象是否真实是它与小说的区别。此外，记叙性散文中还有一种偏重于描写景物的，这种散文描写某地的景物，除一些风土志以外，主要是游记性的。它的内容十分广泛，山川景色、风俗民情、名胜古迹都属游记范围。游记散文最主要的特点是：作品所描写的景物必须完全真实，不允许夸饰和虚构；但又不是照相似的实录，而是作者融情于物，达到情景交融，例如：刘白羽的《长江三峡》、俞平伯的《桨声灯影里的秦淮河》等。

2. 抒情性散文

以抒发作者主观情感的散文叫抒情性散文。富有情感是所有散文的共同特征，但与其他散文相比，抒情性散文情感更强，想象更丰富，语言更具有诗意。抒情性散文主要用象征、比兴、拟人等方法，通过对外在形象的描绘来传达作者的情思，因此托物言志和借景抒情是这类散文最常用的手法。而直抒胸臆的方法，在文章中可以出现，但通篇用此一法者并不多见。托物言志式散文，即象征性散文。作者将情感融于某个具有象征意义的具体事物，借助象形联想或意蕴联想把主观情感表现出来。如杨朔的《荔枝蜜》、冰心的《樱花赞》、魏巍的《依依惜别的深情》等。借景抒情式散文，将感情寓于景物之中，赋景物以生命，明写景，暗写情，做到情景交融，情景相生。如朱自清的《荷塘月色》、刘白羽的《日出》、茅盾的《白杨礼赞》等。

3. 议论性散文

以发表议论为主的散文称为议论性散文。它与抒情性散文一样注重情感的抒发，不同的是议论性散文重理智，抒情性散文重感情。议论性散文又不同于一般的议论文，用事实和逻辑来说理，而主要用文学形象来说话，是一种文艺性的议论文。它既有生动的形象，又有严密的逻辑；既要以情动人，又要以理服人；融形、情、理于一炉，合政论与文艺于一体。鲁迅先生的杂文、陶铸的《松树的风格》等都是典型的议论性散文。

当然，散文也可以根据内容不同从叙事、抒情、写景和说理四方面划分。

二、散文朗诵的特点与方法

要想掌握散文朗诵的特点和方法，还得先从了解散文的特点入手。

（一）散文的特点

1. 题材广泛，细微见长

散文取材是最为自由的，大至政治、经济、文化、军事等，小至个人的喜怒哀乐、细枝末节之事。散文尤其以写细小、片段、零散的事物见长，对比诗歌、小说、戏剧、影视作品等有着不可替代的作用。

2. 强调写真，忌讳虚假

散文崇尚真实，所写内容基本都是真人、真事、真情、真物、真景，它能提供其他文学样式所不可取代的真实生活层面，给人以启迪与滋养。散文是一种最需要真情真性的文体，散文中时时有一个“自我”在，它抒发的是“自我”的真情，映照的是“真我”的风采，显示的是“我”眼中的世界或人生。散文里的“我”，应该有着美好的人格修养，能体悟和肩负起历史所赋予的责任和使命，能成为伴随读者前行的人生伴侣。

虽然抒情性散文有时会借托虚拟的景物来抒情，但是其情感一定是真实可信的，散文最真切、最可言说的便是日常生活的常态和变异。

3. 形散神聚，立意精巧

“形散”不单是说散文取材十分广泛自由，不受时间和空间的限制；更强调散文表现手法上的不拘一格，它可以叙述事件的发展，可以描写人物形象，可以托物抒情，可以发表议论，作者还可以根据内容需要自由调整、随意变化。散文常把记叙、抒情、议论等融为一体，因为散文结构追求的自然而然的境界，归根结底是为了表达作者对人生或自然的特殊感悟。“神聚”主要是从散文的立意方面说的，即散文所要表达的主题必须明确而集中，无论散文的内容多么广泛，表现手法多么灵活，都是为了更好地表达主题。

要想做到形散神不散，必须在选材上注意素材与中心思想的内在联系，在结构上借助一定的线索把素材贯穿成一个有机整体。散文中常见的线索：一是感情线索。我们的感情在生活中发生变化，如由厌恶到喜爱，或从厌恶到喜欢，我们就可以用这条感情的线索把一些似乎没有关联的材料联结起来。二是事物线索。它把发生在不同地点、不同时间、不同情况下的事件组合在一起。许多托物咏志的散文就是以物为线索的。三是人物线索。如写某一个人物在不同时间、不同地点的活动，可以用这个人物作为线索串联起来，也可以用另一个人物把不同时间、不同地点、不同人物、不同内容的事串联起来，这个人物还可以是作者本人“我”。四是思绪线索。如面对某一事物、景物沉思遐想，通过联想和想象，把有关的材料组织在一起，表达原定的主题思想。五是景物线索。通过景物描写，在写景中融进作者的思想感情。六是行动线索。如游记以游程行踪为线索。

4. 优美凝练，赋予文采

所谓优美，就是指散文的语言清新明丽，生动活泼，富于音乐感，行文如涓涓流水，叮咚有声，如娓娓而谈，情真意切。所谓凝练，是说散文的语言简洁质朴，自然流畅，寥寥数语就可以描绘出生动的形象，勾勒出动人的场景，显示出深远的意境。散文力求写景如在眼前，写情沁人心脾。散文素有“美文”之称，它除了有精神的见解、优美的意境外，还有清新隽永、质朴无华的文采。比如，一般的散文写作往往从细小的方面入笔，做到以少胜多，以小见大。实际上，生活中的一件小事，一涕一笑；事物中的一枚叶片、一粒沙土……都可以体现出大的主题。

散文的特点，客观上决定了散文朗诵的特点及方法。

（二）散文朗诵的特点及方法

1. 突出真实美

由于人们在散文中所写的人生、事件、景物等，都从自身感悟出发，是作者对事物特殊意义和美的发现，这种发现是知觉、思维、感觉的综合结果，体现了作者的深思妙悟，是散文的情、理、意、味。所以朗诵散文时，朗诵者必须进入“我”的角色，让自己感觉我就是作者，只有让聆听者感觉仿佛就是作者在听众面前侃侃而谈，自由畅达地表述自己的情感，才能使听众觉得作品更加真实可信、亲切感人。散文以感悟为灵魂，有些散文含蓄，不明说感悟，但文章中的景致、人物、事件均可以指向感悟。散文的取材十分广泛，人间万象、宇宙万物无不涉及，而这些材料一旦出现在文章中，就立即刻上了作者的主观感悟，代表着作者的人生经验、观点感受。同样的材料，其表达的内涵会因作者不同而异，所以，朗诵者在朗读前要通过合理的联想和想象，反复揣摩作者的所思、所想、所闻、所感，感悟得越清楚明白，越能从“我”出发，引人思考。

2. 突出神韵美

表面看来，散文取材广泛，行文自由，凡览物之情，思路所及，都可连缀成篇，实则有意为之，即所有的洒脱都统率于作品的主题，这就构成散文的形散和神聚。形散只是散文的表象，神聚才是散文的实质。然而把握散文的神并不容易，它有时点睛般地显现在文章结尾的话语中；有的显现在文中的某一处；有的根本没有直接揭示立意的句子，而是将其融于所表现的具体的情、事、景、物中由读者自己去体味。在理解散文时，我们有时还容易将散文的表现对象与全文线索相混淆。比如朱自清的《绿》表现的对象是梅雨潭，而其线索却是作者对梅雨潭的绿一往情深。所以，朗诵前，朗诵者应当摸清线索，把握神韵，将其融入自己的表达中，才会使听众从朗诵中不知不觉受到启发和感染，与作品产生情感的共鸣。

扫描二维码或访问下列网址欣赏示范音频 2d.hep.cn/21103851/9

3. 突出意境美

散文的意境是情与景的交融，是意与境的统一，是作者浸透了时代精神的主观感情、意志与自然环境和社会环境的统一。散文的这种意境，应是诗的意境，即所谓“诗情画意”。散文力求创造出一种淡雅、闲静、情景交融的意境。朗诵者探求散文的意境之美，不仅可以更好地理解散文的内涵，而且可以陶冶朗诵者自身的心灵。散文中的意境，是饱含作者思想感情的艺术画面，蕴涵着动人的生活激情、精辟的生活哲理、深刻的艺术美感。写山川景物的散文往往采用借景抒情、情景交融、托物言志的方式创造意境；写风土人情的散文往往采用情不直抒、理不直陈、寓情于事、因事明理的方式创造意境。朗诵散文时，朗诵者既要注意意境的探求，又要注意作者感情的抒发，将情、景、意三者有机地结合起来，以更好地体会和表达散文的意境之美。

4. 突出语言美

读一篇好散文，常常使人如啜香茗，回味悠长。能够产生美感不外乎两点原因：一是思想情趣的美，二是语言文字的美，这两者相辅相成。散文语言自然、精美，富于文采。许多散文，看似娓娓道来，不加修饰，但是仔细品读便会发现其难能可贵的美。词语的选用、安排，句式的配置、变化，一切都那样恰如其分，浑然无迹，真是到了删一句不可，增一字嫌多的境界。散文的语言和诗歌比较起来，多几分“清淡与自然”，和小说比起来多几分“浓密和雕饰”。好的散文其字词的运用，总是鲜活的、丰富的。它绝没有人云亦云的陈词滥调，也没有捉襟见肘的贫乏。它的词语总是出自自己的胸臆，传情达意左右逢源、得心应手。

散文的语言不像小说那样受制于笔下的人物，也不像诗歌那样受制于音韵、节奏，它很自然，作者可以以自己独特的姿态、声音、风格说话。阅读散文时，我们常常会感到作者有时好像在同知己倾诉，也有时好像在自言自语。他说得很真切，很痴情，好像除了他的急于倾诉的东西，一切都忘怀了。这一点明显区别于记叙文、议论文，也有别于小说、诗歌。它是作者与读者一种推心置腹的交谈，是作者发自内心的一种平易的、极自然的倾诉。在这样的文字里，作者的个性、气质、修养一股脑儿地融化在其中，读来既觉得亲切自然，又感到别有一番滋味。作者行文走笔，不但告诉你一些事情，叙说些道理，而且可以通过文字，让你“听”到语气、语调，作者的“人”也时时出现在你的面前，和你进行一种“人格”上的交流。可以说散文的文字具有双重的负载功能：一方面，它要负载作者所要传达的内容；另一方面，它要负载作者的精神与人格。

因此，朗诵者在朗诵时要尤为突出其语言的婉转、清新以及如沐春风的娓娓而诉的谈话风格。

三、散文朗诵案例解析

济南的冬天

老 舍

对于一个在北平住惯的人，像我，冬天要是不刮大风，便是奇迹；济南的冬天是没有风声的。对于一个刚由伦敦回来的人，像我，冬天要能看得见日光，便是怪事；济南的冬天是响晴的。自然，在热带的地方，日光是永远那么毒，响亮的天气反有点叫人害怕。可是，在北中国的冬天，而能有温晴的天气，济南真得算个宝地。

扫描二维码或访问下列网址欣赏示范音频 2d.hep.cn/21103851/10

设若单单是有阳光，那也算不了出奇。请闭上眼睛想：一个老城，有山有水，全在蓝天底下，很暖和安适地睡着，只等春风来把它们唤醒，这是不是个理想的境界？

小山整把济南围了个圈儿，只有北边缺着点口儿。这一圈小山在冬天特别可爱，好像是把济南放在一个小摇篮里，它们全安静不动地低声地说：“你们放心吧，这儿准保暖和。”真的，济南的人们在冬天是面上含笑的。他们一看那些小山，心中便觉得有了着落，有了依靠。他们由天上看到山上，便不觉地想起：“明天也许就是春天了吧？这样的温暖，今天夜里山草也许就绿起来了吧？”就是这点幻想不能一时实现，他们也并不着急，因为有这样慈善的冬天，干啥还希望别的呢！

最妙的是下点小雪呀。看吧，山上的矮松越发的青黑，树尖上顶着一髻儿白花，好像日本看护妇。山尖全白了，给蓝天镶上一道银边。山坡上，有的地方雪厚点，有的地方草色还露着；这样，一道儿白，一道儿暗黄，给山们穿上一件带水纹的花衣；看着看着，这件花衣好像被风儿吹动，叫你希望看见一点更美的山的肌肤。等到快日落的时候，微黄的阳光斜射在山腰上，那点薄雪好像忽然害了羞，微微露出点粉色。就是下小雪吧，济南是受不住大雪的，那些小山太秀气！

古老的济南，城内那么狭窄，城外又那么宽敞，山坡上卧着些小村庄，小村庄的房顶上卧着点雪，对，这是张小水墨画，或者是唐代的名手画的吧。

那水呢，不但不结冰，倒反在绿藻上冒着点热气。水藻真绿，把终年储蓄的绿色全拿出来了。天儿越晴，水藻越绿，就凭这些绿的精神，水也不忍得冻上；况且那长枝的垂柳还要在水里照个影儿呢！看吧，由澄清的河水慢慢往上看吧，空中、半空中、天上，自上而下全是那么清亮，那么蓝汪汪的，整个的是块空灵的蓝水晶。这块水晶里，包着红屋顶，黄草山，像地毯上的小团花的小灰色树影；这就是冬天的济南。

朗诵分析：

老舍生于北京。1918年师范毕业后，曾任北京十七小学校长、天津南开中学语文教员。在五四新文化运动中开始用白话文创作。1924年赴英国，任伦敦大学东方学院中文讲师。1929年离英回国，先后在济南齐鲁大学和青岛山东大学任教7年之久，山东被他称为"第二故乡"。《济南的冬天》是老舍于1931年在济南齐鲁大学任教期间触景生情写成的。原为一系列直接描写济南风景名胜的长篇散文《一些印象》中的第五节。此文虽系节选，但能独立成篇，是一篇非常优美的散文。

济南的冬天是美的，老舍笔下济南的冬天更美。那山、那水、那阳光、那白雪……都给人一种美的享受。特别是浸透在如诗如画美景中的浓郁情致，更使作品带有了一种神韵，一种悠长的味道。朗诵时，我们可以从修辞之美、情感之美、风格之美、画面之美等方面去调动情感依据，激发创作热情。

贝多芬：一个巨人

何　为

扫描二维码或访问下列网址欣赏示范音频 2d.hep.cn/21103851/11

客人敲开了贝多芬家的门。

"他不肯接见你的，"女佣站在门槛上为难地说，"他任谁都不肯接见，他厌恶别人去打扰他，他要的是孤独和安静……"

但是这个好心肠的女人经不住客人的苦苦要求，捏弄着她的围裙答应去试试看。

她带领来客到贝多芬工作的屋子，在那里最惹人注目的是两只对放的大钢琴。女佣在一旁指点着说："在这只钢琴上他工作，在那只琴上经常弹奏。别以为这房间杂乱无章，我曾经想收拾一下，后来发觉那是徒然的。他不喜欢我整理房间，就算整理好了，两分钟内就会弄得零乱不堪。过去那一边是他的厨房，他自己做东西吃，吃得这样简单随便，也不让我帮他一点忙。可怜他几乎完全聋了，又常常不舒服，什么声音他都听不清楚，看着真叫人难受。还有他那个流氓一样的侄子，一天到晚来麻烦他。——瞧，他下来了，我希望他不会责怪我。"

沉重的脚步声踏在楼梯上清晰可闻。到第二层的时候，他稍稍停留。随后他走进门来了。一个躯体五尺左右的人，两肩极宽阔，仿佛要挑起整个生命的重荷及命运的担子，而他给人明显的印象就是他能担负得起。

这一天他身上的衣服是淡蓝色的，胸前的纽扣作黄色，里面一件纯白的背心，所有这些看上去都已经显得十分陈旧，甚至是不整洁的。上衣的背后似乎还拖着什么东西，据女佣解释，那拖在衣服后面的是一具助听器，可是早已失去效用了。

他无视于屋内的人，一径走向那只巨熊一样蹲伏着的大钢琴旁边，于是习惯地坐下来，拿起一管笔，人们可以看见他那只有力的大手。

客人带着好像敬畏又好像怜惜的神情，默不作声地望着他。他的脸上呈现出一个悲剧，一张含蓄了许多愁苦和力量的脸。火一样蓬勃的头发，盖在他的头上，好像有生以来从未梳栉过。深邃的眼睛略带灰色，有一种凝重不可逼视的光；长而笨重的鼻子下一张紧闭的嘴，衬着略带方形的下颌，整个描绘出坚韧无比的生的意志。

女佣略一踌躇后，走上前去引起他的注意，可是他的表情是不耐烦的。

“什么？又是怎么了？”他大声说。接下去倒像在自言自语：“倒霉，今天！哦，今天我碰到的那些孩子，对我嘲笑，捉弄我，模仿我的样子。”

女佣向客人指了指。

贝多芬说：“谁？那是谁？”

他又粗着嗓子喊：“你们说的声音大些，我是个聋子！”

客人小心翼翼递过去一张字条。贝多芬戴上眼镜，专注地凝望了一会，“好，你们竟敢到兽穴里来抓老狮的毛。”他说，虽然严肃，但脸上浮现善良的微笑，“你们很勇敢……可是你们不容易了解我，也很难使我听懂你们的话。过来坐在我旁边，你们知道我听不见的。”

他敲敲自己的耳朵，随手拿过来一张纸一支铅笔给客人。

客人在纸上写道“我们要知道你的生平，把你的消息带给万千大众，使他们了解你真实的好灵魂。”

看了这几句话，一滴泪在大音乐家眼里闪光。他喃喃地如同独语：“我的好灵魂！人家都当我是个厌世者，你们怎么会想到这个！在这里我孤零地坐着，写我的音符——我将永远听不见音乐，但是在我心里发出的回响，较任何乐器上演奏的都美。我有时不免叹息，我真软弱……一个音乐家最大的悲剧是丧失了听觉。”

贝多芬神往地说：“一个人到田野去，有时候我想一株树也比一个人好……”

他接着说：“你可能想到我——一座峰岭已倒落了的火山，头颅在熔岩内燃烧，拼命巴望挣扎出来？”

贝多芬激动而又沉郁的情绪深深感染了来访者，客人不断写下笔记。

命运加在贝多芬身上的不幸是将他灵魂锁闭在磐石一样密不通风的“耳聋”之中，这犹如一座永无天日的幽囚的小室，牢牢地困住了他。不过反过来在另一方面，“聋”虽然带来了无可比拟的不幸和烦忧，却也带来了与人世的喧嚣所隔绝的安静。他诚然孤独，可是有“永恒”为伴。

贝多芬留客人在他屋子里吃简便的晚餐。在晚餐桌上说起他往昔的许多故事，包括他在童年时跟海登和巴哈学习时的生活，包括他为了糊口指挥乡村音乐队的生活。贝多芬还向他的客人叙述自己最后一次出席指挥音乐会……

他对客人大声说：“听我心里的音乐！你不知道我心里的感觉！一个乐队只能奏出我在一分钟里希望写出的音乐！”

朗诵分析：

这是一篇写人的散文，人物语言较多，朗诵时我们可以通过人物的话语，把握语句的内涵以及人物性格、心态和精神。比如，为什么贝多芬说来访的客人是“到兽穴里来抓老狮的毛”？这也是理解文章的关键。通过阅读全文我们知道，贝多芬由于遭受失聪所带来的“不幸与烦扰”，由于遭受长期误解与嘲弄，形成了孤僻与封闭的性格特征。文章一开头就用女佣的话强调和渲染了贝多芬的“孤僻”：“他不肯接见你的，他任谁都不肯接见，他厌恶别人去打扰他，他要的是孤独和安静……”当贝多芬从楼上走下来，女佣又不无担心地说：“瞧，他下来了，我希望他不会责怪我。”

但从贝多芬的语言及细节描写上我们得知，贝多芬并不是一个“厌世者”，在“愁苦”背后他有着“坚韧无比的生的意志”；在不幸面前，他有着“扼住命运咽喉”自强不息的进取精神。因此，贝多芬的“孤僻”实际上是对世俗的睥睨、对打扰的拒绝，在其内心深处是渴望与人沟通的。比如，他说“你们竟敢到兽穴里来抓老狮的毛”，虽然严肃，但脸上浮现善良的微笑。“你们很勇敢……可是你们不容易了解我，也很难使我听懂你们的话。过来坐在我旁边，你们知道我听不见的。”他敲敲自己的耳朵，随手拿过来一张纸一支铅笔给客人。贝多芬知道自己被人看作是一个性格孤僻、难以接近、难以了解的古怪的人，在了解了访客用意后说居所为“兽穴”，称自己为“老狮”，实际是幽默的表达。

我们还可以从“一滴泪在大音乐家眼里闪光”的细节描写中去认识人物。此句在结构上无疑起着承上启下的作用，如果说文章前一部分是“抑”，后一部分则是“扬”；前一部分对贝多芬的认识还停留在表象上，后一部分则走进了巨人的心里；前一部分贝多芬以“孤僻”的性格将自己的世界封闭得严严实实，后一部分则情不自禁地向客人敞开了其“真实的好灵魂”。

肖像描写对刻画贝多芬的形象、突出其性格特征与精神意志具有重要的作用。“两肩极宽阔，仿佛要挑起整个生命的重荷及命运的担子，而他给人明显的印象就是他能担负得起”。“他的脸上呈现出一个悲剧，一张含蓄了许多愁苦和力量的脸。火一样蓬勃的头发，盖在他的头上，好像有生以来从未梳栉过。深邃的眼睛略带灰色，有一种凝重不可逼视的光；长而笨重的鼻子下一张紧闭的嘴，衬着略带方形的下颌，整个描绘出坚韧无比的生的意志。”而这种生的意志和高尚的精神、大自然、心里的音乐构成了与“孤独”贝多芬相伴的“永恒”：“在这里我孤零地坐着，写我的音符——我将永远听不见音乐，但是在我心里发出的回响，较任何乐器上演奏的都美。我有时不免叹息，我真软弱……一个音乐家最大的悲剧是丧失了听觉。”“一个人到田野去，有时候我想一株树也比一个人好……”“你可能想到我——一座峰岭已倒落了的火山，头颅在熔岩内燃烧，拼命巴望挣扎出来？”

留意侧面描写为刻画贝多芬的形象铺设的一个社会背景，比如，女佣、客人、小孩和贝多芬侄子等，或尊重，或理解，或嘲弄，或烦扰，不同的人看待贝多芬的视角不一样，态度也不一样，所有交织在一起，构成了贝多芬生活的社会环境，这种环境正是造成贝多芬的性格和内心复杂的重要原因，也让我们了解了贝多芬的性格、内心、生活等许多不为人知的一面。

当我们对贝多芬有了全景式的印象后，朗诵时就会准确把握住人物，而不是流于片面认识或者被贝多芬态度前后不同的变化所左右了，最终用真挚的情感和传扬的使命将伟大的音乐家贝多芬的人格的力量娓娓道来。

第三节　寓言故事的朗诵

一、寓言故事的定义与种类

寓言故事往往以比喻性的故事寄寓意味深长的道理，其篇幅短小、语言精练，故事的主人公可以是人，也可以是拟人化的动植物或其他事物。寓言故事具有鲜明的哲理性和讽刺性，在手法上常用夸张和拟人等手法。寓言故事是世界文学宝库中的一颗璀璨明珠，在人类文明发展史上发挥了不可磨灭的作用。

“寓言”一词最早见于《庄子·寓言篇》：“寓言十九，藉外论之”和《庄子·天下篇》：“以重言为真，以寓言为广”。前者讲寓言故事假借外物以理论的技巧，后者视寓言故事为传达意念的工具。庄周的解释是：“寓，寄也。以人不信己，故托之他人，十言而九见信。”[9]中国的寓言文学至今已有三千多年的历史，中国、印度和希腊同为世界寓言文学的三大发祥地。

9. 本段上述内容引自曾致：《寓言故事朗诵》，中国传媒大学出版社 2010 年版，第 1 页。

优秀的寓言故事蕴涵着深刻的哲理和宝贵的生活经验，凭其思想性和艺术性启发着人们的智慧。我们应该通过朗诵寓言故事的形式，传承寓言故事，热切地赞颂真、善、美，深恶痛绝地讽刺和披露假、恶、丑，大力弘扬社会主义核心价值观。

在寓言发展史上，人们依据不同角度将寓言分为多种类别，常见的分类方法主要有：

第一，按篇幅长短分类，寓言可分为长寓言、短寓言。第二，按寓言本身的形式及所处地位分类，寓言可分为单篇、组合、系列、寓言群、穿插性寓言等。第三，按读者对象分类，寓言可分为成人寓言、学生寓言、儿童寓言、幼儿寓言等。第四，按寓言产生的时代分，寓言可分为古代寓言、近代寓言、现代寓言、当代寓言等。第五，按寓言角色、寓言形象分类，寓言可以分为人物寓言和动物寓言。人物寓言可以分为历史人物寓言、现实人物寓言、虚拟人物寓言等。动物寓言又可按野生动物、家禽畜、水生动物、昆虫、微生物等进行分类。第六，按寓言的思想内容、寓意分类，寓言可分为说理性寓言、哲理性寓言、经验教训性寓言、教育性寓言、劝学性寓言、道德修养性寓言、批评性寓言、赞美性寓言、政治寓言、宗教寓言等。第七，按题材分类，寓言可以分为历史题材寓言、神话题材寓言和现实题材寓言。

古希腊修辞学家阿弗托纽斯则把寓言分为三类：第一类是理性寓言，是以人为角色的；第二类是道德寓言，是以动物、植物、无生物为角色的；第三类是混合寓言，既有人的角色，又有动物、植物、无生物的角色。该分类则依据了寓言角色的形象、思想内容及作用。德国文艺理论家、美学家莱辛也把寓言分为理性、道德和混合寓言三大类等。[10]总之，寓言的分类越丰富，我们对寓言的认识越深入。

10. 本段内容主要引自曾致：《寓言故事朗诵》，中国传媒大学出版社 2010 年版，第 16 页。

二、寓言故事朗诵的特点与方法

寓言故事通过言简意赅的语言能够让读者在短时间内参悟深刻的道理，通过生动活泼的形象能够让人们在轻松愉悦的状态下自觉、自省、自警、自爱。因此，在朗诵寓言故事的时候，我们必须要以突出寓意为核心，通过语言内外部技巧的运用和声音造型的多种变化，抓住神韵，塑好形态，还要调动视、听、触等感觉器官将信息做以多渠道的反馈和梳理，最终绘声绘色地将隐含在字里行间的深刻主题表达出来，把书面文字承载却不易直接表达的隐韵妙趣再现出来。

具体的朗诵方法如下：

（一）认真品读，揭示寓意

寓言故事或以此喻彼，或以物喻人，或以古喻今，或以小喻大，所以朗诵者要想把蕴涵其内的寓意揭示清楚，朗诵前必须反复品读，摸准作者的写作意图。从体量上看，寓言故事字数不多，文字简洁，层次清晰，通常采取一事一理的写法，很容易唤起读者丰富的联想，达到审美愉悦和情感共鸣。但是由于寓言经常借用拟人、夸张、讽刺等表现手法将深刻的道理寄托在故事和形体中，因此朗诵时，我们不能忽视对寓言故事中各种修辞表现手法的理解，我们要通过对故事的反复推敲，联系生活实际去深入体会它的教育意义，由浅入深、由表及里地把寓言所蕴涵的生活哲理表达出来。否则，只停留于对故事本身的津津乐道，只求外部形象的生动逼真，就背离了寓言是用假托的故事或自然物的拟人手法来说明某个道理或教训的初衷。抓不准寓言之寓意，收获的无外乎就是一个没有灵魂的躯壳，朗诵寓言故事也就失去了意义。

对于年代久远的寓言故事，特别是涉及历史人物和事件的寓言故事，我们还需在朗诵前明确寓言的出处、背景，了解相关历史典故等，这样才能更好地对其进行表达。

（二）合理想象，化为人物

寓言故事用于表现作品寓意与立意的形象化主体可谓天马行空，无论是人、动物、植物，还是概念等具体形象的生动、鲜明甚或夸张都能够在读者脑海中留下深刻印记，这对表现作品是十分有帮助的。所以，我们的朗诵必须通过合理想象，把文字中形象的丰富性用有声语言灵活、生动地展现出来，才能更好地传达出深刻的寓意。有一条原则不能忘记：一切表达技巧的运用和形象设计都是为表达寓意服务的，不能忽视形象本质和寓意。

好的寓言作品中除了人以外的角色都被人格化了，它们都有鲜明的性格特征，并且这些特征能够与现实生活中的某类人、某些事或某种现象的特征相对应。因此，朗诵时我们应该根据寓言的形象特征找到现实中与之对应的人、事、物，然后再针对比喻形象的特征展开拟人化处理，性格化设计，以生动地再现寓言形象。比如《井底之蛙》，这则寓言故事通过青蛙与海鳖的对话告诉我们：人的生存环境决定人的思想认识。我们不能因为一孔之见自以为是，不要因为一得之功自鸣得意。井底的青蛙就是现实中见识短浅而又盲目自大的人。所以，在朗诵时我们就要联想到现实中刚愎自用、夜郎自大的原型，安排朗诵技巧。如果想象不合理，简单依托自然状态下的青蛙或者以往文学作品中出现的诸如《青蛙王子》之类的青蛙形象来塑造就谬之千里了。

（三）对比夸张，形神兼备

对比和夸张是寓言故事写作常见的手法。寓言形象对比鲜明，描述夸张才能惟妙惟肖，所寄托的寓意才能发人深省。所以，朗诵寓言时我们也要适时地使用朗读技巧中的对比和夸张等手法，生动地表现寓言形象的不同特点和风格。朗诵方式呈现出的对比与夸张效果，可以是丰富多样的。比如基调上或深沉或明快，节奏上或伶俐或迟缓，语气上或欢愉或哀婉，音量上或高亢或微弱，音色上或淳厚或尖厉，重音上或重读或轻吐，停连上或长或短，发音位置或靠前或靠后等，都可按照表现寓言形象的典型性格和揭示寓言寓意的需要，进行朗诵设计。当然，单纯追求其外部形态的对比是不够的，朗诵者更要加强内心的对比感，抓住每一形象的不同之处，加以放大与强调，才能做到内外相贴、形有所依。

我们在朗诵每一篇寓言作品时，都要根据作品中对某一形象的刻画和它的自然外形特征来灵活处理，不能根据固有思维生搬硬套。同一物类因作品不同，其性格特点也会有所不同。比如《眼盲心明》中的盲童和《盲人摸象》中的盲人是不能相提并论的；《狐假虎威》中的老虎也不是印象中“智勇双全”的百兽之王的形象。所以为了将寓言中丰富形象的性格、关系、行为、语言表达得生动、吸引人，更好地展现作品，朗诵时必须力求形神兼备才能不让丰富的形象千篇一律。那么朗诵中如何做到形神兼备呢？

寓言朗诵者既是故事的讲述者，又是形象语言的表现者，所以进入形象的程度一定是有限的，那么就需朗诵者一定要把握住寓言形象鲜明的性格特点，抓住了形象最本质、最核心的东西才不会在创作中失去方向。所有的寓言都是以轻松幽默的方式去批判和审视某种行为或思想。为了达到夸张、幽默的艺术效果，我们也需要拿捏好分寸，如果模仿过了头，影响就成负面的了。比如《猴吃西瓜》中，为了突出小毛猴乖巧可爱，过分奶声奶气就不好；为了突出老猴子年龄感，气息衰弱得奄奄一息也不行。这些都是在朗诵中犯了单纯求得外部特征的贴合的禁忌，本末倒置了。所以，寓言朗诵要形神兼备，以神为主。

（四）运用技巧，借助手段

形象内在实质和视觉形象、运动形象是有声语言外在表现形式，即听觉形象的基础。寓言中形象的语言声音造型多以生活当中的典型为原则基础，非人类的寓言形象都要进行拟人化处理。根据不同生理、心理以及性格、背景等因素作用，寓言形象声音造型各异。常用的声音造型手段有：改变共鸣位置，变换归音咬字方法，运用不同的气息，改变说话语调，借助无语言表情声音等。

上面虽然讲寓言故事需要对比夸张，语言简洁，一事一理，但是并非寓言故事的种类及风格单一。有的作品以叙述为主，有的作品人物语言较多，有的是劝喻，有的是嘲讽，朗诵时我们要在处理上有所不同。具体说来，朗诵者应在正确理解、把握寓意的基础上将作品风格定位，形成表达的基本语气，并将这种语气融入朗诵的基调中，体现在声音形式上，形成独特的韵味。我们可以根据寓言的时代、地域、内容、创作风格、创作手法等诸因素选择朗诵方式：

1. 播讲式

播讲式适合形象语言少的作品。朗诵者站在第一或第三人称的位置上，以叙说的方式将故事情节讲得清楚、自然，人物语言多取其神。

2. 表演式

表演式适合形象语言多的寓言故事。朗诵者在表现形象时要形神兼备、造型生动，对形象语言的处理表演成分较多，取其神、合其形。

3. 地域式

地域式适合地域色彩和民族色彩较浓的作品。朗诵者在语言表达中揉进某些方言元素。值得注意的是，方言味道只体现在朗诵的“基本语气”“个别语音”或“某些有代表性的词语”上。遇见外国作品，朗诵者在朗诵的基本语调中还要突出“洋味”，即语尾稍稍翘起，语调有些弯曲、上扬，但是不是每句话都追求洋味，要从内容出发，让内容和形式完美结合，使人听得清楚、听得有味。

上述寓言朗诵样式可以混合使用，创作中不必束手束脚。总之，寓言故事的朗诵是通过有声语言让文字插上翅膀，让读者获得美的感受和心智的启迪。

三、寓言故事朗诵案例解析

愚公移山[11]

太行、王屋两座大山，方圆七百里，高有七万尺。它们原来的位置在冀州的南部，河阳的北部。

11. 本文选自王铁民：《古代寓言选读》，黑龙江人民出版社1981年版，第133、134页。

北山有一位老愚公，年近九十了。太行山、王屋山正对着他家门口，进进出出很不方便。愚公苦恼在山北面受到阻塞，进出要绕弯儿。便把家里的人召集到一起商量道：“我决心和你们用尽全部力量，平除险阻，打开一条大路直通到豫州的南部，达到汉水的北岸，可以吗？”大家纷纷表示赞同。

愚公的老伴提出疑问道：“凭着您这把子力气，连小小的魁父山都损伤不了，可能把太行、王屋这样的大山怎么样呢？再说，往哪里运这些土块、石头呢？”大家七嘴八舌地说道：“把它们运到渤海的后边，隐土的北面吧！”这样决定了之后，老愚公便带领能挑担的儿孙三人干起来了，他们凿开山石，掘起土块，用簸箕、篠筐把土运到渤海边上。老愚公有个邻居，京城氏的遗腹子，刚刚八岁，也欢天喜地地跑来帮忙。一年的时间，只能运一趟。

扫描二维码或访问下列网址欣赏示范音频 2d.hep.cn/21103851/12

河曲智叟知道此事后讥笑地阻止他道：“你真是愚蠢透顶！凭你这把老骨头还毁坏不了大山的一根小草，你又能把这么多的土石怎么样！”老愚公听罢长叹一声，回答说：“你的思想太顽固了，顽固得一窍不通！竟连个寡妇孩子都赶不上。就算我死了，还有儿子在啊。儿子又生孙子，孙子再生儿子，儿子又有儿子，儿子又有孙子，子子孙孙不会穷尽的。可是山却不会再增高了，还愁什么挖不平呢！”河曲智叟张口结舌，一句话也说不出来。

山神听说了这件事，害怕愚公和他的子孙们无休止地干下去，便把这事报告给了天帝。天帝被愚公的诚心所感动，就命令力神的两个儿子把两座山背走，一座放在了朔方的东部，一座放在了雍州的南部。从此以后，冀州以南，汉水以北，再也没有高山阻隔，人们可以畅行无阻了。

朗诵分析：

首先，我们有必要了解此寓言的出处和寓意。本文是根据《列子·汤问》中的文言文翻译的。原文作者是列御寇，相传是战国时期的道家代表人物，思想家、预言家、文学家。

该寓言告诉人们做事情要有毅力、有恒心，只要能够坚持不懈，不怕困难，迎难而上，最终就会取得成功。

其次，为了更好地说明寓意，达到最佳的表达效果，我们要梳理清楚故事脉络。第一段写太行、王屋二山的面积、高度和地理位置。意在衬托移山的艰难。愚公要移山，山越高大，移山的任务越艰巨，愚公的品质也就越突出，这是故事的背景。因此在叙述的时候，我们要用重音突出描写山之高大的数字。第二段写愚公不畏艰难，依然率领子孙移山。第三段写愚公对智叟的驳斥，这是情节的发展。愚公和智叟的对话是全文的核心，愚公坚信可以移山，智叟目光短浅，阻止愚公移山。第四段写愚公的精神感动天帝，移山愿望实现，是情节的结局。

再次，我们要找到对比和夸张的心理依据，生动地再现各形象之间的交流，突出寓言形象的个性。我们从愚公移山的故事中看到我国古代劳动人民改造自然的伟大气魄和惊人毅力，领悟要克服困难就必须下定决心坚持不懈的道理。愚公虽然年近九十，但是他依旧有移山的魄力和能力，因此，在声音设计上我们不能把愚公想象成一个年迈体衰的老人，而是精神矍铄，积极乐观且有决心和毅力的银发智者形象。愚公驳斥智叟，语气要坚定中肯，语速要从容不迫。智叟和愚公对移山的看法形成了鲜明的反差，为了鲜明对比，可以适度夸张，虽然智叟是老者，但是其性格中不乏刻薄和迂腐，所以在表现时语气要尖酸和挖苦，音质也要相对尖厉而不是愚公的浑厚，气息略要单薄些。

五官争位[12]

12. 本文选自曾致主编：《寓言故事朗诵》，中国传媒大学出版社 2010 年版，第 104、105 页。

眉毛、眼睛、嘴巴、鼻子、耳朵五种器官，各有各的能耐，各有各的灵气。有一天，它们之间发生了激烈的争论，互不服气。

嘴巴对鼻子说：“人所有的食物、营养，都是通过我才被接纳的，我的功劳最显著。而你，有什么本领，位置竟然居于我的上面？”

鼻子哼了一下，说：“这你就不清楚了吧？我能分辨香味臭味，只有先经过我的辨别，才能决定什么东西可以进到嘴里，什么东西不能进到嘴里，我的作用比你大多了，位置当然也就应在你之上！”嘴巴一时语塞，不出声了。鼻子越说似乎越有道理，似乎真的是自己功劳最大，于是它不满意自己居于眼睛之下，它冲着眼睛说：“你有什么本事，竟然摆在我的上头？”

扫描二维码或访问下列网址欣赏示范音频
2d.hep.cn/21103851/13

眼睛被激怒了，它瞧都不瞧鼻子一眼，说：“我能观察美丑，瞭望四方，人的信息有85%都通过我获得，说什么辨别香臭、接纳食物，那都只是小事情，跟我的能耐比起来，全都不值一提！我居你们之上，是天经地义！”说完，眼睛傲慢地往上一翻，发现有眉毛在自己的上面，于是它非常生气。眼睛对眉毛说：“喂，你是什么东西？你凭什么竟然在我的上面？”

眉毛也不示弱，得意地一扬，说："是呀，我为什么就偏偏高居你们各位之上呢？你们想想，如果把我摆在眼睛、鼻子、嘴巴之下，那可就滑稽了，那不知道整个脸该放哪儿啦！"

没想到，耳朵终于沉不住气了，它也说："各位刚才的争论我都听见了。要论能耐，我决不在你们之下，要说功劳，我的功劳也不小。我耳听八方，辨别动静。说起来我最委屈，你们不管高低，总还摆在脸上显眼的地位，而我却连脸都上不了，我能服气吗？"

就这样五官们你不让我，我不让你，打作了一团，而那张脸再也不是原来的模样了。

朗诵分析：

五官争位鞭挞的正是那些妄自尊大、只顾争权夺利而不顾全局的人。著名相声艺术家马季还根据这个寓言故事编创出寓言体相声《五官争功》，用四个演员分别扮作主人的嘴、眼、耳、鼻，并通过它们与主人的争论及它们四方的相互争辩来构成包袱、产生笑料，使作品所要表达的寓意及暗示的社会生活中的人和事清晰可见，使那种见利不让、寸功必争的心态暴露无遗。

这个寓言以五个寓言形象的对话为主，所以，朗诵时可以采取表演式，通过生动的语言把形象刻画得形神兼备。眉毛、眼睛、嘴巴、鼻子、耳朵五种器官就是被人格化的现实中的一类人，他们见不得自己比别人位置低，不肯埋没自己的一点功绩。虽然五个形象同属一类人，但是朗诵时需要设计出具有不同个性和风格的五个鲜活形象。我们可以从每个形象语言内容中找寻灵感，也可以从它们说话的顺序和实际生活中发挥的作用里捕捉信息。比如，嘴巴最先开口说话源于嘴巴本身就是负责说话的，特别在不受心脑控制的时候就会快言惹事端。当嘴巴听到鼻子的反驳后一时语塞，更加证明嘴巴形象应该是有勇无谋的，所以声音可以处理的粗犷一些。鼻子希望自己不鸣则已，一鸣惊人，因此先是不屑一顾地"哼"了一声，之后滔滔不绝讲道理，还向眼睛挑衅，足以见得鼻子的狂妄自大。眼睛是被激怒的，它反驳鼻子理所应当，但是它并没有通过说服让争论休止，而是继续扩大矛盾，因此眼睛的性格很是清高，属于孤芳自赏型。眉毛对于眼睛的质问虽没表示出直接的不满，但是从它提出的质疑中让大家看到眉毛自我优越感超强，同样目空一切，只是没有嘴巴、鼻子那么张扬罢了。最后的耳朵的发言虽然攻击性不强，但是看得出耳朵也不甘吃亏，不愿默默付出。为了突出争论的激烈，展现五官之间的矛盾之深，朗诵者在朗诵时一定要注意叙述性语言和形象语言的衔接，把握好节奏，控制好语气。结束句节奏要稳下来，意味深长，让大家明白：如果不懂得欣赏和尊重别人，不懂得个人和集体的关系，结果必然两败俱伤，功亏一篑。

演说篇

第五章
演说概述

演说，是人类语言艺术与智慧的集中代表。古往今来，无数政治家、思想家、教育家通过一次次精彩的现场演说，征服了现场观众，也给人类的精神文化宝库贡献了一批珍贵的财富。在当今的西方社会，演说已经成为政党选举的一项重要内容，为了获得更多的选民支持，得到执政地位，候选人必须要进行现场演说，集中阐述执政理念和目标，因此，候选人现场演说的能力甚至成为决定选举结果的关键。

对于普通的社会公众来说，演说能力也具有非常重要的作用。如果拥有娴熟的演说技巧和才能，个人将更加充分地发挥人格魅力，也更加容易成为群体关注的对象和焦点，获得更多的成功机会。因此，演说不仅仅是伟人的专利，也是每一个普遍人必备的能力和素质。

第一节　演说的界定及特征

演说起源于语言。自人类出现以来，随着社会发展的需要，人类创造了语言，并用语言进行沟通、交流和传递基本信息。随着人类语言词汇的不断丰富、社会信息数量不断增加以及人类语言器官的不断进化，声音语言已经成为社会沟通的主要工具。为了充分表达思想感情，人们需要不断对声音语言的表达方式进行革新，将有声语言及体态语言有机地结合在一起，这就形成了演说。为了全面了解演说的特点，首先要从了解演说的概念入手。

一、演说概念的演化

（一）古代典籍中的演说概念

早在我国古代，学者们就对演说的概念和作用进行了深入细致的分析，较有代表性的有如下几种：

一是阐述、解说。这种说法主要集中于魏晋时期的佛教文献之中。

二是表演叙说。这种说法多出自明清文献之中，特别是在一些描写市井生活的近似白话文的小说等文学作品中。

三是说明事理，发表见解。在《老残游记》第一回及魏巍《东方》第四部第六章中，都有“演说”字样。

四是佛教用语。“演说”应是中国古人受佛教影响创建的一个词汇。《华严经》中出现“演说”字样，代表一种计量单位，表示数量极大之意，并最终演变成了佛为普度众生做的多次努力。

自古以来，“演说”一词的概念不断变化发展，最终形成现代汉语中的含义。

（二）现代社会演说的概念

随着时代的发展和进步，传统意义上演说的诸多概念开始逐步归于一体，并演变成一个被现代社会广泛认可和接受的概念，即“演”和“说”的共同体。

大部分学者认同这样一种定义方式，即根据演说的功能进行定义：演说又叫演讲或讲演，是指在公众场所，以有声语言为主要手段，以态势语言为辅助手段，针对某个具体问题，鲜明、完整地发表自己的见解和主张，阐明事理或抒发情感，进行宣传鼓动的一种语言交际活动。

二、演说的主要特征

关于演说的主要特征，历来也是众说纷纭。由于研究和分析的角度不同，其研究结果自然也具有较大差别。诚然，自演说活动诞生之日起，其功能性就一直是一个非常突出的特征，时至今日，演说的功能仍然被现代社会广泛认可和接受。总结中外学者的相关研究，演说的特征包含如下几方面：

（一）社会性

所谓社会性是指社会成员之间的信息沟通与对话。演说活动发生在社会成员之间，是演说者通过口头语言现场表达，将自身的价值观念、认知方式等传递给听众，进而影响听众行为的过程。因此说，演说并不是个体的独立行为，带有很强的社会性。

（二）艺术性

所谓艺术性是指与普通的口语对话相比，演说者必须要具备很强的语言驾驭能力、表达能力、逻辑思维能力和现场应变能力等。从这个意义上说，演说的艺术性要远远强于普通的口语语言。为了达到演说的效果，演说者必须去除日常口语交流的松散、拖沓、乏味、杂乱等不利因素，采取一种更加凝练、集中、富有凝聚力和创造力的口语表达方式，这就充分体现出演说活动的艺术性。

（三）综合性

所谓综合性是指演说并不是演说者在现场的一个单独活动，而是需要演说者事前经过精心准备，还需要现场大量的工作配合，才能够完成的一项工作。一场成功的演说背后，往往是一个团队努力的结果。美国总统大选之前的竞选演说，就是最好的例证。

（四）针对性

针对性是指演说者需要根据演说对象的实际情况，采取有针对性的演说方式，选择有针对性的演说内容，以期实现演说效果。换句话说，演说者现场演说的内容必须符合听众的要求，还要根据听众的文化程度、性别、年龄等选择适合的演说方法，确保能够符合听众的认知特点。

（五）感染力

演说不同于普通的口语对话，而是需要演说者通过表达鲜明的观点、独到的见解、深刻的思想等，让听众广泛接受，并对听众的认知乃至行为产生深刻影响，这就是演说的感染力。因此，演说者必须要学会运用生动、幽默、简单的方法打动听众，迅速获得听众的接受和认同。

（六）现实性

演说必须具有现实意义，这是演说活动的另一个主要特点。演说的内容要紧密结合现实，符合听众的现实需要，演说的目的也要带有一定的现实意义，这就是演说的现实性。

扫描二维码或访问下列网址阅读扩展案例 2d.hep.cn/21103851/14

（七）逻辑性

演说活动必须具有很强的逻辑性。与口语语言交流不同，演说活动必须带有强烈的逻辑性。在一个成功的演说者的演说内容之中，在看似杂乱无章的语言之间，都有一个清晰的逻辑链条贯穿其中。为了实现演说的预期效果，演说者必须具备缜密的逻辑思维能力，语言组织清晰、条理分明，这就是演说活动的逻辑性特点。

第二节　演说的构成要素

演说的构成要素包含演说主体、演说客体和演说受体三个方面，只有完全明确各个要素的具体内容、主要特点和基本功能等，才能够充分发挥各个要素的作用。如将三个要素高度统一，演说的作用将被发挥得淋漓尽致。

一、演说主体及其特点

演说的主体是演说活动的直接实施者。在演说活动中，演说主体是当之无愧的中心，是演说活动的发生者和重要的体现者。演说主体主要具有下列特点：

（一）演说主体是演说活动的核心环节

演说主体是演说活动的发起者、执行者，也是演说活动的重要策划者、演说客体的创作者。演说主体决定着演说活动的成败，演说主体的能力和水平决定着演说总体水平，演说主体现场的发挥和表现决定着演说活动的感染力。因此，根据演说的目的选择适当的演说主体是十分必要的。

（二）演说主体是集合的概念

随着社会的发展，演说活动的主体也在发生深刻的变化。在演说活动发展的早期，演说主体一般都是独立的个人，演说活动也往往带有很强的随意性和自发性。但是随着演说活动功能的逐步丰富，演说的目的性更强，演说的主体也由传统意义上的个人转变为一个集体或团队。在现代演说活动中，虽然站在台上的只是一个演说者，但是其背后却需要一个庞大团队的支撑。

（三）不同的演说主体具有很强的差别性

不同演说主体的差别性主要是指在同一种演说主题或内容的前提之下，不同演说主体因为演说水平的差距，演说效果会出现极大的差别。

一般来说，决定演说主体演说效果差别的因素包括外在和内在两个方面。从外在方面来说，不同演说主体的性别、年龄、外貌、服饰、神态表情等都能够在一定程度上影响演说的效果。从内在方面进行分析，不同演说主体间的知识修养、逻辑思维能力、理解分析能力、表达能力等的差别，也会成为影响演说效果的关键因素。在外在和内在双重因素的制约和影响之下，不同演说主体之间具有明显的差异性。

二、演说客体及其特点

演说客体是指演说主体现场演说的对象，即通常意义上演说者现场向听众口头发表的内容。由于演说要反映客观事物，而且这些事物要在演说主体心灵中形成意识成果，所以演说对演说的客体有一定的要求：首先，演说的内容必须正确。内容正确包括立场坚定，旗帜鲜明，观点明确。其次，演说的内容必须真实。只有内容真实才能真正起到教育人、激励人的作用，只有内容真实，演说才有价值。再次，演说内容必须符合时代精神。演说是一项社会实践活动，理应为社会服务，为社会进步摇旗呐喊，不合时宜的演说，甚至是与历史潮流背道而驰的演说最终只能遭到人们的唾弃和指责。

演说客体是一个比较复杂的概念，主要包括以下几方面特点：

（一）演说客体具有双重性

一般来说，演说客体具有两方面不同的属性。一方面，演说客体是指为了演说者的现场口头演说的需要而在事前创作的演说文本或文稿，这个文本或文稿是一个固定的、模式化的客体，是演说者现场演说的主要依据和基础。另一方面，除了现场照读的演说方式之外，演说者在现场演说的过程中都要在演说文本的基础上进行适当的创新和发挥，也就是说，演说者现场演说的内容与演说文本之间还是具有一定差别的。因此说，演说客体实际上是一个双重属性的概念，两者之间互有联系、密不可分，又有着显著的差异和区别。

（二）演说客体具有很强的艺术性

无论是为现场演说而创作的演说文本，还是演说者现场即兴发挥的演说内容，都具有极强的艺术性特点。为了实现演说的目的和效果，达到演说活动应有的感染力，演说者必须要根据这个目标事前编写演说文本，在这个文本之中，语言、措辞、表达方式、称呼等的选择都需要文本作者充分运用创作艺术的手段，绝不能够漫无目的的随意为之。

除了演说文本能够体现出明显的艺术性特点以外，现场演说内容也具有很强的艺术性。古今中外很多现场即兴演说，都不乏经典名言名句。除此以外，演说者现场演说的过程实质上就是行为艺术的重要形式。

（三）演说客体具有极强的针对性

演说客体的针对性，是指演说客体的内容、目标、创作思路等都必须与演说的预期目标、效果和听众的特点高度一致。一般来说，在演说的过程中，不同听众的认知特点、理解能力都是完全不同的，演说者如果不能够采取切实有效和有针对性的方式方法，很难达到预期的效果。因此，演说主体必须要保持演说客体的针对性，这才是确保演说成功的砝码和基础。

三、演说受体及其特点

演说的受体即指演说的听众。听众是演说活动中的重要参与者，也是不可或缺的组成部分。一次成功的演说活动绝对不能脱离听众的支持。在演说活动之中，听众并非只是演说的被动接受者，而应当是主动的参与者。具体来说，演说受体具有如下几方面特点：

（一）主动性

在演说活动之中，虽然听众处于相对被动的地位，被动聆听演说者发表的见解和观点，但这并不意味着演说受体不具备主动性。一般认为，一次成功的演说活动要以调动听众的积极性为标志，听众在收听完演说者的演说后，会在思想层面接受或不接受演说者的观点，情绪上产生变化，并会主动参与到演说活动之中。在一些情况下，演说受体甚至会在现场与演说者形成互动。从这个意义上说，现场演说的成功实际上就是将演说受体由被动转为主动的过程。

（二）选择性

演说受体的选择性，是指针对演说者的现场演说内容，演说受体可以选择接受或不接受，或者选择全面接受或部分接受。也就是说，演说受体不仅仅可以决定是否接受演说者的演说信息，还可以就接受程度做出选择。

（三）不确定性

在传统的演说活动中，演说受体往往是临时出现的。一些演说者会选择在城市的广场等中心地带进行演说，来往的人群的注意力会集中在演说主体之上，听众逐步聚拢形成一个较为庞大的听众群体。这些个体听众的年龄、身份、社会地位、学识等完全不同，是随意组合形成的听众群体，这就是演说受体的不确定性。随着演说活动的发展，这种不确定性因素正在逐步降低，很多演说活动都是为了特定目的组织起来的，受体也都是根据演说活动要求而选择的，但是仍然会有一些临时性和即兴演说活动，其受体仍会带有不确定性的特点，这就给演说者的个人能力提出了较高的要求。

扫描二维码或访问下列网址阅读扩展案例
2d.hep.cn/21103851/15

第三节　演说稿件的创作原则

演说稿件是演说者进行现场演说的重要基础，是对演说内容和形式的规范和提示。演说稿件可以用来交流思想、感情，表达主张、见解；也可以用来介绍自己的学习、工作情况和经验等。演说稿件具有宣传、教育等作用，它可以把演说者的观点、主张与思想感情传达给听众，使他们信服并在思想感情上产生共鸣。

一、演说稿件创作的基本要求

总结起来，演说稿件创作的基本要求大致包含如下几方面：

（一）了解演说对象，内容具有针对性

演说稿件是现场演说活动的基础。对于演说稿件创作者来说，只有充分熟悉演说对象的特点，才有可能创作出一篇成功的演说稿件。具体来说，演说稿件作者必须要熟悉演说对象的思想状况、文化程度、职业状况，了解他们所关心和迫切需要解决的问题等。在此基础上，作者才能够确定开篇形式、正文内容、结尾方式等。如果不了解演说者的特点，无论演说稿件的辞藻如何华丽、结构逻辑如何清晰，也很难达到预期的演说效果，实现演说的目的。

（二）观点突出，情感充沛

演说稿件必须具有鲜明的观点，既能让演说者便于现场发挥，又能够使得听众准确掌握演说者的意图。此外，演说稿件必须观点明确，重点突出，还要给听众带来一种令人信服的理性力量，体现出演说者对于事物的透彻理解和深入分析能力。特别是在正文部分的创作过程中，每一个段落的起始句都应当代表演说者的个人观点，只有如此才可以体现出演说稿件自身蕴涵的逻辑性。

除此以外，演说稿件还需要饱含感情。只有具备充沛的感情，演说稿件才能够达到鼓舞效果，才能够引起听众的认同和共鸣。它要求演说者在表达上注意感情色彩，把说理和抒情结合起来，既有冷静的分析，又有热情的鼓动；既有所怒，又有所喜；既有所憎，又有所爱。当然这种深厚动人的感情不应是“挤”出来的，而要发自肺腑，就像泉水喷涌而出。

（三）行文应当富于变化

构成演说稿件“波澜”的要素很多，有内容，有结构安排，也有听众的心理特征和认识事物的规律。如果演说者能掌握听众的心理特征和认识事物的规律，恰当地选择材料，安排材料，也能使演说在听众心里激起波澜。换句话说，演说稿件要写得有波澜，主要不是靠声调的高低，而是靠内容的有起有伏，有张有弛，有强调有反复，有比较有照应。

（四）语言流畅，深刻风趣

要把演说者在头脑里构思的一切都写出来或说出来，让人们看得见，听得到，就必须借助语言这个交流思想的工具。因此，语言运用得好还是差，对写作演说稿件影响极大。

要提高演说稿件的质量，不能不在语言的运用上下一番工夫。

二、演说稿件题材选择的基本要求

题材的选择即选题。选题就是选择什么样的问题去讲。“题”，是指要讲的问题；“材”，是指这个“题”的属性和方面，如工业、农业、军事、商业、教育等，其中也可细分为若干具体的方面。

那么，演说者怎样选择题材呢？主要有以下两个方面：

（一）选择现实中需要回答的问题

选现实问题，讲眼前的、身边的事情，这是演说稿件写作有别于其他写作的特点之一。马克思和恩格斯认为帮助群众认清现实中的复杂问题、解决紧迫的社会问题是演说艺术的本质特征。尤其是当前，我们处在改革的大潮之中，各条战线、各个部门的各项工作以及生活中的各个领域都有大大小小、许许多多的被人们关切和急需回答的问题。演说者只有从中选择引人关注的题材，才会收到更好的效果。比如，1987 年 11 月在辽宁举办的“瓦轴杯”演说邀请赛上的演说词，其取材几乎都是现实中人们所关切的问题。石亚男的《从外国人的名片谈起》，从目前人们司空见惯的自我介绍方式——递名片扩展生发，将中国人的名片与外国人的名片相比较，从而提出名片要名副其实的重要问题。如果名不副实、真假难分的“假名片”滥飞，将有碍彼此的信任和事业的发展。陆建生的《一个热门的话题》则讲了企业承包、实行厂长负责制后，如何确立主人公地位、发挥主人公作用的问题。这一问题正是当时人们普遍关注的问题，所以这一演说正满足了人们的需求，收到了良好的效果。

（二）选择自己比较熟悉、确有见地的问题

选择现实中需要回答的问题，其着眼点是客观的需要，而这里考虑的是主观的可能。演说稿件写作的选题必须把需要和可能结合起来，才能做出正确的选择。古罗马演说理论家贺拉斯曾说：你们从事写作的人，在选材的时候，务必选你们能够胜任的题材，多多斟酌哪些是掮得起来的，哪些是掮不起来的。假如你选择的事件是在你能力范围之内的，自然就会滔滔不绝，条理分明。

只有选自己熟悉的、确有见地的题材，才会讲得生动、充分、深透、清楚，这是被无数演说者所证明的真理。

扫描二维码或访问下列网址阅读扩展案例 2d.hep.cn/21103851/16

第四节　演说稿件对语言的基本要求

写作演说稿件在语言运用上应注意以下五个问题：

一、注重口语化

演说注重口语化。因为在现场演说者使用的都是口语语言，而听众听到的也是一串串的口语语言。因此，对于演说稿件的语言来说，口语化是至关重要的。换言之，听众在演说过程中是否能够听得懂，听清楚，是否能够被演说者充分调动起情绪，完全取决于演说者语言的运用能力，也就是取决于演说稿件语言的口语化水平。如果演说稿件所运用的语言本身就不符合口语化的要求，不能够做到朗朗上口，那么演说者在现场演说的过程中就更难做到语言生动、平实，符合听众的要求。

但演说稿件语言的口语化并不等同于日常语言中的口语，而是需要经过缜密加工和提炼的口语化的语言。这些口语化的语言不能如日常口语般平铺直叙，还是要确保用语准确、逻辑严密、行文通顺。演说稿件毕竟是一种文学作品，很难完全摆脱书面语言的约束。为了打破书面语言对于演说稿件口语化的束缚，创作者就要从语言运用技巧方面寻求突破。为了达到这个目标，演说稿件的作者需要在创作的过程中，尽量将一些长句转化成为若干短句，把一些倒装的句式改换成为正装的句式，将一些单音词改成双音或叠音词。如果在演说稿件中存在一些较为艰涩的文言词、不常使用的生僻词、容易产生歧义的词语等，还应当换成通俗易懂的口语化词汇。判断演说稿件是否符合口语化要求的有效方式是对创作完成的演说稿件进行朗读，发现不符合“上口”和“入耳”的语句，要及时进行标注并修改。

二、通俗易懂

演说稿件的核心价值在于能够准确传递演说者需要表达的观点和内容，因此演说稿件的通俗易懂是至关重要的。演说的目标是要让听众听得懂，如果听众不能够听懂演说者的演说内容，不管演说稿件辞藻如何华丽，用语如何精致，结构如何巧妙都无济于事。演说一旦脱离了通俗易懂的要求，就意味着失去了听众，也就失去了演说的真正意义和价值。

三、朴实准确

演说稿件要充分体现朴实性，这与通俗性密不可分。演说稿件的作者要运用人民群众日常使用的普通语言组织和创作稿件，充分体现出演说的主题思想和演说者需要表达的内容，只有朴实的语言才能够在演说活动中深入持久地发挥效力。当然，演说稿件语言的朴实性并不代表语言的空洞、乏味、苍白、单调，朴实的语言能够将一些深刻的道理表述得深入浅出，更容易被听众认可和接受，这对于演说稿件创作者来说是一个巨大的考验。

准确是指演说稿件使用的语言能够确切地表现讲述的对象——事物和道理，揭示它们的本质及其相互关系。作者要做到这一点，首先，要熟悉表达的对象；其次，要做到概念明确，判断恰当，用词贴切，句子组织结构合理。

四、合理控制字数

字数决定着演说稿件的篇幅，也能够决定演说者演说活动的时长。除了一些带有特定要求或目的的演说活动，一般的演说都讲求简短，言简意赅，这样才能够让听众留下深刻的印象。冗长的演说内容不但很难吸引听众的注意力，还会冲淡演说主题。如何根据演说主题合理控制演说稿件字数和总体篇幅，是演说稿件作者面临的一项重要任务。

首先，演说稿件的作者要准确掌握演说者的语速，并以此来测算应有的文稿字数及篇幅。一般来说，演说者的正常语速为每分钟 200~250 字，在此基础之上，作者可以根据演说的时长来大致计算出文本的总体字数。

其次，要适当控制现场演说的时间。现场演说的时间并不与演说实际效果成正比。正如德国著名的演说学家海茵兹·雷德曼在《演讲内容的要素》一文中指出：在一次演说中不要期望得到太多，宁可只有一个给人印象深刻的思想，也不要五十个前听后忘的思想；宁可牢牢地敲进一根钉子，也不要松松地按上几十个一拔即出的图钉。所以，演说稿件不在乎长，而在乎精。

五、生动感人，饱含感情

无论是一场精彩的现场演说，还是一篇优秀的演说稿件，无一例外必须要生动感人，饱含感情。如果不能够感动听众，即使再优秀的演说题材和主题都不能够获得鼓动听众的效果。马克思、恩格斯、毛泽东等中外优秀的演说家，他们的演说都具有一个共同的特点，那就是既包含深刻的思想内涵，又饱含充沛的思想感情，能够迅速有效地打动听众，获得演说的预期效果。要写好演说稿件，只有语言的准确、通俗还不够，还要力求语言生动感人。

怎样使语言生动感人呢？一是用形象化的语言，运用比喻、拟人、夸张等手法增强语言的形象色彩，把抽象化为具体，将深奥讲得浅显，把枯燥变成有趣。二是运用幽默、风趣的语言，增强演说稿件的表现力。这样，既能深化主题，又能使演说的气氛轻松和谐；既可调整演说的节奏，又可使听众消除疲劳。三是发挥语言音乐性的特点，注意声调的和谐和节奏的变化。

扫描二维码或访问下列网址阅读扩展案例
2d.hep.cn/21103851/17

第六章

演说的准备

演说往往具有公开性和广泛性，因此，就要避免日常生活口语的随意性，加强演说的集中性、目的性、条理性。所以，演说的准备就显得尤为重要。这里所说的演说的准备主要包含广义的演说准备、狭义的演说准备、心理准备和演说稿件的准备四方面。

第一节　广义的演说准备

广义的演说准备是指演说者平时的学习和积累，包括自己的政治觉悟、理论水平、文化知识和艺术修养等。演说者的理解力、感受力、表现力、对演说稿件的驾驭能力都和他的素质、修养有关，而这些都需要在日常的学习、实践中日积月累。演说成功与否一定程度上取决于这种学习和积累的深广程度。

无论什么形式的演说都需要思想观点的阐述，而观点的阐述离不开以相关的素材作为支柱和论据，离开了真实、具体、生动、新颖、典型、充分的素材来阐明思想观点，演说就会“瘦骨嶙峋”。只有广泛地收集和占有素材，才能使演说获得成功。因此，我们平时就要养成善于收集素材的习惯。

收集素材需要鉴别筛选，要慧眼识宝，善于识别、确定材料的性质、价值和作用。否则身在宝山不识宝，即使有好的材料，也会熟视无睹，轻易放过。收集材料的过程就是积累准备的过程。有了好的素材，还要学会灵活运用、经常运用。所谓熟能生巧，演说也需要长时间的积累和锻炼，罗马不是一天建成的，好的演说能力也不是一日造就的，平时就应该经常进行训练，提高自身的阅读量，广泛接触各种文化，提升自身的艺术修养，经常把看到、听到、整理好的素材和内容跟身边的人分享，锻炼自己的表达能力，做到在任何环境下都不怯场，都能够自然、从容地演说。

第二节 狭义的演说准备

狭义的演说准备是指演说前具体的准备，包括确定演说选题、确定演说主题、收集演说材料、编列演说提纲。

一、确定演说选题

所谓选题就是选择的话题，确定谈哪方面的内容。演说者总是通过阐述、分析、论证议题来表情达意的。那么，究竟如何选题呢？大家不妨从如下几个方面入手：

（一）体现时代风貌，顺应历史潮流

演说的目的在于宣传、教育、组织和激励。因此，选题一定要有时代意义，必须紧紧抓住人们普遍关心的问题，抓住社会现实中急需解决的问题。比如思想政治方面的重大问题，与现实社会息息相关的社会风气和道德修养问题，以及反映科学文化发展动态、推动科学文化事业发展的问题等。要讲出时代感，讲出新意，演说者必须考虑演说的场合、环境、现实状况，以及自己对该问题的历史、现状的了解程度，并给以科学的分析、综合的解释。马云在很多场合做了不同题目的演说，每次演说都体现着强烈的时代感，比如他多次提到“信息革命”“数据革命”“互联网革命”，把互联网经济和整个社会的经济发展相结合，充满浓重的时代气息。

（二）进行受众分析，内容有的放矢

选题要有针对性，要能深刻影响听众，极大地感染听众。由于民族不同、性格各异、职业有别、年龄差距以及生活环境和文化修养的不同，演说的听众存在着很大的心理差异、风格差异、感情差异等。选题时应考虑不同类型听众的需要，根据不同民族、不同职业、不同层次的听众的知识水准、兴趣爱好、风俗习惯等进行选择。

只有选题符合听众的心理、愿望，才能吸引听众的注意力，唤起听众听讲的热情和兴趣。例如，对青年人谈男女恋情，谈如何看待流行歌曲等问题，很合他们的口味，但对中老年人就未必合适。显然，如果对山区老农大谈高能物理，谈得再好恐怕也不会受欢迎；倘若换成水土改良，情况就会大不一样。新东方的创始人俞敏洪多次深入大学生群体进行演说，每次都获得极大成功，跟他结合自己读大学经历、同时了解当代大学生心理需求分不开。

为了适应不同类型听众的需要，选题要考虑“适应度”。选题的“适应度”较大，适应的听众面就较宽；反之，“适应度”较小，适应的听众面就较窄。一般来说，选题的专业化程度越高，其“适应度”就越小。

（三）切合自己的身份，不妨“驾轻就熟”

演说选题应切合自己的年龄、身份、气质，适合自己的知识水平和兴趣。这样，演说者便能自然地融入自己的思想感情，“得心应口”，措辞、语调、口气也就自然、生动、有声有色、富有活力，给人以新鲜感和亲切感；否则，如果硬要去讲那些不切合身份、气质、年龄和知识水平的选题，就必然是力不从心，即使勉强讲了，也必然是生吞活剥、生硬呆板、无法感人。

演说者不妨“驾轻就熟”，选择自己比较熟悉、最感兴趣的选题。这里所说的“驾轻就熟”，不是指搬用僵死的套话、空话，也不是指套用固有的框架格式，而是指选择自己比较熟悉、比较了解、比较感兴趣、体会比较深的选题，选择与自己的专业、知识面比较接近的选题。这样容易讲深讲透，讲出水平，讲出风格。兴趣来之于实践，来之于对社会现实和客观事物的了解。比较熟悉、比较感兴趣的选题，常常是曾经思考过或有一定了解和研究的选题。可见，演说者要使自己的演说门路宽，演说时左右逢源，平日的思考和知识的积累是十分重要的。

（四）注意演说场合，考虑预定时间

演说内容要与演说场合气氛相协调，也就是要考虑演说的时间和空间环境。时空环境不仅指演说现场的布置，也包括时间、背景、组织和听众等因素。显然，在喜庆的场合大谈悲凉，在悲哀的氛围中大讲欢愉都是荒唐的。

选题还应考虑可供演说的时间。根据心理学的研究，一般人的大脑在 1 小时以内，只能解说或接收一两个重要问题。因此，演说选题必须集中凝练，富有特色，时间要掌握得恰如其分。如果是参加演说比赛，更有必要了解限定的时间，否则到临场时修改内容，增添删汰，就会手忙脚乱，甚至无所适从。此外，参加有多人演说的场合，还要考虑自己被安排的演说顺序是在开头、中间还是结尾，并且还要了解在自己演说之前的演说者和在自己演说之后的演说者的情况。这些都与听众的心理定势和情绪有密切的关系，不可忽视。

二、确定演说主题

确定了演说的选题，就有了演说的大方向，但仅有大方向还不行，还必须确定一条具体的途径，必须确定主题。主题是演说的灵魂，它决定演说思想性的强弱，制约材料的取舍和组织，影响论证方式的选择。它是选题的具体化、明朗化。没有明确的主题，演说就如同没有灵魂的偶像，即使讲得天花乱坠，也会让人不知所闻，不得要领。

演说的主题要集中。一般来说，一篇演说只能有一个主题，必须围绕这个主题展开阐述，否则就容易出现焦距模糊、思想杂乱的毛病。主题要求鲜明、正确、新颖、深刻。

鲜明，是指主题要贯穿全篇，能够给听众留下深刻的印象，引起强烈的反响。正确，是

指其观点见解具有积极意义，能使听众受到教益，取得良好的社会效应。新颖，是指见解独特，给人以醒目之感，对听众具有诱惑力和吸引力，能激起听众的兴趣。深刻，是指提出的主张和见解能揭示事物的本质，能使听众受到启迪，从感性认识提高到理性认识。而要做到这些，演说者必须在选定角度和发掘深度上下工夫，做到立意深远。

三、收集演说材料

完成了演说主题的选定后，就要围绕主题在深刻思考的基础上集成演说的观点、确立部分的分论点，然后就要选取适当的材料作为佐证和论据。收集演说材料要把握以下几个原则：

（一）定向

收集材料要把准方向，防止盲目性和随意性。生活千头万绪，书报浩如烟海，时间和精力不容我们有见必记，有闻必录，这不仅没有必要，也没有可能。我们必须把准方向，有计划、有针对性地收集材料。所谓把准方向就是围绕论题进行，根据论题划定的区域范围，按计划、有重点地工作。选择的论题要大小适中，不宜太窄，也不宜过宽。太窄，往往会漏掉与之相关的材料，使用时没有回旋余地；太宽，往往难抓住主线和重点，造成内容芜杂臃肿，削弱和冲淡主题。例如，作一次题为“岗位成才”的演说，不妨把收集目标集中在下列方面：从名人先哲的著作中收集有关成才的论述及有关部分和整体关系的论述；从教育学和心理学的图书中收集有关成才理论和有关青年心理特点及其发展趋势的论述；从历史图书中收集有关青年在工作中立志成才的故事；从报刊和现实生活中收集，特别是收集本单位青年在本职岗位上所做贡献的先进事例等。确定了这样一个范围和方向，收集材料就会顺利得多。

（二）充分

材料要充分。演说要求大量地、详尽地收集和占有材料，既要纵向了解事物发生、发展的经过，又要横向了解事物各方面的联系；不仅了解事物的正面材料，而且还了解事物的反面材料，以便多方位、多角度进行分析、比较，这样可以避免认识上的主观性和片面性。材料越充分，思路就越开阔，论据就越充分，演说者就越能正确有力地阐明观点，产生令人信服的雄辩力量。特别是学术演说和法庭演说，更要求论据充足，旁征博引。材料不足，往往难以言之成理，很难达到预定的目标。

（三）真实

所谓真实，就是指材料的客观性，即所选的材料是客观世界确实存在的、符合历史实际的。只有真实的材料才最有说服力，才最有利于人们形成坚定的信念。任意臆造和虚构的材料，势必与事实发生撞击，势必被揭穿。为了保证材料的准确性和可靠性，演说者必须明确材料的出处。如引用事例必须讲清是什么人、什么时候、在什么地方、干什么事、为什么以及怎么样，即恪守 5 个 “W” 和 1 个 “H”：Who（什么人），When（什么时候），Where（什么地方），What（什么），Why（为什么），How（怎样）。这样可增强真实感，提高信息的可信度和影响力。同时要知人论事，既不夸大事件的意义和拔高人物思想，也不低估事件的价值和贬损人物品德。对于选作论据的书面材料，要严格检查、核对；要善于鉴别，去伪存真，切忌抄转讹传，张冠李戴。

（四）新鲜

新颖别致，是针对听众的感觉而言的。新奇感是促使人们注意的心理因素。演说者立论高妙，演说材料新鲜，就能较好地激起听众的新奇感，引起听众的注意。这对深化主旨，充实内容都有着十分重要的意义。演说者“人云亦云”，重复使用别人用滥了的材料，就会令人感到乏味甚至反感。因此，演说者要尽力防止和避免材料的雷同，要造成新鲜感。一方面，演说者要留心收集现实生活中新近发生的事情，同时也要善于收集那些过去早已发生但并不为人知的事例。另一方面，还要善于观察分析，抓住现实中看似一般的材料，从中挖掘出新意来。

（五）典型

选取的材料既要求真实、新鲜，还要求典型。真实具有可信度，新鲜具有吸引力，而典型则由于其深刻揭示事物本质，具有代表性，有较强的说服力。演说的目的在于说服人、鼓动人。因而，演说者要认真审慎地收集那些最能说明主旨、最具代表性的事实材料和事理材料，防止和避免材料的平淡化。

典型材料与一般材料是相比较而言的。只有在充分掌握许多材料的基础上，才有比较余地，分出高下。在与众多材料进行比较时，要发现典型材料，关键在于演说者的观察分析能力和思想认识水平。比如，为了说明树立正确的审美观和人生观的重要性，有人在众多的材料中选取了一位女大学生自杀的材料。这位女大学生相当爱美，常为自己的单眼皮伤脑筋，后来自费做手术，不料手术无效，眼睛反而显得更难看。她陷入了极度苦恼之中，无法解脱，竟一死了之。显然，这种愚蠢的轻生行为竟然发生在一位正在受着高等教育的人身上，这充分说明树立正确的审美观和人生观的必要性。

（六）具体

具体，是相对抽象、笼统而言的。有些材料虽然真实、新鲜、典型，但由于详略处理不当，尽管讲清楚了来龙去脉但仍使人感到“不够味”“不解渴”。这恐怕就在于叙述太笼统所致。出现这种情况的原因，对于事例性的感性材料来说，往往是忽视了对重点材料的必要的渲染；从记叙的诸要素看，常常是对 Why（为什么）和 How（怎样）交代得不够。如果把 Why 和 How 的内容进行较为详细的阐述，做必要的渲染，演说就会显得具体，给人留下明晰的印象。比如讲“他带病坚持工作，最后累倒在车床旁”，给人的印象就较笼统。如果进一步把他为什么带病工作，如何做的，怎样累倒的，累倒后又怎样，当时的现场怎么样等做必要的交代和渲染，给人的印象就具体得多。

（七）感人

在演说活动中，演说者要注意选取能提高听众兴趣和打动听众感情的材料。在现实生活中，许多感人的事情都是看似违背常理、出人意料、不可思议的，但又是在情理之中的。例如，有位演说者在演说时引用了一位老师上课老是请假跑厕所的事。这种事显然违背常理，令人发笑。可是，当你知道这位老师身患膀胱癌，长期尿血，直到他被抬上病床，大家才发现他揣了一大摞病假条却从不请假时，你会觉得看似违背常理的事情，其实在情理之中。演说者用这件事来表现这位老师的高风亮节，十分生动感人。在现实生活中，有许多这样的事例，关键在于要善于发现这种有违常理事例的特殊性。此外，演说要感人，讲人们的奋斗经历，讲与听众切身利益相关的事，容易达到目的。

四、编列演说提纲

所谓编列提纲，实际上就是确定框架，以提要或图表的方式列出观点、材料以及观点和材料的组合方式。它是演说前的重要准备工作，常常是临场发挥的重要依据。提纲编列的好坏，直接影响到演说成功与否。

（一）编列演说提纲的作用

1. 确定框架

编列提纲能把演说的整体轮廓用文字固定、明确下来。事实上，拟订提纲的过程，正是认识不断明朗化、条理化的过程。通过拟订提纲，可以对论题的设想不断加以修改和补充，使构思更为周密、完善。确定了整体框架，演说者便能心中有数，逐层展开，不致东一句西一句，言不及义。

2. 进一步选材

编列提纲的过程，也是进一步选材的过程，是演说内容逐步具体化的过程。演说题目、结构层次、典型事例、引文材料以及其他有关资料，都要具体地在提纲中体现出来。在这个过程中，演说者必然要对材料做进一步的筛选和补充。

3. 训练思维

编列提纲的过程，正是演说者积极思维的紧张过程。在这个过程中，演说者必然要认真思考，分析演说的主题、材料、层次、结构和其内在的逻辑联系，促使思维的条理化和科学化。因此，这个过程事实上正是培养和锻炼思维的过程。

4. 避免遗忘

编列提纲也是不断熟悉材料的过程，特别是在不用讲稿仅用提纲进行演说时，提纲更是起着提示启发、避免遗忘的作用，成为临时发挥的重要依据。

根据演说的具体目的和要求，以及演说者对材料的掌握情况等，演说提纲的编列可粗可细。内容简单，材料易掌握，可编粗略些；内容复杂，材料丰富，就宜编得详细些。粗略的概要提纲，要以极其简练的语言，扼要地列举出演说的主旨、材料、层次和大意等；详细提纲则要求比较具体，应基本上是讲稿的缩影。

（二）演说提纲中要列举的内容

1. 演说的标题

除演说的标题，如有副题和插题，均应分别列举出来。

2. 演说的论点

演说的中心论点必须明确清晰地列出。中心论点所包含的分论点，以及分论点下属的小论点，也应用简明的语言逐层列出，应根据事理的内在逻辑关系依次排列。

3. 演说的材料依据

主旨的事实材料和事理材料，也应用简明的言语或恰当的符号在相应的部位列出。事实材料主要指例证、数据等；事理材料包括科学原理、科学定律、文件精神、法律条文、名言警句等。这些事实依据和理论依据能使演说，言之成理，具有说服力和感染力。因此，必须逐一列出，不可忽视，以免遗漏。

4. 演说的整体结构

演说提纲的编列要依据演说的内在逻辑体现出内容的先后次序。例如，如何开头，如何结尾，重点内容如何突出，如何过渡，结构层次如何安排等。事实上，演说提纲就像事先构筑的语流渠道，决定着演说语流的走向。

有些演说在提纲编列之后，就可以进行。演说者依纲发挥，常常能收到很好的效果。但为了谨慎起见，使演说更趋圆满，演说者常常需要在提纲的基础上写出详尽的演说稿件。

第三节 演说的心理准备

要做好演说，除了确定选题、主题，做好充分的材料搜集工作之外，还要做好充分的心理准备，即在思想上、心态上做足准备。

一、急切的发表欲

从心理学的角度看，影响解决问题的因素很多，有动机状态、定势作用、个性特征、知识经验等。动机对解决问题的作用显而易见，它是促使人去解决问题的动力。动机对人愈有意义，人们为解决问题而做的探索就愈紧张、愈积极、愈强烈。因此，在演说之前，演说者对于自己演说的意义要有充分的认识。若有急切的发表欲望，当进入演说环境时，他就会形成一种准备演说的心理状态，形成较强的心理定势。按照心理定势固定和强化的规律，如果演说材料准备充分，演说者对内容熟悉，演说者的心理定势就会得到巩固和加强。

二、树立演说的自信

演说是对演说者心理素质适应性的严峻考验。演说时，演说者常常因为不适应演说环境而产生胆怯畏惧心理。这种怯场心理往往在准备阶段就产生了。究其原因是，自卑感太强，平日就养成谨小慎微、胆小怕事的习惯。准备不足，心中无底，顾虑重重，怕忘记讲稿，怕遇见强者，怕场上出现特殊变故。毫无疑问，怯场心理对正常发挥演说技能是非常有害的，必须克服。美国诗人爱默生说：自信是成功的第一秘诀。对演说来说也是这样。要使演说成功，演说者必须克服怯场情绪，树立自信心。所谓自信心，就是个体对自己认识活动和实践活动的结果抱有成功把握的一种预测反应，是一种推断性的心理过程。它是演说者重要的心理支柱。自信心可以坚定自身的意志，可以充分发挥自身的创造性，在复杂挫折的情况下，头脑清醒，随机应变。值得注意的是，这里所说的自信，是指建立在熟悉演说基本规律，了解演说时空环境和对自己演说的基本内容有充分把握基础上的科学的自信，而不是那种对自己、对实际、对知识、对听众都缺乏应有了解的非理性的盲目的自信。

三、消除侥幸心理

演说特别讲究社会效益。演说者应有高度的社会责任感，需要事先付出巨大的心血和劳动，不能存在侥幸心理寄希望于偶然产生的灵感，而要以严肃认真的态度对待。从产生动机、选取材料、组织材料到走上讲台、发表见解，几乎每一个环节都必须被认真对待。演说者即使对演说稿件已经烂熟于心，也不能马虎随便，否则，万一出现差错，就会不尽如人意。美国总统林肯的《在葛底斯堡国家烈士公墓落成典礼上的演说》总共只有 10 句话，但林肯却整整准备了两个多星期，甚至在马背上也不放过。直到演说前夕的后半夜，他还在斟酌演说的内容，并到秘书希沃德的房间，高声试讲，征求意见。第二天早饭后，他仍然继续斟酌。在去公墓参加典礼的路上，他还抓紧最后时刻，思索、温习那只有 10 句，然而却是永放光彩的演说词。作为美国的总统，作为早已享有演说家盛名的林肯，在公墓典礼上讲几句话，不要说已经准备了两个星期，就是毫无准备，即席演说，也并不困难。然而，他却以高度的社会责任感，在日理万机的情况下，抓紧一切时间，一丝不苟、认真刻苦地准备，终于以这篇感情深厚真挚、文采朴实优雅的演说，轰动全国，饮誉世界。他的这种认真刻苦的精神很值得学习。

四、熟记演说稿件

演说时要做到胸有成竹、从容镇静、侃侃而谈，必须熟记讲稿，反复试讲。特别是脱稿演说，更应该在这方面下工夫，花气力。对于演说中最为精彩、节奏较快的部分，尤其要烂熟于心，出口如流。第二次世界大战时期的英国首相丘吉尔的儿子回忆说，如果我的父亲不是把大量的时间放在镜子前练习演说，他会获得更多的成就。这从另一角度说明了丘吉尔的演说之所以屡获成功、振奋人心，是因为每次演说他都会站在镜子前反复多次的训练，才能够对演说的内容了然于心。心理学认为：记忆是心理过程，记忆包括识记、保持、回忆或再识等 3 个基本环节。识记是识别和记住事物的过程，保持就是已获得的知识、经验在脑中巩固的过程，而回忆或再识则是在不同的情况下恢复过去经验的过程。从信息加工的观点来看，识记就是信息的输入和编码的过程，保持是信息的储存和继续编码的过程，而回忆或再识则是提取信息的过程。这三者是互相联系、互相制约的。没有识记，谈不上保持；没有识记和保持，也就谈不上再识或回忆。识记和保持是回忆或再识的前提，回忆或再识则是识记和保持的结果与表现。要记好演说稿件，同样要抓住这 3 个环节。

熟记和记忆讲稿的方法很多。具体采用哪种方法，往往取决于演说的内容和演说者的记忆习惯。熟记和记忆讲稿的方法大体有如下几种：

（一）以意领先，抓纲带目

“意犹帅也”，从意义入手，把握中心思想，了解各部分的内在逻辑联系，提纲挈领，抓纲带目，既把握了内容，又掌握了结构，能进一步加深理解，在理解的基础上进行记忆。这样，演说者便能快速、准确、高效地记住内容。一般来说，习惯于进行逻辑思维和理论思考的人，在进行理论性较强的演说时，常采用这种方法来记忆。

（二）从情入手，因情入理

在记忆的过程中，强烈而真实的情感如同“催化剂”，能使记忆加深。演说稿件的语言，常常具有浓厚的感情色彩，语气、语调、音量、音速等方面的丰富变化能唤起演说者喜怒哀乐的情感。而情感有利于记忆，一般来说，感情色彩浓厚的演说，平时感情丰富的人，常用这种从情入手、因情入理的方法进行记忆。

（三）形象记忆，化抽象为具体

形象的回忆是人们记忆的一种基本表现和方式。运用形象记忆法，先把所需记忆的重要概念抽取并排列起来，然后在头脑中浮现出这些概念所代表的具体事物的形象，最后，再用联想把这些具体形象连接起来，可以达到增强记忆的效果。例如，要记住下面这段话：

青年朋友们，我们肩负着历史的重托！是千里马，就应高声长鸣；是龙种，就应冲腾起舞。当今的世界有着千变万化的流行色，而只有这自尊、自信、自强、自立，才是我们精神世界的流行色。我们要争当出头鸟，竞做弄潮儿，把我们的青春、热血、大智大勇，自觉投入新时代的大熔炉里去，为中华的振兴发光发热吧！[1]

1. 沈宝良，刘世芳编：《当代青年演讲录》，知识出版社 1989 年版，第 284 页。

只要我们依次记住“青年”“肩负重托”“千里马”“流行色”“出头鸟”“弄潮儿”“大熔炉”这些形象，那么整段话的内容就能顺利记住了。中间的抽象概念，如文中的“自尊、自信、自强、自立”，也可以依次记“自尊”“自信”“自强”“自立”这四者的外在形象特征。总之，依次记住形象性的词句，或把抽象的概念变成具体的形象，脑子里闪现蒙太奇式的画面，能迅速熟记所需记忆的内容。

（四）高声朗读记忆

高声朗读对熟悉和记忆演说稿件十分有效。其原因在于，一是朗读发出声音这个主动动作和自己双耳听到声音这个被动性的动作同时进行，能使视觉器官和听觉器官同时活动，增强对大脑的刺激效果；二是它可以排除其他杂念对大脑的干扰，使思维及相关器官高度紧张、集中，使人能专心致志地记忆；三是演说主要是口语表达，高声朗读能使演说的口语表达得到事先训练，更有利于演说时口语流畅。

（五）反复试讲

从记熟演说稿件到演说获得圆满成功，这中间还有很长一段距离，试讲便是其中重要的环节。“临阵磨刀，不快也光”，模拟现场进行试讲就像戏剧的彩排一样。通过试讲，不仅可以较全面、较透彻地了解自己演说风格和演说水平，同时也可以发现自己演说中可能出现的疏漏，以便及时采取相应的措施，还可以进一步加深和巩固演说内容，使自己的演说更顺畅、纯熟、优美、动人。事实上，试讲的过程，就是演说者把自己记熟的内容外化的过程，使谙熟于心的无声的东西变成抑扬顿挫的有声的语流；是对演说稿件进行实践修订的过程。

试讲的方法很多，既可像林肯那样对着树桩或成行的玉米反复练习，也可像丘吉尔那样对着镜子反复琢磨；既可面对亲朋好友反复讲述，也可对着录音机侃侃而谈。具体采用哪种方法，要因人因时而异。总之，要通过试讲，明确自己的长处，发现自己演说的弱点和不足，采取切实有效的措施，认真加以改正，力求做到临场演说时，语言规范，口齿清楚，态势恰当，富于表情，达到扣人心弦、撼人胆魄的效果。

第四节　演说稿件的准备

演说准备的一个重要环节是写好演说稿件。所谓演说稿件，就是演说者在演说之前，根据口头发表的需要写出的文稿。它是现场演说的主要依据。事实上，选题立意、选材组材、编列提纲等，都是撰写演说稿的研究范围。鉴于前面已经对上述内容做过介绍，这里所说演说稿件的撰写，是指提纲编列以后的成文过程。

演说者在提纲编列之后，为了保证演说成功，常常要依据提纲的要求以及口语表达的需要，将所要讲的话原原本本地写出来，使演说的内容更实在、更具体。演说稿件实际上是由“心声”变为有声语言的中介，它既是以无声的语言（文字）记录的演说者的心声，又是演说者将“心声”转化为有声语言的凭借。演说者在演说现场的演说就是将演说稿件这种无声语言转变为诉诸听众听觉的表情达意的有声语言的过程。

演说稿件实质上就是一种特殊的应用文。由于演说是一种辅之以姿态动作的讲话，演说的内容与形式的构成必然具有自己的特点，因此，演说稿件与一般文章相比，无论是在传播对象、构思立意、选材组材，还是在题材结构、语言运用等各个方面，与一般文章既有联系又有区别，它可以说是“成文性的口语”“口语化的文章”。

演说稿件，不是主题和材料的简单相加，而是它们严谨巧妙的结合。人们常常用健美的人来比喻完美的演说词：高尚的灵魂好比演说的主题，丰满健壮的肌肉如同演说的材料，而支撑这个血肉之躯的骨骼就是演说稿件的结构。正因为组织结构起着支撑主题思想和材料，使之组成一个完美的整体的作用，所以我们必须从既能准确充分表达内容和主题，又能使听众明白易懂、饶有趣味的角度出发，对演说稿件的结构进行深入的探讨和研究。

演说要能准确充分地表达内容，使听众明白易懂，也就必须遵循人们的认识规律，符合事物的内在逻辑，所以，演说稿件的篇章结构并非随心所欲任意为之，而必须选择一种能使听众容易理解的顺序来组织和安排，要既符合认识的规律，又符合事物的内在联系。这样，便能使听众顺着演说者的思路主动思考，领会演说的精神实质。

演说稿件是由开篇、主体和结尾三部分组成。由于演说往往以论说为主，因此，一般地说，演说词的开篇总是提出问题，中间（主体）分析问题，结尾解决问题。这三个部分必须配合恰当，形成有机整体。开篇如何勾勒提要，定好基调；中间（主体）如何逐层分析，形成高潮；结尾如何自然收束，发人深省，都必须认真揣摩。

一、开篇

凤凰头，小巧美丽。演说词的开篇应该短小精巧，新颖诱人。古人云：善于始者，成功已半。演说的开篇，在通篇演说中处于领先的特殊位置，在演说者和听众之间架起一座沟通思想情感的桥梁，为演说的成功开辟道路。出手不凡的开篇，能唤起听众的兴趣和求知欲，产生巨大的吸引力，紧紧抓住听众的兴趣，使听众非听下去不可。好的开篇，能为全篇演说定下基调——是庄重严肃，还是喜庆欢快，抑或诙谐幽默，往往一开始就给人以清晰的印象。精巧的开篇，画龙点睛，勾勒提要，能自然顺畅地引领下文，把听众带进声情并茂的演说情境中去，造成有利于接受演说观点的心理定势。然而，要做到开篇出语新奇，语惊四座，并非一朝可得。初为演说者，在开篇时常常不是出言陋俗，陈词滥调，就是堆砌辞藻，言不及义；要么就驾空抒情、入题太缓，甚至不切题旨。

那么究竟怎样设计和安排演说的开篇呢？这主要取决于演说的内容、环境和听众的情况。内容和时空环境的多样性决定了演说开篇的多样性。开篇常见的形式有下列几种：

（一）设问式开篇

聪明的提问是智慧的标志，是通往知识宝库的桥梁。演说者一开始就提出一个或几个出乎意料的问题，触发听众神经元的亢奋，能够迅速唤起听众的兴趣和注意力，引起人们深思，自然地激发听众的参与意识，缩短演说者与听众的距离，使两者的思想感情得以迅速沟通。同时提问能加深听众对问题的记忆和理解。

比如，复旦大学曾举办“青年与祖国”的演说比赛，当时由于种种原因，会场嘈杂难静。有位同学上台，他刚讲个开头，就立即扭转了混乱局面，紧紧抓住了听众的心。他说：“我想提个问题。”台下听众立即被他这种新奇的开篇形式所吸引。他停顿了一下，继续说：“谁能用一个字来概括青年和祖国的关系呢？”这时，台下听众议论纷纷，情绪活跃。他立即引导说：“可以用‘根’字来概括这种关系。”接着，他讲述上海男人名字喜欢用“根”字的原因，并归纳说：“我们青年有一个共同的姓，就是‘中华’；有一个共同的名，就是‘根’。‘中华根’应该是中国青年最自豪、最光荣的名字！”话音刚落，全场顿时掌声雷动。这样的提问开篇，新颖别致，激起听众浓厚的兴趣。

在进行爱国主义教育演说时，有人是这样开篇的：“我常常想起拿破仑在 1816 年曾说过的一句话：‘中国是一个多病的沉睡的巨人，当她醒来时，全世界都会震动！’”接着便出乎意料地发问：“大家说，中国这个沉睡的巨人现在醒了没有？”会场立即活跃起来。这时，演说者立即将话题收回，谈自己的看法。很自然地突出了演说的中心内容。

采用设问开篇的方式，关键在于问题要提得好，提得恰当。从信息论的观点来看，提问的过程是信息传递的动态过程。提问的信息要与对象、场合相适应，同时讲究内容的合理性和确定性，要使听众感到新鲜、出乎意料，能激发听众积极思考，而且与后面阐述的问题联系紧密，能巧妙而自然地引发出演说的主体内容。否则，泛泛地为提问而提问，问题设计不当，或者故弄玄虚，反会弄巧成拙，不仅不能使人感到新颖别致反而让人觉得浅陋俗套。

（二）叙事式开篇

演说者一开始就讲述新近发生的奇闻怪事、令人震惊的重大事件或生动感人的故事，这种开篇，由于故事具有情节生动、内容新奇等特征，容易赢得听众的关注，并能制造悬念，激起听众的兴趣。

例如，《救救孩子》的演说，就是以叙述两件具体事件开篇，然后展开论述的：

> 5月24日的《新民晚报》披露了这样一个事实：一个四年级的小学生，每天要带父母亲用手剥光了壳的鸡蛋到学校吃。有一次，父母忘了给鸡蛋剥壳，差点憋坏了孩子。他对着鸡蛋左瞅右看，不知如何下口。结果只好将原蛋带回。母亲问他怎么不吃蛋，回答很简单："没有缝，我怎么吃！"无独有偶，据某杂志载，一个将要留学法国的地质学院研究生，因为害怕出国后没有人照料自己的生活而吓得全身痉挛，有时竟连续5个小时。神经学专家的结论是：病人发病的根源在于社会生活能力差，出国造成了极大的心理压力……这个结论，我想不应该只是针对这位患有"出国恐惧症"的研究生，所有的教师，所有的家长，是否也应该考虑一下，学生的社会生活能力究竟怎样？今后他们能自立于社会，贡献于社会吗？[2]

2. 沈宝良，刘世芳编：《当代青年演讲录》，知识出版社1989年版，第181页。

演说者选用两件看来酷似笑话、令人啼笑皆非的事实开篇，十分生动，富有吸引力，引人深思。听众很自然地被引入"教育改革势在必行"的议论中去。

用故事触发兴趣的开篇，要求做到：

第一，叙事简明扼要，短小精悍，不可啰唆拖沓。

第二，事情本身要有针对性，耐人寻味，能触发听众的兴趣。

第三，所叙事情要与中心论题密切相关。

忽视了这些，就可能造成虎头蛇尾，开篇云天雾地、海阔天空，而听众不得要领，不知所云。

（三）解题式开篇

这种开篇扼要地解释、说明演说题目的含义，能自然顺畅地转入正文的论述。

例如，在某次"演说与口才培训班"结业典礼时，一位民警同志紧接在一位营业员之后发表演说，他借营业员演说的结尾，引出自己的开篇，承接顺畅自然，显得生动有趣。他说：

同志们，刚才那位营业员同志说，欢迎大家到百货大楼来，可我呢？却不欢迎大家到我那里去，因为我是市公安局交通警察大队的。提起交通警察，有人给我们送了个雅号——"马路橛子"。好吧，今天，我就专题讲一讲《好一个马路橛子》。[3]

3. 郭枫、郑淑乔主编：《演讲宝典》，延边大学出版社 1995 年版，第 71 页。

这样风趣的开篇，不仅扼要地说明了题目的含义，也具有即兴的特点。

解题式的开篇，要避免冗长啰唆，同义反复，同时，要力求出新，不落俗套，不要矫揉造作，故作谦虚，也不要巧涂脂粉，自吹自擂。

（四）明旨式开篇

这是常见的开篇方式。这种方式开宗明义，开门见山，概括主要内容，直接揭示主题，说明意图。

例如，《战士的爱》简洁明快地这样开篇：

听到这个题目，在座的许多同志也许会联想到爱情。是的，爱情是神圣的，也是美好的。可是，我今天所要讲的，却是一种在更高意义上、具有更强生命力的爱。这，就是战士的爱！[4]

4. 曲渊等编：《八十年代演讲词集锦百例》，东北师范大学出版社 1987 年版，第 138 页。

明旨式的开篇，常常使用名言、警句、谚语等。因为这些话言简意赅，富有哲理性，发人深省，对演说内容能起提纲挈领、画龙点睛的作用。例如，《生命之树常青》的开篇：

诗人歌德曾有这样一句诗："生命之树常青。"是的，生命是阳光带来的，应该像阳光一样，不要浪费它，让它也去照耀人间。[5]

5. 曲渊等编：《八十年代演讲词集锦百例》，东北师范大学出版社 1987 年版，第 259 页。

明旨式的开篇，要尽量做到集中突出，语言准确凝练，不宜转弯抹角，过多渲染铺垫，否则就容易造成开篇臃肿而与主体比例失调。这种开篇方式往往在比较庄重严肃的演说中使用。

（五）抒情式开篇

这种开篇意在渲染气氛，以情感人，使听众迅速受到情绪感染，注意聆听演说内容。

这种开篇多采用排比、比喻、比拟等修辞手法；多用诗化的语言，有的干脆直接引用诗歌，因而自然优美，形象生动，引人入胜。

例如，《我是夜幕里的一颗星》的演说是这样开篇的：

水兵喜欢把自己比作追波逐浪的海燕，飞行员喜欢把自己比作搏击长空的雄鹰，而我们警卫战士却喜欢说：我们是夜幕里闪亮的星星。不是吗？朋友，当在皓月悬空，万籁俱寂，人们疲劳了一天进入梦乡的时候，在祖国大地的每一个角落里到处都闪烁着我们警卫战士警惕的眼睛，它们就像天上的星星一样，不知困倦，注视着大地，搜寻着每一个可疑的目标……[6]

6. 王军编：《当代青年演讲辞精选》，中国青年出版社1993年版，第15页。

这段类似散文的开篇，构思巧妙，比拟得当，语言形象生动，创造出诗一般的意境。

抒情式的开篇，一定要有真挚的感情，不可矫揉造作，驾空“抒情”。如果一上台，满口学生腔，“无病呻吟”似地“嗯嗯啊啊”一通，就会让人大倒胃口。

（六）示物式开篇

这种开篇方式多在军事演说、法庭演说或学术演说中使用。它通过展示实物，首先给听众一个感性的直观印象，然后借助具体实物，提出和阐述自己的见解。如军事演说首先向听众展示军用挂图或战场实物，学术演说首先展示科研成果或图表，法庭演说展示证物等。这样开篇，由于增强了演说的直观性和实体感，更有利于内容的表达和逐步深化。

例如《拼搏——永恒的旋律》，演说者一开头就说：

今天，我给大家带来了一样礼物（举起一个小铜盒），我珍藏它已五年多了，它不仅仅使我改变了自己的命运，更使我明白了自己肩上的重担不止千斤。你们一定想知道它是什么，那就请听一个关于我自己的真实的故事。[7]

7. 周绪全主编：《当代大学生演讲辞精选》，西南师范大学出版社1995年版，第249页。

这种示物式开篇很自然地给听众留下悬念。接着，演说者便以铜盒为线索讲了下去。讲到关键处，激动地打开铜盒，拿出盒子里面用血书写的“拼搏到底”四个字，使听众产生强烈的感情冲动。最后，演说者说：“历史、时代坚信我们会用钢铁的意志，坚实的行动勇往直前！因为我们共同拥有一个永恒的旋律——这就是拼搏！”演说者再次高举血书。

除以上介绍方式外，演说的开篇还有其他的方式。比如，议论式、归纳描述式等。总之，演说的开篇不可忽视，要求简短切题，有魅力，力求一开始就给听众造成一种良好的心理定势，切忌套话和陈词滥调；要有真挚感情，切不可故作谦虚或耳提面命。

二、主体

主体是演说稿件的主干部分，篇幅较大。要使演说站得住，立得牢，就必须做到内容充实丰满，有血有肉，要围绕重点，处理好论点与论据间的关系，合乎逻辑地逐层展开论述，做到结构有力，层次清楚，过渡自然。在这一部分中，演说者要组织和安排好演说高潮，使自己和听众在情感上产生强烈的共鸣，达到使“快者掀髯，愤者扼腕，悲者掩泣，羡者色飞”出神入化的境界。

（一）安排好讲述层次

层次是结构的基础，是作者传递信息、表达主题过程中形成的相对完整、相对独立的思想单位。撰写演说稿件、安排层次的过程，实际上就是对所选材料进行归类的过程。作者要根据客观事物内部联系的特征和共性来合理安排层次。比如，事件一般有发生、发展、结局等几个阶段，问题一般有提出、分析和解决等几个过程，人物有成长变化的历史，场景有空间位置的特征等。因而，层次安排常以时空为序，以逻辑线索为序或以认识过程为序，形成时空结构层次、逻辑结构层次和心理结构层次。

安排层次要注意通篇格局，统筹安排，给人以整体感；要主次分明，详略得当，给人以稳定感；要互相照应，过渡自然，给人以匀称感。同时，演说稿件主要是用讲的，是转瞬即逝的，结构层次不能太复杂，要给人以明朗感。

演说稿件的层次排列形式可分为纵向组合结构、横向组合结构和纵横交叉结构。

1. 纵向组合结构

它是指按照时间的推移来排列层次，包括直叙式和递进式两种。

（1）直叙式。直叙式即以时间先后为序。这种结构层次比较单一，或以事情的发生、发展或变化过程为序。事情的来龙去脉很清楚。运用这种方法，注意突出重点，兼顾一般，切忌平均用力，平铺直叙。

（2）递进式。递进式即按事理的展开或认识由浅入深的递进过程来安排结构层次，或按演说者感情发展的脉络来安排层次。按事理展开，多采用“叙事—说理—结论”的模式，即摆事实、做分析、下结论，也就是提出问题、分析问题、解决问题。按照由浅入深的递进过程安排层次，其内容则呈螺旋式层层深入，由表及里。这样的安排，说服力强。按照演说者感情发展的脉络来安排层次，内容起伏跌宕。

当年涂良的演说《血染的风采》就是采用纵向结构安排层次的。他以自己的成长经历为线索，按时间先后顺序来安排。其主要层次如下：1982 年考入西安音乐学院（编织着一个艺术家的梦），1985 年底申请入伍（说明为什么投笔从戎），最初的军旅生活（找到了大学生与战士的差距），血与欠的考验（认识到军人的天职在于无私的奉献），负伤之后（感激党、人民和战友的关怀），军人亲属们的伟大贡献。

这篇长达两小时的演说，脉络清楚，有条不紊，在叙述中适当加以抒情议论，声情并茂，道出了他成长的轨迹和战士们及其亲属对祖国和人民的无私奉献，显示了20世纪80年代军人的风采。

2. 横向组合结构

这种组合结构，或按事物的组成部分展开，或按空间分布展开，或按事物的性质归属关系展开。按照不同的排列展开方式，横向组合可分为简单列举式和总分并列式。

简单列举式即是围绕主旨，把选取的材料逐条逐项并列排出，它们从不同角度来表现演说中心。总分并列式则常遵循总分思路辐射地展开，并列的各部分按事物的逻辑关系分类安排，分别围绕主旨阐述一个问题，或说明事物的一个侧面。

采用横向组合结构，要力戒开中药铺似地罗列现象，注意发掘各部分材料间的必然联系，发挥整体效应。

3. 纵横交叉结构

有些内容丰富、容量较大、时间较长的演说，常采用此种结构。它以时间顺序为主线，穿插横向组合的材料；或者以横向组合为主，其间穿插纵向组合的材料。先按纵向组合容易看出事物发展的全过程，先按横向组合则易于分析事物各部分之间的联系和区别。采用这种结构，不宜搞得太复杂，否则，听众难以理解。

（二）组织与安排演说高潮

演说最忌平铺直叙，而必须有波澜起伏，要在感情上紧紧抓住听众，在理论上说服听众，在内容上吸引听众。在演说的过程中，演说者要组织和安排一个或几个演说高潮，形成强烈的“共振效应”。演说高潮实际上就是演说者和听众感情最激昂、精神最振奋的地方，它是由典型的事例、准确的阐释、精当的议论、深刻的哲理、恰切的修辞、生动的语言、真挚的情感、得体的动作所组成的强烈的兴奋点。它是崇高美、哲理美和诗意美高度和谐统一的结果。例如有一篇标题为《在血与火的征途上》的演说，演说者在介绍一位烈士腹部中弹，毫无畏惧地把肠子压在腰带下面继续冲锋，最后用自己的身体滚雷，为战友开辟通路的英雄事迹后，深情地说：

> 这些风华正茂的青年战士，如果活到将来，有谁敢说他们之中不会有将军、部长、博士？可他们刚活到新中国的好时辰，就告别人间，把蓬勃的生命和美好的理想，托付给活着的人们，化作向四化进军的足音和号角，化作一对对倩影在湖面荡舟的安宁和温馨……[8]

8. 刘创成主编：《庆典联谊类文字材料写作范本》，蓝天出版社2010年版，第22页。

这扣人心扉、感人肺腑的叙述和议论，为听众创造了一个动人的意境，把演说自然地推向高潮。

再看《井下工有颗金子般的心》这篇演说是怎样推向高潮的：

当你真正地喜欢上金首饰的时候，你是否喜欢这有着金子般心灵的采金人？当你美滋滋地戴上金戒指的时候，你是否知道，由于作业中的高压风、水的侵蚀和风钻的强烈震动，多少个凿岩机工得了白指病？当你乐颠颠地戴上金耳环的时候，你是否聆听到了井下工渴望理解、向往友谊、憧憬爱情的心声？当你笑盈盈地挂上金项链的时候，你是否也把苦中求乐甘愿奉献的井下工挂在心上？[9]

9. 刘建祥主编：《当代优秀常用演讲辞点评》，湖南人民出版社 2000 年版，第 51 页。

这些设问和排比，渲染了情感，升华了主题，有强烈的感染力和震撼力，把演说顺利地推向了高潮。

组织和安排演说高潮要做到语言简洁明快，切忌拖泥带水，冗长啰唆。体现高潮的名言警句要从真实可靠的事实和事理中自然地发出，切忌牵强附会。

三、结尾

结尾是演说稿件的自然收束。“豹尾”正是形象地说明结尾雄健有力，言止意长，回味无穷。结尾和开篇一样重要。如果演说的开篇和高潮很精彩，结尾又出人意料，耐人寻味，则是锦上添花，给人以美的享受。

怎样设计和安排演说的结尾呢？常见的类型和方法有：

（一）总结式结尾

这种结尾，扼要地总结演说内容，能起到提醒、强调的作用，给听众留下完整的总体印象。例如，在 1986 年吉林省青年电视演说比赛中荣获命题一等奖的权红的演说稿件《世界也有我们的一半》是这样结尾的：

听听我这个没当成的女记者的心声吧：

我相信，女性是伟大的！

我也相信，男性是伟大的！

我更希望我们都相信，伟大的男性和伟大的女性加起来才是伟大的人民！他们的自信、自尊、自爱焕发出来的巨大搏力才是伟大的文明！[10]

10. 邵天声编著：《比赛夺冠——实用比赛演讲辞》，时代文艺出版社 2002 年版，第 205 页。

这个结尾恳切、热情，点化主旨，给听众留下了清晰、完整而又深刻的印象。

（二）感召式结尾

这种结尾多是提希望，发号召，表决心，立誓言，祝喜庆，贺成就，以激起听众感情的波涛，给人以心志的激励。

例如，古希腊著名演说家德摩西尼发表的《斥腓力》演说是这样结尾的：

敌人正在对我们铺罗设网，四面合围，而我们却还呆坐着不求应付。同胞们，我们究竟要到什么时候才能采取行动？当雅典的航船尚未覆灭之时，船上的人无论大小都应该动手救亡。一旦巨浪翻上船舷，那就一切都会同归于尽……即使所有民族同意忍受奴役，就在那个时候我们也要为自己而战斗。辞令的灵魂就是行动，行动，再行动！[11]

11. 凌空、盛沛林：《简明演讲学》，解放军出版社1988年版，第134页。

这个结尾慷慨陈词，号召人们拔剑奋起。

（三）抒情式结尾

这种结尾常常是演说者在叙述典型事例和生动事理后而生的激情。以抒情方式结尾，言尽而意未尽，留有余韵，给人启迪。

如，郭沫若的《科学的春天》的结尾：

春分刚刚过去，清明即将到来。“日出江花红胜火，春来江水绿如蓝。”这是革命的春天，这是人民的春天，这是科学的春天！让我们张开双臂热烈地拥抱这个春天吧！[12]

12. 李津编著：《最伟大的演讲词大全集》，同心出版社2012年版，第230页。

这样结尾热情奔放，以诗一般的抒情语言激励人们向科学进军，拥抱科学的春天，具有很强的鼓动性。

（四）警言式结尾

警言式结尾即通过引用谚语、成语、格言、警句、诗词等方式结尾。这种结尾言简意赅，多有韵律，使内容显得充实丰满，具有哲理性和启发性。

例如，李燕杰的《国家、民族与正气》的演说，其结尾是：

青年朋友们，爱我们的国家吧，爱我们的民族吧，同心协力，把我们民族的正气，把我们中华民族奋发图强的爱国主义精神极大地发扬起来！最后用几句名人名言作为结束语：

谁不属于自己的祖国，他就不属于人类。

爱国主义的力量多么伟大呀！在它面前，人的爱生之念，畏苦之情，算得了什么呢？

我无论做什么，始终在想着，只要我的精力允许我的话，我就要首先为我的祖国服务。

真正的爱国主义不应表现在漂亮的话上，而应表现在为祖国谋福利，为人民谋福利的行动上。[13]

13. 李志勒：《中华演讲精选与赏析》，云南大学出版社 2012 年版，第 288 页。

李燕杰的这篇报告寓理于事，攫取力强，最后采用名人名言结尾，恳切热情，紧扣演说题旨，升华主题，字字句句掷地有声。

（五）呼应式结尾

结尾与开篇呼应，可使整篇演说首尾圆合，结构完整。例如，《井下工有颗金子般的心》的开篇是这样的：

你了解井下工吗？井下工，顾名思义，是在矿井下作业的工人。这是当前最危险的工种……他们不仅承受了人们的种种误解，还以自己有力的臂膀擎起了整座矿山！可以自豪地说：在我们招远金矿，有多少井下工，就有多少颗金子般的心！[14]

14. 刘建祥主编：《当代优秀常用演讲辞点评》，湖南人民出版社 2000 年版，第 49 页。

接着，文章讲述了三个生动感人的事例，歌颂了矿工无私无畏的奉献精神。最后，是这样结尾的：

朋友们，黄金是宝贵的，比黄金更宝贵的是井下工那一颗颗金子般的心！如果我们的整个社会、各行各业的每个人都能在自己的岗位上竭诚尽力，无私奉献，那么四化何愁不成？……

最后，用一句既是祝福也是希望的话来作为结尾：愿我们都有一颗金子般的心！[15]

15. 刘建祥主编：《当代优秀常用演讲辞点评》，湖南人民出版社 2000 年版，第 51、52 页。

这篇叙事性演说，题目很“实”很“俏”，开篇、结尾，处处照应，首尾圆合，增强了演说的鼓动力和激奋力。

值得注意的是，使用呼应式的结尾，不应与开篇简单地重复，而应加深主旨，耐人寻味。

从不同的角度来谈结尾，样式还有很多，诸如议论式结尾、象征式结尾、呼告式结尾、幽默诙谐式结尾、示物式结尾等。总之，结尾要有一定的高度，如异峰突起，要韵味深刻，使听众情绪激动感奋，切忌虎头蛇尾或画蛇添足，努力避免陈词俗套和语言干巴。

四、确定演说基调

演说稿件确定后就要进行演说的练习了，如何准备一篇稿件，不同的人根据不同的稿件会有细微的差别，但对文章的认知、准备的过程和主要的方法都是大同小异的。首要确定的是稿件的基调。基调，是指稿件的感情色彩和分量，演说时总的态度倾向，不是指某一句或某一段的感情色彩和分量，也不是指演说时声音的高低。它体现的是演说者对演说稿件的认识、感受的整体结果。每一篇稿件都有一定的感情色彩和分量。有的昂扬、有的凝重、有的明快、有的豪放、有的深情、有的风趣等。基调要贴切，态度要鲜明，要注意整体感。

第七章
演说的技巧

演说的技巧包括有声语言的表达技巧、态势语言的表达技巧、演说的修辞技巧、演说中的应变、演说的现场控制等。本章将针对这几部分内容进行讲解。

第一节　有声语言的表达技巧

有声语言是很多艺术形式的重要载体，在广播、电视、电影、朗诵、话剧、演说中展现着它独特的魅力。凡是能够传递信息，表达情感的声音形态都可以称为有声语言，比如说人的声音、音乐等。

声音富有极强的感染力和创造力，人们可以通过声音塑造一个人物形象，也可以通过声音带领听众进入一个心境，故此，有声语言的使用在演说中起着重要的作用。

一、发音的标准要求

有这样一则故事：西南一个公司的采购员小张，到一个素有“火锅”之称的城市采购货物。时值盛夏，人们经常口干舌燥，小张决定买一个小水壶随身携带。到了百货商店，小张看到柜台上有很多小水壶，便高兴地叫道：“哇，这么多漂亮的‘小媳妇’（小水壶），服务员，‘小媳妇’多少钱一个，我要买一个‘小媳妇’。”碰巧的是出售小水壶的售货员是两位 20 多岁的姑娘，她们听了小张的话，以为他心术不正，在忍无可忍的情况下骂了一声“流氓”！结果越吵越凶，后来经理来了，才弄清楚小张要买的是“小水壶”，而不是“小媳妇”。

从上面的小故事中可以看出，演说者要想能够正确传递思想以及情感，一口标准流利的普通话是最基本的，也是最为重要的。

（一）发音精准

发音精准就是要做到吐字清晰、字正腔圆，避免因为地方语音或俚语造成的听众对演说内容的理解偏差。做到发音精准，首先要求音准要符合普通话的要求，发声响亮、送声有力。目前普通话共有四个调值，分别为阴平、阳平、上声、去声，对每个调值也有具体的要求，读音的时候还有连读、变音、儿化等具体要求，演说者要精准地掌握这些基本要求，避免造成理解错误，而影响演说者在听众心中的印象。

（二）发音饱满、圆润

在发音精准的基础上，发音饱满、圆润能给声音增添穿透力。在演说中的开口音和合口音，即所有韵母中包含“a”和“o”的发声都能够使声音听起来圆润清亮。因为这种发音口腔开合大，音质饱满、优美，其发音技巧能够使演说者的声音掷地有声，令人舒心悦耳，能够更大程度地增强演说者和听众的共鸣。

（三）发音富于变化，讲究音韵配搭

演说的发音要富于变化，不能单调、死板，要充分调动听众的听觉神经。汉字语音中的阴平、阳平相对变化不大，比较平稳，上声富有情感，去声声音短促、有力。演说者适当地运用阴平、阳平的平稳和上声、去声的变化，会使声音富于变化；可以多用双音节词，双音节词比单音节词更简单易懂，不易造成歧义，还能使声音丰富；适当地押韵可以使语句感情丰富、听起来更悦耳。

二、发声的技巧

（一）使用普通话

普通话训练中比较常见的问题就是声母分辩不清、平翘舌不分、鼻音与边音难以辨别。

1. 声母的辨识

根据在发音中的角色不同，拼音中的音素可以分为元音和辅音。所谓元音，是指气流振动声带，在口腔或咽头不受阻碍而形成的音，如普通话的 a，o，e，i，u，ü 等，元音又叫母音。所谓辅音，是指气流在口腔或咽头受阻碍时而形成的音，如普通话的 b，p，m，f 等。我们日常说的声母也就是辅音。辅音根据发音位置的不同可以分为舌音、轻音、浊音、鼻音等，需要鼻子、舌头、嘴唇和牙齿的良好配合。很多辅音较为接近，比如说 h，f，m 和 n 等。

2. 平翘舌的辨识

在我们常用的 3000 多个汉字中，平翘舌音共有 800 多个，其中 600 多个是翘舌音，可

见无论是演说、朗诵还是日常说话，我们都会经常用到平翘舌音。有些平翘舌音虽然发音差异不大，但是如果发音不标准就会造成理解歧义和误会，比如说“四个”和“十个”。

发翘舌音时，注意舌尖翘起，抵住（zh，ch）或接近（sh，r）硬腭前部，注意舌头不要摆动，也不要翘过头。舌头肌肉放松，轻微展唇，翘舌音就能较准确地被发出。平舌音的发音方法是舌面放平，舌尖抵住（z、c）或接近（s）牙齿，舌头肌肉紧张。

3. 鼻音与边音的辨识

n 和 l 是特别接近的两个音，即使我们平时发音准确，也不太容易辨识，比如说“吃饭了”说成“吃饭呢”。l 发音时口腔气流通路的中间被阻塞，气流从舌头的两边通过，因此叫作舌边音。n 发音的时候气流全部从鼻腔通过，因此叫作鼻音。有些人发 n 听上去像 l，可能是因为软腭下降不够，舌身收得比较紧，口腔阻塞部位封闭不完全，使部分气流沿着舌头两侧漏出去了。

具体的训练内容可参见第二章第一节中的“吐字归音”技巧。

（二）气息控制

气息的均匀、持久，是可以通过训练获得的，比如歌唱、乐器吹奏等很多专业领域都会对气息有专业的要求。气息的训练方法主要有胸腹联合式呼吸、强弱控制练习等。

胸腹联合式呼吸是最基本的训练方法，这种方法的要领是用胸和腹部共同呼吸，吸气后两肋扩大，横膈膜下降，小腹微收。训练方法有慢吸慢呼和快吸慢呼，练习者当腰腹之间感觉到充满气体时，收紧小腹，将气缓慢呼出，呼出时可以配合一定的语言，可以数东西或者说一些简单的词语。

强弱控制练习是音乐专业的练习方法。通俗地说，强控制就是体会膈肌和腹肌的作用，比如连续的发出下沉的“啊、啊、啊、啊”，体会气流在腹部的震动，练习气流的强度。弱控制就是说话要持续均匀，保持一个语调，练习气流的平稳持久度。

（三）共鸣

演说发声多采用中声区，中声区即平时说话的音域，区别于高音区和低音区。共鸣腔可分为头腔、鼻腔、口腔和胸腔，中声区的共鸣主要形成在口腔上下，以口腔共鸣为主。除了口腔的共鸣，演说者表示强调的时候所使用的高音还可以利用胸腔的共鸣。

口腔共鸣的基本要领是：发音时双唇集中用力，下巴放松，牙关打开，喉部放松，颧肌、颊肌、笑肌提起来，在各个部位共同运动时，嘴角上提。演说者可以通过张口吸气或用“半打哈欠”的感觉体会喉部、舌根、下巴放松，这时的口腔共鸣会加大。演说者在打开口腔的时候，同时注意唇的收拢。比如说：ba，da，ga，pi，hai 等。

三、语速语调的运用

（一）语速的概念及应用技巧

语速就是语言的速度，是说话者在相对时间内所发出的音节数或字数。正常情况下，人的语速平均在每分钟120~150个字。演说中，语速一般不宜过快，因为需要照顾听众的反应，同时语速过快容易使听众认为演说者紧张或发挥不稳重。当然也不能语速过慢，过慢会显得拖沓，像讲故事。演说的语速应该是变化的，不能过于平坦，要做到急缓有致。一般来说，演说的速度可以分为快速、中速和慢速三种。

不同的语速用来表达不同的情感和内容，演说者应根据所要表达思想的需要调整语速。比如陈述、介绍的时候用中速，表示思念、悲伤的时候用慢速，表示激动、愤怒的时候用快速。

慢速适用于叙事、介绍、抒情，如描述一件事情、一处景物等。慢速多表达平稳、宁静、严肃、认真、沉重、悲伤、沮丧等情绪。中速适用于一般性的说明和叙述，感情色彩较弱，比如表达一个观点、一个想法或叙述事情。中速体现的感情是平静的、客观的、平实的、简单的。快速是用来说明变化的，比如事情的转变、情绪的快速变化等。语速快可以表达的情绪很多，高兴、欢快、急促、紧张、激动、愤怒、惊恐、慌张等，也可以用来描述人物的性格特点。

（二）语调的概念及应用技巧

语调是声音变化的一种形式，在普通话中单个字发音的高低升降被称为调值，在演说中，语调是演说者声音高低、轻重等的变化。一般来说，语调的轻重、高低、长短等，在不同的语境里表达不同的情感。

扫描二维码或访问下列网址阅读扩展案例 2d.hep.cn/21103851/18

语调的变化也可以说是声音抑扬的变化，即声音高低的变化。句子的语调由低到高为升调，多用于疑问句，升调表示询问、怀疑等；句子语调由高到低，一般为祈使句和感叹句；句子语调平稳一般为陈述句。没有变化的句子显得过于平淡，一味的高会让人觉得在喊，一味的低让人觉得乏味。

一段演说要在开始的时候就设计好语调的变化，做到有起有伏、张弛有度。如闻一多的《最后一次演讲》："这几天，大家晓得，在昆明出现了历史上最卑污，最无耻的事情！李先生究竟犯了什么罪，竟遭此毒手？他只不过用笔写写文章，用嘴说说话，而他所写的、所说的，都无非是一个没有失掉良心的中国人的话！"[1]这段演说开始的时候深沉、平静，然后蓄力爆发，将所有的感情倾泻而出，很有力。

1. 琢言主编：《人一生要读的经典》，中国华侨出版社2013年版，第318页。

四、停顿的使用技巧

停顿是指演说者在演说过程中很短暂的中断，用以强化演说的内容。停顿既是演说者换气时候的生理需要，也是一种演说的技术工具，起到标点符号的作用。根据停顿形式的不同，停顿可分为：逻辑停顿、语法停顿、感情停顿、特殊停顿四种。

（一）逻辑停顿

逻辑停顿是指在标点符号之外的，和逻辑顺序有关的停顿。斯坦尼斯拉夫斯基说：没有逻辑停顿的语言是文体不通的。可见，语言的逻辑停顿可以让句子更加通顺。例如乔布斯曾在斯坦福大学所作的演说中讲道："我当时没有觉察，但是事后证明，从苹果公司被炒是我这辈子发生的最棒的事情。因为，作为一个成功者的负重感被作为一个创业者的轻松感觉所重新代替，没有比这更确定的事情了。"[2] 这两句话，前一句是为后一句做铺垫，因此第一句结束的时候需要做一个停顿。

2. 李放、卜凡鹏编著：《爱上英文——最撼动心灵的经典演说》，民主与建设出版社 2011 年版，第 270 页。

（二）语法停顿

语法停顿也叫作自然停顿，就是在完整句子结束后的停顿。一般来说，句号、问号、感叹号停顿较长，分号、冒号、省略号等停顿较短，逗号、顿号的停顿时间最短；段落之间的停顿较长，句子之间的停顿较短；在长句中，也会根据句子意思，在适当的地方进行停顿。例如：我们面临的挑战也许是新的，我们应对挑战的措施也许也是新的，但那些长期以来指导我们成功的价值观——勤奋、诚实、勇气、公平竞争、包容以及对世界保持好奇心，还有对国家的忠诚和爱国主义——却是历久弥新的，这些价值观是可靠的。这个句子中破折号之前需要停顿。一般来说，如果有两个以上的修饰词，修饰词之间也需要停顿，连着中心词的成分可以不停顿。

（三）感情停顿

感情停顿又叫心理停顿或情绪停顿，是一种演说者根据自身的心境变化所做的停顿。如果说逻辑停顿是为了让听众理解演说的内容，那么心理停顿是为了让听众更好地理解演说者的情绪。莫言在《讲故事的人》中有这样一段话："我记忆中最痛苦的一件事，就是跟着母亲去集体的地里拣麦穗，看守麦田的人来了，拣麦穗的人纷纷逃跑，我母亲是小脚，跑不快，被捉住，那个身材高大的看守人搧了她一个耳光，她摇晃着身体跌倒在地，看守人没收了我们拣到的麦穗，吹着口哨扬长而去。我母亲嘴角流血，坐在地上，脸上那种绝望的神情让我终生难忘。多年之后，当那个看守麦田的人成为一个白发苍苍的老人，在集市上与我相逢，我冲上去想找他报仇，母亲拉住了我，平静地对我说：'儿子，那个打我的人，与这个老人，并不是一个人。'"[3] 这段文字中，"终生难忘"和"多年

3. 人民文学出版社编辑部编选：《2013 散文》，人民文学出版社 2014 年版，第 2 页。

之后”之间，是需要停顿的，这里表示一种感情过渡到另一种感情。

（四）特殊停顿

特殊停顿是为了特定的目的而做的语言上的停顿。比如开场及结束语之前的停顿、举事例之前的停顿、观众议论时的停顿、掌声及笑声时候的停顿。特殊停顿的目的是维持会场的秩序、给观众时间整理情绪以及演说者自身情绪的调整。比如演说者讲完一个幽默的故事，台下观众大笑不止，这个时候，演说者为了给大家一点时间调整，可以做略微的停顿。

五、重音的表达作用

简单来说，重音就是一句话中需要强调和加重读音的部分。播音学家张颂为重音提出了详尽的概念：“一篇稿件，是由许多表达独立意思、蕴涵一定感情的语句组成的，语句中的词或词组并不处于完全并列、同等重要的地位，其中，有的重要些，有的次要些。对那些重要的、主要的词或词组，播音时，要着重强调一下，以便突出地、明晰地表达出具体的语言目的和具体的思想感情。我们着重强调的词或词组，就用重音。”[4]

在演说中被加重读音的部分，根据出现的不同原因，可分为语法重音、逻辑重音、感情重音和特殊重音四种。

4. 张颂：《播音创作基础（第2版）》，北京广播学院出版社2004年版，第106页。

（一）语法重音

根据汉语的语法原则以及普通话发音标准，每个句子中的特殊位置都需要做重音处理。在句子成分中，很多地方需要读重音。首先，一个简单句子的谓语部分通常读重音。例如：“他是一名教师”和“他喜欢中国”等。其次，定语、状语和补语通常要重读。例如：“幽默是一个人的优良品质”和“她优雅地拿起桌上的打火机，点燃一支香烟”。再次，指示代词和疑问代词通常要重读。例如：“这是一块美丽富饶的土地”和“哪里能找到这种稀有的矿物质资源”。

（二）逻辑重音

逻辑重音是为了表现前后文的逻辑关系而加重的读音，分为以下几种。第一，转折性重音，它一般表示前后意思的不同，主要表达的意思和重点在转折之后的部分。例如：“他在一次聚会中说到做生意，我们都以为是随便说说，但是这他真的辞职了，开店去了。”句子中的“但是”是明显的转折成分，要强调他自己辞职开店的事情，重读放在后半句。第二，比喻性重音，把比喻性的词语作为重点来强调。例如：“远远望去，泰山峰上的松树连成一片，浓浓的，看上去就像人的颧骨上横着的一道剑眉。”这句话中的“一道剑眉”是用来形容泰山上连成一片的松树，在这里做重读处理。此外，还有并列、对比、连续等逻辑关系的重音。

（三）感情重音

整个演说的过程就是演说者个人思想、情感表达、分享、宣泄的过程。因此，情绪的渲染直接影响着演说的效果。在重音的处理上，除了演说内容外，演说者个人所想表达的感情也体现在语音当中，重音是其中最重要的一个部分。例如：美联社报道，75000 名反对堕胎者 23 日举行示威游行，抗议克林顿总统决定取消政府对堕胎的限制。体现出个人情感的词语包括“反对”“决定取消”，这两个词语都需要重读。再如朱自清在《背影》中写道：“哎，我现在想想，那时真是太聪明了。”这里表现了朱自清对父亲的愧疚之情，“聪明”一词明显是反讽自己，这里也做重读处理。

（四）特殊重音

在演说词中所有突出语义的词语都需要重读。这类重音一般根据演说者对演说内容的理解来判断，有一定的主观性。但演说者在处理的时候，出于对自身演说需要的考虑，还要兼顾语言习惯、听众理解能力和环境氛围等，如果重音运用不合理，不仅不能达到理想的效果，还有可能适得其反，产生不良的影响。

第二节　演说态势语言的表达技巧

态势语言，是在社会交往中，人们以动作、表情和姿态等来表达一定语义和进行信息传递的无声语言，也被语言学家和心理学家称为“无声符号、体态语言、动作语言”等。在社会交往中，态势语言起到辅助作用，但在演说中却是演说者必备的一种语言。它是演说者通过自己的身体、手势、面部表情以及仪表服饰等传达自己的情绪、感情以及思想的一种无声的语言，能够使演说变得更加生动、直观，更具有感染力及创造性。著名演说家曲啸老师说过：演说者的体态、风貌、举止、表情都应给听众以协调平衡乃至美的感受。

现代心理学证明，态势语言比起书面语言及口头语言更能够表达自身的真实意图和想法。心理学研究还表明：人感觉印象的 77% 来自眼睛，14% 来自耳朵，视觉印象在头脑中保持时间超过其他器官。美国心理学家艾伯特・梅拉比安认为：人的感情表达是多种形式的，包括体态、声调和语气词等，不同因素所占的比重不同，其中以体态最为重要。我们平日形容某些人说话“手舞足蹈”“眉飞色舞”“指手画脚”“神采飞扬”等，这些词都充分体现了态势语言在表情达意中的重要作用。

一、态势语言的分类

关于态势语言的分类，最具代表性的分类方法有两种。

第一，美国心理学家克特·巴克先生将其分为三类：一是动态无声的态势语言，如身体动作、面部表情等；二是静态的态势语言，如身姿体态、发型服饰、仪表仪容等；三是有声的态势语言，如笑声、叹气及鼓掌等。

第二，我国一些学者将态势语言分为两大类：一是静态语，即通过姿态以及服装服饰等来表现思想感情、传递信息的态势语言，包括站姿坐姿、服装发型、面部妆容等；二是动作语，即通过身体一部分或全身的动作来表现思想感情、传递信息的态势语言，如眼神微笑、手势走姿、全身动作等。

在这里，我们根据态势语言的重要程度，将态势语言分为身体态势语言、表情态势语言、手势态势语言，并进行分类论述。

二、身体态势语言的辅助表达技巧

狭义的身体态势语言是指演说者的身体姿态和身体动作。这里所说的身体态势语言主要是静态的态势语言，即演说者的妆容、衣着及礼仪等。

（一）演说者的衣着及礼仪

鲁迅先生说过："意美以感心，一也；音美以感耳，二也；形美以感目，三也。"[5]可见，饱满的演说词、声音的完美使用以及态势语言的配合，是一个优秀演说的三个重要组成部分，而良好的体态必须辅之以良好的妆容。

5. 肖振鸣：《鲁迅读人》，漓江出版社2013年版，第91页。

1. 演说者的着装打扮

一般来说，演说者的形象是演说者给听众的第一印象，在心理学中有首因效应，即第一印象影响了之后的所有表现。

仪表是演说者的容貌、姿态，包括长相、体型、身材以及服饰等，主要是指演说者的外部特征。以下几个方面是我们在演说中需要注意的。

首先，保持自己容貌清新整洁，演说者在听众面前应该是整洁、得体的，男的要将头发、胡须清洗梳理干净；女士注意妆容，切勿装饰过多，打扮妖艳。

其次，演说者的着装打扮要得体。一般来说，演说者的着装没有统一的要求和规定，但要做到大方、得体、简洁、符合个人气质。服饰的选择要遵循几个原则：和演说内容的主导情感相符原则，和演说者的职业、年龄、性格相符的原则，和演说者肤色、体态相符的原则。深色系服饰代表庄重、严肃；浅色系服饰衬托欢快、愉悦；简洁的职业服饰可让人看起来精干；好动的人可借助蓝色，增加静的感觉；沉稳的人可借助浅色增加活力。

最后，演说者一定要注意整体服装服饰及妆容的和谐统一，在搭配上要有整体感、协调感。一个年轻的女孩儿穿老气横秋的职业装会显得格格不入，穿职业装搭配一双商务休闲鞋也会显得有些牵强，所以演说者在整体的着装及妆容上要得体、和谐。在这方面，演说者可以在平时生活中多学习，也可以求助专业人士。一个好的形象可以为演说者树立良好的信誉，也更容易在听众心里打下烙印。

2. 演说者的礼仪

演说者的礼仪是指演说者在整个演说过程中体现出来的社交礼节。无论是何种场合的演说，演说者在进入会场后，应举止优雅地按照组织者要求入座，坐姿端庄。尽量不要与熟人闲话家常、大声喧哗，不要东张西望、化妆、大声讲电话、跷二郎腿等，不要在演说开始之前，给听众留下坏印象。

走上演说台，演说者要步伐稳健，切忌用慵懒闲散或快步疾飞的方式上台。上台时表情轻松，面带微笑，不要太紧张或脸部表情过于僵硬，面向听众站好后，要用眼睛正面扫视全场，并和听众进行眼神交流，然后以诚恳恭敬的态度向听众行礼。敬礼既不是伸长下巴蜻蜓点水，也不用弯腰 90 度。

演说过程中，演说者要用自然得体的表情，并配合适当的态势语言。如遇到忘词，要泰然处之，不要捂嘴或者沉默不语。说到幽默的地方，切不可和观众一同笑场。

演说结束后，演说者要和观众进行眼神交流，并行礼，微笑，下场。下场时和上台一样要从容镇定，切忌不要在掌声之后还停留在台上边说谢谢边不断向听众挥手。

（二）演说者的身体姿势

1. 演说者的站姿

演说者一般都采取站姿，基本上不管是政府官员还是企业代表，在演说的时候都采取站姿。采取站姿对于演说来讲有很多优势：采取站姿能够更好地掌控全场的情况，及时根据听众的反应调整自身状态；采取站姿可以给听众一个完整的形象，更便于轻松简单地使用手势等其他身体态势语言；采取站姿从心理上比较容易使演说者专注，也更容易表达情感和情绪。

演说中，演说者在站立的时候要头正肩平，收腹挺胸，双腿伸直，双臂可自然下垂，也可以双手相握叠放于腹前或身后。男性的站姿要体现男人的气概，力求给听众展现一种刚健、有力的男性之美。演说中，女士在站立的时候，也要头正肩平，收腹挺胸，双腿伸直，双脚可呈“丁字步”，两只脚夹角大概 45 度，并将重心放在前面那只脚上，双臂可自然下垂或双手相握叠放于腹前。

良好的站姿会给演说者加分，反之，会给听众不良的感官印象。比如站立时双脚并拢，会略显呆板，给人拘谨的感觉；身体的抖动会给人不严肃、不稳重的感觉；耸肩或者将手插入兜里，会给人懒散的感觉；低头含胸会给人不自信、紧张的感觉。

2. 演说者的坐姿及走姿

坐姿和站姿一样，也是一种常见的态势语言，相比站姿来说，在演说中应用较少。坐姿分严肃的坐姿和随意的坐姿，在演说中一般为严肃的坐姿。坐姿要根据座椅的情况调整，并注意两手、两腿、两脚的正确位置，尽量给人稳重雅致的感觉。

入座时，演说者应当轻而稳，上身挺直，不要左右摇晃，不要跷二郎腿，应坐在椅子的三分之二范围内，切不可坐满。坐姿要自然、大方、端庄。演说时，演说者的上半身前倾、挺直，如需要后仰时，幅度不能太大。

走姿是通过步态的变化来传递信息的一种态势语言。不同的走姿能够反映不同的性格及心情。步伐轻盈、敏捷，代表走路人心情愉悦；步伐慌张、没头绪，代表走路人急躁、紧张；步伐稳健、有力，代表走路人稳重沉着。可见，走姿可以反映出一个人的个性特征或情绪变化。

走姿的关键要领是：把握重心、幅度适中、方向明确、身体和谐、体态优美。

3. 演说者的头部活动

头部的活动包括点、摇、偏、转、俯、仰等，不同的头部活动代表不同的含义。在演说中，头部应平正自然，下巴垂直于地面，不可上扬或内收，头部居中，不可偏侧倾斜。头部态势语言的使用一般应和身躯手势相对应。

在演说中，头部的态势语言不要太多，也不要幅度太大。轻微摇头能表示对一件事或一个人的否定；点头则表示对一件事或一个人的认可；微微仰头表示情绪激动、勇敢或高傲，可在描述一件激动人心或者表达一种强烈的情感时使用；微微低头表示情绪低落、忧郁和伤心，可在叙述一段伤心的往事或遗憾的事时使用。头部作为躯体的最上端，动作是特别容易被观察到的，而作为传递信息的态势语言，相对应用较少，演说者应尽量做到保持平正、自然。

三、表情势态语言的辅助表达技巧

演说者的表情主要集中在面部，一般而言，面对听众，基本的表情就应该是微笑。微笑能够拉近演说者和听众的心灵距离，更容易让听众接受演说的内容，它贯穿整个演说始终。在整个面部表情中，最鲜明、最活跃也最能表现人内心的是眼神，眼神的运用在态势语言中有着至关重要的作用。

（一）眼神的作用

1. 眼神的交流作用

在演说中，演说者首先与观众的交流便是眼神的交流。演说中，演说者的眼神应该是流动的，照顾到每个位置的观众的感受，使全场的每一位观众都能够感受到演说者的眼神，达到有效的互动，这样有利于演说者掌控全局的情况，并审时度势地控制演说的进程。在演说中，演说者的目光应亲切、自然、专注，并不时地环顾四周，形成交流的氛围。

2. 表达复杂感情的作用

眼睛是心灵的窗户，是会“说话”的。孩子的眼神一般都是清澈的，因为他们简单、纯净；长者的眼神是深邃的，因为经历了世事，洞穿一切。在演说中，专注的眼神让人感觉坚定，深邃的眼神让人感觉深沉，愉快的眼神让人感到欢乐。

3. 增强表达效果的作用

在演说过程中，眼神可以用来诉说演说者的内在感情，起到增强演说词中所要表达的意思的作用。比如，演说者讲到悲伤的地方，可下垂眼皮，或目光涣散，使这种感情很轻松地流露出来；讲到愤怒时，可瞪圆双眼，眼神中露出凶光；讲到高兴时，双眼放松微笑，听众自然就会感受到演说者的开心。

（二）眼神的使用方法

1. 平视法

平视法是演说者按照自己视线的角度目视全场。一般来说，平视法是演说者比较舒服的一个角度，头部无负担，视线落点集中在全场的中间部位。这种方法有利于演说者保持良好的姿态，并能够使观众的注意力较为集中。

2. 环视法

环视法即用眼睛环视全场观众的方法。演说者的眼神要照顾到全场的所有听众，或由左至右，或由右至左，或自上而下。环视法是演说中经常会用到的眼神表达技巧，其优势就是有利于增强和观众的互动，及时观察观众的反应。

3. 点视法

点视法就是把目光集中在某一个点、某一个地方。它被用于与个别听众的情感交流，或者演说词某个需要强调的地方。比如有的听众与演说者达到共鸣，演说者可以给他一个肯定的眼神。再比如在演说词中，有个地方很重要，需要停顿，演说者可将眼神聚焦到某一点，起到加强情感的作用。

4. 虚视法

虚视法即眼神不集中，似看非看的方法。这种方法可以让观众有种看的感觉，但是演说者却没有在看，这样可以在一定程度上减轻演说者的压力，同时也照顾了观众的情绪，弥补因为环视和点视而可能使部分听众感觉受冷落的缺陷。

以上四种眼神的使用应在演说中融会贯通、交叉使用，单一地使用一种眼神，会给人刻板、呆滞的印象，当然胡乱地乱转眼睛也会给人慌乱、浮躁的感觉。

四、手势态势语言的辅助表达技巧

手势是演说者运用手掌、手指、手臂的动作来表达情感的一种态势语言，是最富有感染力、变化最多，也是最常用的态势语言。美国心理学家詹姆斯认为，在身体的各部分中，手的表达能力仅次于脸。不同演说词、不同的感情配合不同的手势可以补充口语的不足，加强语气，增强演说的说服力和感染力。独树一帜的手势也会形成个人的鲜明特征，比如在各种模仿秀中，模仿者都会运用手势根据影视资料模仿相对应的明星。

（一）手势的使用原则

手势的使用除了传递信息和演说者的情感情绪以外，还应做到和所有肢体语言合理搭配，做到自然优美、恰到好处。

1. 协调统一原则

手势在使用的时候要做到与演说内容相匹配，与演说内容保持一致，比如手势的动作的停顿要和有声语言的停顿相一致，如果前后不一，会给听众造成困惑，听众会猜测是不是演说者的意思没说出来或者说错了等。

2. 自然流畅原则

手势的使用应当是演说者情感、情绪的自然流露，是随着演说内容由潜意识里衍生出来的。优秀的演说者的手势是不自觉的，不做作的，是由感而发的。当然初学者可以适当练习手势，但也应力求做到让听众看起来不觉得突兀，做到手势适当、适宜。

3. 突显个性原则

具有个性特点的手势可以在众多的演说者中起到辨识作用，因此演说者在进行演说的时候除了模仿成功的演说家的手势外，也要结合自身特点以及演说内容，选择或创造属于自己的手势。当然，手势的应用没有固定的模式，只有多做演说训练、多摸索，才能找到符合自己风格的手势。

（二）手势的使用分类、使用技巧

不同的手势在演说中代表不同的意义。比如说：握紧的拳头一般表示力量、决心；摊开双手、掌心向上，表示征求意见；手掌下劈，表示对表述内容坚决的认可。按照手势表达的内涵不同，手势可分为指示手势、模仿手势、情绪手势和惯性手势四大类。

1. 指示手势

指示手势是指在演说中说到具体内容时，演说者使用相对应的手势，这种手势具有明确的指向性，比如数量、时间、方位等。这种手势简单易懂，不带有感情色彩，有的是具体的演说场上的人或物，有的是抽象的、不能直指的人、物、情境等。

2. 模仿手势

模仿手势用来表现演说中出现的实物的形态，比如我们经常看到的双手模仿“心形”。这种手势生动、形象地表达演说内容，会给听众留下较深的印象。这种手势有些时候有夸张的色彩，在使用时要适度。

3. 情绪手势

这种手势是带有使用技巧的，不同的情绪用不同的手势去加强和衬托，比如向内、向上的手势，意味着肯定、赞同、号召、鼓励、希望、充满信心，是积极的手势；掌心向下、往外推，则是意味着拒绝、回避。

4. 惯性手势

这种手势是演说中经常出现的，可能表达某种意义，但也可能不代表任何意义，具有较多的演说者个性特征，使用时随意性较大。

（三）常用的手掌动作

（1）伸手（手心向上，前臂略直，手掌向前平伸）——表示请求、交流、许诺、谦逊、承认、赞美、希望、欢迎、诚实等意思。

伸手训练：

“人活在世上，谁不希望自己的一生过得有意义、有价值一些呢？”

“自己活着，就是为了使别人生活得更美好！”

（2）抬手（手心向上，手臂微曲，手掌与肩齐高）——表示号召、唤起、祈求、激动、愤怒、强调等。

抬手训练：

“尊敬的各位领导、各位来宾，亲爱的同学们，大家早上好！”

“给人民当牛做马的人，人民把他抬得很高很高！”

（3）举手（五指朝天，前臂垂直，手掌举过头顶）——表示行动、肯定、激昂、动情、歌颂等。

举手训练：

“人生的价值在于奉献，生命的真谛在于创造！”

“经验证明，能使大多数人得到幸福的人，他本身也是幸福的。”

（4）挥手（手臂向前，手掌向上挥动）——表示激励、鼓动、号召、呼吁、前进、致意等。

挥手训练：

“努力吧！奋斗吧！我们的明天一定会更加美好！”

“同志们，朋友们：让我们在爱国主义的旗帜指引下奋勇前进吧！”

（5）推手（手心向前，前臂直伸）——表示坚决、制止、果断、拒绝、排斥、势不可挡等。

推手训练：

“不！不能这样！这不是我们的逻辑！”

“谁不属于自己的祖国，那么他也就不属于人类。”

（6）压手（手心向下，前臂下压至下区）——表示要安静、停止、反对、压抑、悲观或气愤等。

压手训练：

“时间就是生命，无端地浪费别人的时间，其实是无异于谋财害命的。”

“谁若把金钱看得比荣誉还尊贵，谁就会从高贵降到低贱。”

（7）摆手（手心对外，前臂上举至中区上部）——表示反感、蔑视、否认、失望、不屑一顾等。

摆手训练：

“一个人的价值，应该看他贡献什么，而不应当看他取得什么。”

“凡在小事上对真理持轻率态度的人，在大事上也是不可信任的。”

（8）心手（五指并拢、弯曲，自然放在胸前）——表示祝愿、愿望、希望、心情、心态等。

心手训练：

“爱国魂是最纯洁的灵魂，爱国心是最美好的心灵”

“任长霞永远是我们每一个公安干警心中的英雄。”

（9）侧手（手掌放在身体一侧，手心朝前）——表示憎恨、鄙视、神秘、气愤，指示人物和事物等。

侧手训练：

“知识决定命运，学习成就未来！”

“你要想获得幸福，你就得给世界创造价值！”

（10）合手（两手在胸前由分而合，双手合一）——表示亲密、团结、联合、欢迎、好感、接洽、积极、同意等。

合手训练：

“警察的责任就是舍小家为大家维护社会的安宁。”

“爱国主义就是千百年来巩固起来的对自己祖国的一种深厚的感情。”

（11）分手（两手在胸前由合而分，双手打开）——根据打开后手势的区域不同分别表示空虚、沉思、消极（下区），赞同、乐观、积极（中区），兴奋、赞美、向上（上区）等。

分手训练：

“山重水复疑无路，柳暗花明又一村。”

“我们世界上最美好的东西，都是由劳动、由人的聪明的手创造出来的。”

第三节　演说的修辞技巧

一、概念界定

“修辞”一词最早见于《乾卦·文言》的“修辞立其诚，所以居业也”一语中。在这句话里，“修辞”是“修理文教”的意思。当时的“修辞”与人的修业有关，不同于今天的“修辞”。

在现代汉语中，“修辞”从字面上可理解为“修饰言辞”，也就是指文字修辞；从广义上又可理解为“调整言辞”，即文章的谋篇布局，遣词造句的全过程，同时也包含语文字修辞。

通过剖析“修辞”概念，可发现其包含三重含义：一是指运用语言的方式、方法或技巧规律——“修辞手段”；二是指说话写作中积极调整语言的行为活动——“修辞活动”；三是指修辞学或修辞著作。这三重含义虽属于不同层次，但又存在密切联系：即修辞手段存在于修辞活动中，修辞手段和修辞活动同时又是修辞学的研究对象。

二、运用修辞技巧的必要性

口语和书面语的不同之处在于：书面语利用视觉，人们通过仔细阅读进而进行深层次的思考和思索，达到思想层面的洗礼；而口语表达则是利用听觉，听众通过对演说者的口语表达进行接受理解，所以演说者的现场表达对于听众接受程度具有相当的决定性作用。通俗易懂是演说语言的一个特点，用听众熟悉、能马上理解的语言，把要讲述的论点表述出来是取得良好演说效果的前提和基础，所以演说语言的明朗化、浅易化和大众化成为演说使用的语言的特点。根据演说语言的特点使用修辞技巧，是为演说效果锦上添花的重要手段之一。

演说要达到预期的传播目的，就要运用相应的修辞技巧对演说内容进行加工，演说者从演说的命题到演说的观点，从演说的叙述到演说的议论，通过修辞技巧的辅助，运用排比句、反问句、感叹句、重叠句等加强演说者情感的抒发，以达到与听众情感共鸣的目的，进而达到预期的传播效果。在运用修辞技巧的基础上，演说者在具体的演说过程中，通过运用语言符号的伴生符以及相应的体态符号，起到强调语言符号或传递语言符号以外的信息的作用，形成演说者预设的传播情境，所以修辞技巧的运用在演说者演说效果的取得过程中发挥着重要的作用。

扫描二维码或访问下列网址阅读扩展案例
2d.hep.cn/21103851/19

三、演说中修辞技巧的运用

（一）演说中常用的修辞手法

“修辞术”这一术语的原文是 Tekhne Rhetorike，即为“演说的艺术”，亚里士多德关于修辞这样解释道：它包括立论的艺术和修饰词句的艺术。根据亚里士多德的解释，修辞与演说之间存在着密不可分的关系，修辞的存在为演说增添了更多的韵味。

在演说中运用修辞不仅能够给观众留下一个深刻的印象，为听众营造富有说服性、感染性的语境，同时也给观众一个美的享受，让他们可以随着演说的进行情感起伏，让听众真正地融入演说的氛围当中。演说不同于一般的交谈，它既有说，又有“演”的成分，要想使准备好的内容得到生动有力地表达，在保证演说内容需要有艺术魅力的同时，还需要运用修辞技巧适当地增强演说的感染力。没有修辞的演说则是枯燥无味的，不仅不能达到演说的效果，反而会让听众昏昏欲睡，产生抵触情绪，起不到与听众情感共鸣的目的，进而影响演说的传播效果。因此，在演说中注意修辞的使用则显得非常有必要。在演说过程中较为常用的修辞手法主要包括以下几种：

1. 比喻

比喻，是最基本、最重要、最古老的一种修辞手法，也是人类各种语言中普遍存在的修辞。使用比喻的手法可以将两个有内在关系的事物联系在一起，给人一种形象上的感官印象，加深人们的感受，因而在演说中使用比喻，可以将演说中较为抽象的事物更加形象化，将演说的内容更加活灵活现地呈现在听众面前，从而有利于听众感同身受。

比喻这种修辞手法又细分为明喻、暗喻和借喻。

明喻，是直接将甲事物比作乙事物，并出现“像”“好像”“如”等喻词。丘吉尔就敦刻尔克大撤退奇迹所做的报告中说道：德军突然发动大举进攻，好像一把锋利的镰刀，紧紧围逼北部联军的右翼和后方。这里运用的是一个最直接的明喻，将德军比作“锋利的镰刀”，与后面的敦刻尔克撤退的奇迹产生对比，表现出联军的勇敢和机智。

暗喻，是本体和喻体同时出现，说甲是乙。能够体现暗喻的标志性词语包括“是”“就是”“成了”“成为”“变成”等，通过这些表判断的词语来体现演说的感染力。

约翰逊在 1965 年总统就职演说《我将领导大家，并将尽我所能》中说道：因为这就是美国，这是一块未曾跨越的沙漠，是一座尚未攀登的山岭，这是一颗人际还没有到过的星球，是沉睡在未开垦土地中的硕果。在这里，演说者将美国暗喻成还没有被开发出来的沙漠、山岭、星球，表现出约翰逊认为美国潜力十足，有足够的信心来领导美国继续前进。通过使用一系列暗喻的修辞手法，演说者营造了积极向上的演说氛围，使听众更容易接受其思想。用这样的暗喻方法，既能使语言生动活泼，又让民众充分相信美国所具有的潜力，成功达到振奋人心的演说目的。

借喻，是本体和喻体都不出现，直接将甲说成乙。此种修辞手法的具体运用案例是卡特在接受民主党总统提名的演说，在这次演说中，卡特说道："但是在近几年，我国出现了一种领导无方的局面，使我们的幻想遭到破灭，我们见到了一堵墙耸立起来，把我们和我们的政府分隔开来。"这里将民众与政府之间的隔阂用一堵墙来比喻，表现出了卡特的不满和忧心。

虽然比喻可以让我们的演说生动形象，但是在使用的过程之中，需要注意以下几点：

首先，所用之比应该新鲜生动，不能总是举一些陈词滥调的东西，同时所用之比不能是太偏太难懂的，要联系演说对象的知识文化水平，要紧紧围绕与听众形成情感共鸣的前提和原则。

其次，要充分考虑到民族、文化、情感等方面的差异，应注意语境的不同导致的运用比喻这种修辞技巧的局限性。例如，在中国，狗多为贬义，而西方则是褒义，那么一个中国人在对西方人进行演说时就不能将狗作贬义使用。

2. 设问

设问也是演说中常用的一种修辞，它是演说者通过提问的方式过渡文章或是与读者交流的方式。在演说中使用的设问分为四种，即标题设问、开篇设问、中间设问和结尾设问，这四种设问的效果各不一样。具体如下：

（1）标题设问。标题设问就是在标题中抛出问题。标题设问的修辞技巧在历史上很多著名学者的演说中被运用，例如列宁的《我们共产党人为什么而奋斗》、陈云的《怎样使我们的认识更正确》、拜伦的《死不能使工人俯首听命》、威尔逊的《变化意味着什么》等经典演说都运用了标题设问。这样的设问方式能够引起听众的思考和兴趣，也是演说者对所要讲述的内容的一个总体的概括方式。

（2）开篇设问。开篇设问有开门见山，单刀直入主题的作用，演说者将自己的观点以提问的方式表现出来，以引起听众的兴趣。梁启超在《人权与女权》的演说中，第一句话就是："诸君看见我这题目，一定说梁某不通：女也是人，说人权自然连女权包在里头，为什么把人权和女权对举呢？"[6]这是典型的开篇设问，在文章的一开篇便将所要演说的主要论点和中心思想抛给听众，让听众在明了演说主题的情况下融入演说氛围。任何形式的演说，开篇总是关键，因为开篇的设置决定了接下来演说的质量和听众接受的程度。开篇设问的修辞方式便是与观众拉近关系的方法之一。

6. 于艳梅、李伟凯主编：《影响世界的金榜演讲词》，首都师范大学出版社 2014 年版，第 23 页。

（3）中间设问。中间设问就是在演说中部提出问题，这样的设问不仅可以使演说过渡自然、衔接紧密，而且也可以造成听众的情感起伏激荡，加强文章的气势。如罗荣桓在《入关作战紧急动员》中讲道："恐怕等不得同志们回去，部队就要动员了。怎样动员法呢？刚才我们开了一个会，我在这里说这么几条。"这种修辞方式在演说中可以使得演说前后的内容自然过渡，让听众毫无违和之感。

（4）结尾设问。结尾设问就是在演说的最后提出问题，这种设问可以给听众留下足够的思考时间，回味无穷。

同样是在《入关作战紧急动员》演说中，罗荣桓最后说："全国胜利的时候已经到来了，这是对自己的斗争历史做总结的时候了，你为什么在这做总结的时候当孬种呢？要在干部群众中把这个问题讲清楚，要大家鼓起这把劲儿。"这最后的设问就是告诉所有的战士不要在最后关头退缩，以问句的方式让战士们自己思考他们到底该怎么做，这样的表达方式与单纯的平铺直叙相比，要更有说服力和感染力，演说的效果也易于被人接受。

3. 引用

亚里士多德说过：格言，是对一般事理的陈述，听众听见他们原来持有的对个别事理的意见化成了一般的说法，会感到高兴。这里的格言也就是我们一般在演说中所引用的材料。这种修辞技巧在演说中的作用在于可以增强演说的说服力，拉近与听众的距离，同时增强感情色彩。

例如，梁启超在《人权与女权》中说道："庄子说得好，'水之积不厚，则其负大舟也无力'。诸君要知道自己责任重大。"[7] 在这次演说中，梁启超所针对的演说对象是女子师范学校的女大学生们，她们普遍拥有丰富的文化知识。引用庄子的话既是以先贤的话来说明自己的观点，也是与有着深厚文化底蕴的女大学生们进行一种文化上的交流，从而拉近了彼此间的距离。

7. 于艳梅、李伟凯主编：《影响世界的金榜演讲词》，首都师范大学出版社2014年版，第23页。

4. 排比

用三个或三个以上意思密切相关、结构相似、语气连贯的句子排列起来的修辞就叫排比。在演说的时候运用排比，可以增强演说的气势，感染听众。一般排比句式多用于政治性以及悼念性的演说中。

如莫洛托夫在悼念高尔基的演说中说道：高尔基是天才的语言艺术家……高尔基是伟大人民的儿子……高尔基是劳动人民的忠实朋友，是劳动人民为共产主义而斗争的鼓舞者。在这篇悼念性的演说中，莫洛托夫用连续的排比方式表现了高尔基伟大的一生，更是通过塑造高尔基高大的形象以表达人民对他的沉痛哀悼。

虽然排比的修辞方式在具体的演说过程中能够起到烘托气势、营造现场氛围的作用，但是在具体的演说中使用排比修辞要注意以下几点：

首先，运用排比要首先考虑主题和内容的需要，不能为了排比而排比，如果只是为了追求形式堆砌辞藻而用排比，就会显得牵强附会。

其次，使用排比的时候要注意它的内在逻辑顺序，不能想当然地使用，否则内在逻辑的混乱反倒会让现场的听众产生歧义，对演说的内容难以理解和接受。

5. 比拟

比拟是拟人和拟物的合称，或寄情于物，或托物言志，引起听众的共鸣和深思。比拟具有深刻、形象和幽默诙谐的特点，可以增强语言的表现力和感染力，也能增强语言的抒情色彩和喜剧效果，把精彩的论述与形象的描绘融为一体，既能给人以理性上的启迪，又能给人以艺术上的美感。

如纳吉尔力在诺贝尔物理奖授奖仪式上的祝词中说：这就意味着，例如电子和中微子是属于同一个家庭的粒子，中微子是电子的同胞小弟弟。这虽是一句很简单的比拟，但却风趣幽默地将原来复杂而专业的物理关系以形象的方式传达给听众。

除了这五个修辞手法之外，演说还经常会用到换算。换算也叫数据，是指在演说中运用统计部门公布的数据，以增强表达效果，强化可信度。这种修辞多用于经济方面的演说，这些数据为演说的内容提供了科学的依据，让人信服。

另外，借代也是在演说中经常用到的修辞技巧，冯玉祥在中国学生欢迎庆祝会上的演说中说道："冯玉祥 12 岁当兵，1946 年退役，做了 55 年丘八，看不出捆绑来的壮丁能打胜仗，看不出违背人民利益的军队，会能得到最后的胜利。""丘八"本是民间对兵的戏称，在这次演说中，他用"丘八"是在调侃中隐含了对蒋介石为代表的反动政府的戏谑，不仅妙趣横生而且更显老将军词锋之犀利，抨击之有力。

除了以上几种修辞技巧，在具体的演说过程中还可运用夸张、对偶、反衬、重复、省略等多种修辞来润色和增强演说的效果。

（二）修辞技巧与演说的感染力

在演说过程中，要达到宣传教育的目的，就要使人有所触动，也就是增强演说的感染力。在演说过程中，运用修辞技巧与增强演说的感染力之间存在着不可分割的密切联系，主要表现为以下几点：

首先，修辞技巧的运用是增强演说感染力的重要手段。

通过上述对修辞技巧的论述可知，在演说中适当地运用修辞技巧对于增强演说内容的感染力具有重要的作用。在演说过程中只有引发听众的情感，才能达到"同情才能达理"的传播目的。而演说者感情的抒发是建立在演说内容与演说的具体技巧的基础之上，所以修辞技巧的运用是增强演说感染力的重要手段。

其次，感情的抒发是增强演说感染力的前提，而修辞技巧是感情抒发的催化剂。

演说的魅力并不在于演说过程中内容阐述得多么流利，而在于演说者善于表达真诚，善于在言谈话语间表达自己的真实情感，善于将内心最真实的想法传递给听众，使听众达到情感上的共鸣，从而打动听众的内心。而这种演说效果的获得离不开具体的修辞技巧的烘托作用。修辞技巧的运用是增强演说感染力的必要措施。

扫描二维码或访问下列网址阅读扩展案例 2d.hep.cn/21103851/20

第四节　演说中的应变

一、应变在演说中的重要性

美国著名主持人哈利·范·泽西在他年轻的时候，曾经犯了一个十分低级的错误。那时候，他通过广播向全美国的听众介绍一位著名的人物："女士们，先生们，接下来为我们演讲的是美利坚合众国总统——胡伯特·西佛，大家请欢迎。"而当时的美利坚合众国总统并不是胡伯特·西佛。俗话说：不做错事的人，是不做事的人。犯错误并不可怕，可怕的是在你犯下错误之后不能沉着应对而导致的混乱局面。最好的演说家以及各行各业的杰出人物都难免会犯错误。在演说中即使犯了像哈利·范·泽西那样的错误，也不必慌张，而是要沉着冷静地应对。因为慌张并不能解决任何问题，它只能使情形变得更加糟糕。只有冷静下来，才能采取补救措施。

演说过程中可能遇到各种预设之外的情况。当在演说过程中遇到突如其来的意外状况时，演说者要沉着冷静、保持原有的演说节奏。保持随机应变是保证演说顺利进行的前提和基础。针对不同的意外情况采取不同的应变技巧尤为必要。

二、演说过程中易出现的"意外"

（一）常见的"意外"分类

演说是口语表达中最高级、最完善、最有审美价值的一种形式。这种价值的实现不仅需要演说者有渊博的知识，还需要运用各种技巧进行完善。对于在演说过程中出现的突发状况，掌握适当的应对技巧是使演说能够顺利进行的重要保证。所谓应变技巧就是应付意外变化的技巧。

一般情况下，演说过程可能出现的突发状况主要包括以下几种：

1. 忘词导致的冷场

在演说的过程中，由于现场气氛紧张、演说内容准备不充分等客观原因，演说者有时在演说的过程中会出现忘词的状况，而且基本上是发生在脱稿演说当中。

2. 紧张导致的言语失误

失误就是讲错话，很多人在当众演说的过程中由于情绪激动，口不择言，把一些数据、年代、姓名等比较容易记混的内容说错了，张冠李戴。失误是演说者最容易出现的错误，因此，演说者要不断加以练习，平和心态，同时要具备"将错就错"的能力。演说中出现的错不能消除，只能更正或者是纠正，不能更正的错误就要随机应变，将错就错。

3. 不能激发听众兴趣

演说的情境通常由两部分构成，一是演说者，二是听众。演说者通常可以控制自己的情绪、语速、讲话的内容等内因，但是听众的反应是演说者难以控制的外因。

听众由各类性格的人组成，素质也参差不齐。当听众的观点与演说者产生分歧时，有时候会出现喧哗、起哄等不文明的现象，这种情况的出现会对演说者造成心理压力，如果演说者经验不够丰富则会出现无法应对以至于演说不能进行的尴尬局面。

对于演说者来说，能够灵活地发挥自己的口才，与广大听众之间建立起良好的情感关系，就能顺利地应付挑剌的观众。演说者还可以通过列举例子和与主题相关的趣事来与听众建立情感沟通的桥梁，通过与有意向倾听的观众进行眼神和肢体的交流，营造良好的受众氛围，激发听众的兴趣。

4. 客观存在的突发状况

演说中的突发情况是在演说之前难以预设的，比如演说过程中突然停电、设备失灵等情况。这类突发情况往往对演说者的应变能力提出了更高的要求，演说者应该借题发挥，变被动为主动。比如某单位举办歌咏比赛，赛前单位领导应邀前来致辞。当领导走上台时不小心被话筒绊倒，引得台下观众哈哈大笑。混乱中，发言领导从容不惊地站起来走到话筒前，拿起话筒微笑着对台下的观众说："同志们，刚才我被大家的热情倾倒了！"接下来便若无其事地开始了他的演说。

5. 听众的漠视心理导致演说气氛压抑

在演说过程中，通常会出现演说者在台上滔滔不绝，而台下观众却是一副事不关己的样子。根据美国传播学者拉斯韦尔的"5W"传播模式，在大众传播过程中，传播受众作为传播过程中的重要环节对于传播效果的取得具有重要的影响。在演说中，听众就是传播过程中的接受者，而检验一场演说是否成功最后就是取决于听众是否接受演说者所传播的信息。如果听众对演说者所表述的内容毫无兴趣，出现了传与受之间的隔阂，导致演说现场气氛压抑，那么整场演说基本上是不成功的。

（二）形成"意外"的原因分析

根据"5W"传播模式，我们主要从构成传播过程的五个基本构成要素层面分析上述"意外"产生的原因。

首先，从演说者层面来看，演说者演说目的不明确导致与听众之间产生距离感，是产生"意外"的原因之一。演说者在演说之前，如果演说目的不够明确，就不利于与听众建立感情。演说者在演说的过程中抓不住要害，不能切中主题，导致演说不能有的放矢，同时还会导致演说中心不突出，漫无边际，一切都从头道来，从而导致听者生厌，不能取得好的演说效果。

其次，从演说内容层面讲，观点不够明确、新颖，缺少坚实的论据支撑也是上述"意外"产生的原因之一。演说的实质就是说理，或者阐明某种观点，并将这一观点扩大；或者驳斥某种观点，从而树立自己正确的观点。如果演说者观点不正确，不符合事物的客观存在以及发展规律，那么在演说中无论运用多么华丽的辞藻也是徒劳的。

再次，从演说语言层面讲，语言的冗长、音量的不到位以及动作表情等非语言符号的欠缺都是导致演说效果不好的原因。拉斯韦尔传播模式的第三个要素就是“传播渠道”，即传播媒介。演说所运用的媒介主要是口语，然后是起辅助作用的表情动作。所以演说者口语技巧以及非语言技巧的欠缺都是导致演说效果不好的因素。

最后，未将听众置于首位进行考虑导致听众冷漠也是重要的原因。作为演说者，在演说前不能充分地了解听众的有关情况，了解听众的现状和背景，了解听众的职业、文化程度、风俗习惯以及当前听众关注的热点，以至于不能从受众的角度有针对性地设计演说的内容和形式，从而导致听众冷漠、没有互动反应的局面。

扫描二维码或访问下列网址阅读扩展案例
2d.hep.cn/21103851/21

三、演说中突发情况的应对

（一）将错就错，即兴发挥

演说者在演说的过程中容易受到主观因素和客观因素的影响，但无论是主观因素还是客观条件，一旦发生突发情况，轻则打断演说者的思路，重则直接导致演说终止。倘若出现这种情况，演说者不妨将错就错，来一番即兴发挥，就会消除窘境，获得意想不到的现场效果。

演说过程中的突发情况很多，这时候我们就要根据情况来酌情处理，一般有三种方法：

1. 自我评估

演说者在演说过程中，有时候听众不合作，在台下睡觉、说话，甚至大声喧哗影响演说，这时候演说者就要考虑听众为什么会做出这种反应，是不是自己造成的，是语言、神态还是内容让听众无法忍受，或是自己的观点没有“市场”，如果是因为这些事情引发的不合作，作为演说者来说，就应该及时自我调整，及时找出听众不合作的原因，并及时改正，千万不能知错不改、我行我素，就这么讲下去。一般而言，观众不合作的演说十有八九是失败的演说。

2. 寓批评于赞扬中

观众由于人数众多，素质也参差不齐，在演说中，确实有一些听众经常有针对性地对演说者造成干扰。演说者在演说过程中遇到这种情况，不要直接对当事人提出批评，因为演说者是舞台的核心，如果直接对当事人提出尖锐的批评有可能激怒当事人，或者给演说造成十分尴尬的局面，这个演说就没有办法进行下去了。有效的办法就是寓批评于赞扬中让听众自我悔悟。

3. 寓讽刺于幽默中

演说的时候遇到那些肆意捣乱者，如果据理去批评他们，很容易影响听众的情绪，较好的方法是用幽默的语言予以讽刺。美国前首相威尔森在竞选演说的时候反对派就在会场上大喊：狗屎，垃圾。显然那些捣乱者的意思是说威尔森的演说一钱不值。威尔森毫不畏惧，微笑着说，这位先生我马上要谈到你提出的脏乱问题了。捣乱者一听这话，就像泄了气的皮球，哑口无言，观众报以热烈的掌声。

（二）以正改错，巧作辨析

实践表明，在演说的过程中，如果不是专业的演说家或者是主持人，演说者出现一些小的错误在所难免，而观众对于演说者出现的小错误也大都是理解的。演说者有时会因为过于紧张或过于激动而造成一时的口误，在这种情况下，演说者不可以为了掩盖自己的错误而置之不理，错误出现了不要指望听众没有察觉，也不能因为自尊而掩饰错误，最好的办法是按正确的讲法再讲一遍，也就是把错误改正过来；也可以对自己的小错误调侃一番，不仅不会造成不良的影响，反而会加深自己在观众中的印象。例如，一位师范学校的班主任在新生入学后的第一次班会上即兴演说，他说：

同学们，大家好！你们从四面八方来到这所师范学校，开始了新的学习生活，我相信同学们一定会刻苦学习，不断进步。将来希望每一个同学都能成为合格的小学教师。不，应当这样说——希望将来每一个同学都能成为合格的小学教师。因为这希望是现实的，它表达的是我此刻的真实心情，而你们将来才会真正走上讲台，开始从事太阳底下最光辉的职业。[8]

8. 李增源：《即兴演讲中语言出错的补救技巧——即兴演讲学习与训练通信之九》，载《演讲与口才》1999年第1期。

这位教师在即兴演说中凭敏锐的语感发觉了一句话的语序错误，并在迅速改正过来之后，进行了巧妙的辨析。这样，既指出了语言的毛病，又解释了改正的原因，不仅没有造成语言失误的尴尬，反而强化了表达的效果，实在是一种高明的补救方法。

（三）化错为正，自圆其说

在当众讲话的时候，演说者往往面临着各种各样的压力，没有经验的人会将这种压力表现出来，紧张溢于言表，说话哆嗦，声音颤抖，这样不但自己难以发挥出水平，反而也给观众一种紧张感，演说效果不言而喻。没有经验的演说者，在演说中一旦发现自己出现语言错误，会考虑观众对自己做出怎样的评价，警告自己千万不要再犯错误等，以至于越来越紧张，错误也就越来越多。不仅仅是初级演说者会出现这种问题，即使是央视的主持人也会出现这种恶性循环，在直播节目过程中，往往因为一个小错误而接连出错，甚至一发不可收拾，导播无奈只能插播广告来给主持人调整的时间。其实，演说时如果自己出现错误，大可不必将这种错误放大，应立即针对自己的失误，进行一番合乎情理的解释，只要能够自圆其说，也不失为一种化错为正的补救方法。

如某市演说与口才协会举办为期三个月的演说培训课程。培训过程中，老师要求学员围绕“如何提高口语表达能力”这一话题发表即兴演说。一位学员上台，发表了一番演说，其结尾部分有这样一句话：“同学们，还有一个月我们就要结业了……”一听这话，全体学员都笑了起来。他马上意识到自己把时间讲错了，赶紧不慌不忙地解释道：“我知道还有两个月才结业。我之所以说成一个月，是希望同学们和我一道，把两个月的学习时间当作一个月来珍惜。这样，我们心中就时刻会有一种紧迫感，大家更会抓紧时间，努力学习，提高口语表达能力。大家说，是吗？”学员们高声回答：“是！”随即一起鼓起掌来。这位演说者的一番辨析，妙就妙在他在时间的长短上巧做文章，即兴发挥，居然把出现口误的尴尬转化成听众赞同的掌声。

（四）续错成正，随机应变

在演说过程中，有时演说者因为紧张或激动往往将要表达的观点说反了，如果不加以纠正，那么接下来的演说很难继续下去，如果不管不顾继续演说，会把听众搞糊涂，演说主题和观点怎么一会这样一会那样。因此，当你讲错一句话并马上意识到错误的时候，应该紧接着用一个反问句进行否定，从而不露痕迹地达到补救目的。这种方法需要经验的积累。

扫描二维码或访问下列网址阅读扩展案例 2d.hep.cn/21103851/22

有一名员工在公司举行的演说比赛中，根据规定即兴发表了题为《员工不是扑克牌》的演说。在演说中，当“员工是可以由老板任意掌控和摆弄的扑克牌……”这句话一出口，他马上意识到说漏了“是”字前面的“不”字。要知道，一字之差，意思就完全反了。他急中生智，赶紧纠正道：“这难道不是许多公司老板的错误看法吗？”一个反问句，就这样顺理成章地补救了自己的口误，让在场的听众丝毫没有觉察出来。

第五节　演说的现场控制

演说者为使演说活动达到预期的效果，要采取得力措施，有效驾驭现场气氛，使听众始终保持饱满的热情，始终高度集中注意力，使演说活动始终朝着有利方向发展。演说者对演说现场进行有效控制的技能技巧，就是控场艺术。

一、现场控制所需要的心理特征

演说的现场控制要分为内部控制和外部控制。首先，演说者要对听众的基本情况有所了解，对现场的环境有所熟悉，这是为了建立演说者的心理预期。演说者的心理预期往往是建立在对听众的情况分析、对演说环境的考察和对演说中可能出现的情况进行预测的基础上的。演说者要比较全面地了解听众的社会背景、知识结构、文化背景及他们关心的热点问题等因素，才能更好地达到演说效果。比如一位农业方面的大学教授进行演说，如果听众是学生的话就要用专业的术语来和学生互动沟通；如果要给农民普及科技常识，就要用农民喜闻乐见的方式与其沟通，如果专业术语太多，农民就会产生厌烦心理，会直接影响演说的现场气氛。演说者要基本掌握演说现场的环境，知道如何布置演说现场才能最大限度地配合演说、渲染气氛。演说者还要对演说中可能出现的情况进行分析和预测，诸如观众会如何反应，自己会不会忘词等。

怯场心理是演说者最为常见的心理现象，无论是什么样的演说者，在演说初期都会出现怯场心理，严重的怯场会使演说者对演说产生恐惧心理。例如有很多学生或求职者在当众演说时由于严重的怯场心理说话声音发抖，忘记演说内容，说话断断续续，极大地影响了演说的效果。形成怯场的心理因素有很多，不同的演说者怯场的原因也不尽相同，但下面几点原因具有普遍性。

评价忧虑。这是造成怯场心理的最主要的因素，人们很看重自己在别人心里的地位，很在乎自己在别人心里的形象，现代心理学认为在任何存在评价的场合，人们一般很难发挥自己原有的水平。在演说过程中，评价往往是单向的，主要是听众集体评价演说者，而演说者作为被评价的对象会产生更多的忧虑，包括对自己的外部形象、举止谈吐等，也就是说听众在“裁判”演说人，所以演说者的忧虑更多，心理负担更重。特别当演说者是学生时，年龄小，知识储备不多，社会经验不足，评判他的多是老师或是社会上的其他人，这种评价忧虑更甚。如果一个人不在乎自己的形象，对别人的看法置之不理，那么在当众演说时就会抛开评价忧虑，也就不会怯场了，但这种人还属少数，人们活在现实社会当中，需要的是群体的帮助和支持，团体的力量大于个人的力量，因此，很少有人在演说的过程中把观众当成“空气”对待，不考虑评价的因素。

听众的地位。听众的地位是影响演说者心理的重要因素，很多演说者往往在亲朋好友面前夸夸其谈、面不改色，但是在领导、同事面前就很受拘束。如果我们面对的听众比我们的地位高，或者在我们心中比较重要，我们讲话时便感到特别紧张。求职者在评估小组面前的表现往往很不自然，这一方面是因为评价忧虑，另一方面无疑是因为评估小组“大权在握”。因此，听众的地位越高，对演说者产生的心理压力就会越大。

听众人数。演说者的怯场心理与听众人数有很大关系。一般来说，圈子越小，演说者的压力就越小，大会堂的演说和教室内的演说相比，由于听众人数多，所以演说者便会倍加谨慎。因为他们觉得一旦出错或表现不佳，“那么多人”一下子都知道了，过分的小心谨慎加大了怯场的可能性。

对听众的熟悉程度。作为一个演说者，如果面对的是自己的亲朋好友，那么心理压力就会小很多，因为彼此的文化背景接近，熟悉程度高，在演说的过程中即使自己出现一些纰漏和瑕疵，听众也不会因此而对自己做出太多的负面评价。大多数人在“熟人”面前讲话比较自然。但面对陌生的听众，我们之所以紧张是因为我们对他们几乎一无所知，而他们在几十分钟甚至十几分钟内便会对我们作出评价。

受众的观点。一个演说者在演说的过程中最在乎的就是自己的观点会不会得到听众的认可，如果演说者知道听众或大多数听众所持观点和自己一致，那便会信心十足，反之，便会有很多担心，尤其是当有些听众中途离场，或者在底下“拉帮结伙”窃窃私语时，演说者的自信就会受到冲击，表情会僵硬，语言的流畅程度也会受到影响。

准备是否充分。俗话说未雨绸缪，前期的充足准备是演说者建立自信的重要保障，如果演说者将演说稿件烂熟于心，心里就会很踏实，无论发生怎样的情形，只要有话说，就不会差得很离谱，因此，准备充分的人在演说时会信心满满，从容大方。反之，如果前期准备不够充分，演说者在演说时就会很担心，这种担心会直接形成怯场心理，导致现场的发挥欠佳。因此，好的演说者会做好前期的准备工作，充分利用自己可以控制的因素，做好演说的准备。

二、演说的现场控制技巧

一般认为，演说只是演说者单方面传达信息的方式，其实演说现场是实现双方交流的地方，演说者只是演说的一部分，听众、器材、环境甚至天气等因素都是演说的组成部分，演说者要充分利用外部环境，通过精心准备的演说内容与听众充分沟通，调动现场气氛，控制局面。演说者要控制现场，应从以下几个方面入手：

（一）娴熟地掌握演说内容

无论演说者是什么样的性格，演说现场什么风格，听众是什么文化底蕴，演说内容都是演说的核心。精彩的演说要求演说者要生动、丰富、准确地传达信息，语言流畅，气势恢弘，同时要与听众交流，不断调动现场气氛，逐渐形成热烈的场面，使听众全神贯注。精彩的演说所达到的效果不是照本宣科式的念演说稿件所能达到的。照稿念，首先给观众的感觉是传达信息而不是交流信息，观众对于信息的专注程度不及脱稿演说。另外，照稿念往往顾此失彼，演说者只顾盯着稿件，忽略了观众的情绪和反应，更谈不上用丰富的表情和形象的动作与演说内容协调配合，演说当然无法生动形象。听众也会在无形中降低对演说者的信任感，降低对演说的注意力和重视度。当演说者在宣读演说内容出现些许的错误时，听众甚至会冷场、骚动、喝倒彩。因此，熟练地掌握演说内容对于演说者来说至关重要，演说内容熟记于心可以给演说者带来充分的自信。

要充分地调动现场气氛并不容易，有经验的演说者都知道，当演说者充满激情时，是演说现场的气氛最活跃的时刻，也是演说者与听众感情交流最融洽的时刻，是演说的高潮所在。如果演说中能做到高潮迭起，演说者便自然控制了整个现场的气氛，观众的情感随着演说者的调动而变化，那么演说基本上就是成功的。那么演说者应该怎么组织高潮呢？俗语讲以情动人，情是人性的天然表现，演说者要善于在情的方面调动听众的情绪。著名演说家李燕杰在《演讲美学》中认为：一次演说怎样达到高潮，这需要演说者在感情上一步一步地抓住听众，使听众内心的激情逐渐地燃烧起来，演说将自然地被推向高潮。说穿了，就是以情激情，以心换心。具体而言，演说者需要适当地预设或埋伏一连串能够触发听众的想象、情感、意志、经验等的“兴奋点”，以便张弛有度、擒纵自如地驾驭现场，与听众更好地进行现场交流。深刻的观点能发人深省，激起听众的积极响应；风趣幽默的语言，能提高听众的兴趣和热情；生动感人的奇闻趣事，可以醒目提神，活跃气氛；新颖广博的知识信息，可以使人耳目一新，精神振奋；精辟的论证，能以其逻辑的严密征服听众；设置悬念与适当提问，则能引起听众的积极思考和兴趣；而真挚热烈的激情迸发，亲切自然的动作，尤能扣人心弦，感人至深。

鲁迅的演说《文学与政治的歧途》中有这么一段：

北京有一派人骂新文学家，说：“你们不应该拿社会上的穷人和人力车夫做材料。你们做诗做小说应该用才子佳人的做材料，才算是美，才算是雅。你们为什么不躲进象牙之塔？”但他们现在也都跑到南方来了，因为北京的象牙之塔已经倒塌，没有人送饭给他们吃，不能不跑了。……为人生的文学家，平时就很危险，到了革命的时候，死的死，流落的流落，因为他们的感觉比普通一般人敏捷，他们所看到的想到的，平常的人都不了然，他们的境遇往往是困苦的，所以能够看见别的困苦。[9]

9. 侯捷玲编：《世界名人演讲名篇精粹》，广西民族出版社1992年版，第123页。

作者一方面成功地表达了演说内容，一方面顾及了现场气氛。北京的“一派人”的话中有一句：“你们为什么不躲进象牙之塔？”作者引用过来自然引起听众对演说人如何作答的兴趣，然而只用一个“但”字转到他们不“美”不“雅”地逃到南方混饭吃，以其行驳其言，俏皮机智，令人哑然失笑，接着又用“为人生的文学家”的艰难处境与之对比，含蓄地予以赞扬。如果说这是一个不露痕迹的情绪热点的话，那么前面的冷嘲就是有力的反衬式的铺垫和蓄势。这段演说看似漫不经心，但对材料的选择和组合恰到好处，先谈什么后谈什么以及怎样说，都有精心的考虑，以求得更好地调控和驾驭听众。

（二）选择听众喜欢的话题

一般听众对以下几个话题都怀有浓厚的兴趣：

1. 满足求知欲望的话题

人们对于陌生的知识领域和无限的宇宙、遥远的过去、神秘的未来总是感到迷惘和困惑，总希望掌握各种知识，充实自己和提高自己。这是人类生存的本能需要。

2. 刺激好奇心的话题

人人都有好奇心，世界趣闻、名人趣事、突发事件、科学幻想、个人经历等，都能激发听众的好奇心。

3. 事关听众利益的话题

群众最关心涉及切身利益的事情，所以，关系到听众吃、穿、住、行等切身利益的演说当然会受到欢迎，但高明的演说者应该具备把间接涉及听众利益的话题转化为与听众直接有关的话题的能力。

4. 有关信仰和理想的话题

听众，特别是青年听众，无论古今中外，都不会厌恶对人生的探索，对理想的追求，对事业的开拓等话题。某些有关信仰和理想的演说之所以不受欢迎，主要是缺乏针对性、现实性和生动性。

5. 娱乐性话题

幽默、笑话、故事穿插于演说之中或构成一段完整的演说，在博得听众一笑的同时也征服了听众。娱乐性演说一般时间较短，且多用于礼仪场合。

6. 满足听众优越感的话题

世界上很少有人讨厌被“奉承”。演说者要尽量多掌握听众的基本情况，以便在演说过程中穿插一些能满足听众优越感的话题。

（三）与听众融为一体

一般而言，听众讨厌那些惯于卖弄、喜欢炫耀，总是以自己为中心的演说者。所以，要想博取听众的好感，再有名望的人也不能居高临下、颐指气使，只有平易谦和才能与听众融为一体。

作家老舍在一次演说中是这样说的：“听了同志们发言，得到很大好处，可惜前两次没来，损失不小。……今天来的都是专家，我很怕说话，只好乱谈吧。”如此“抑己扬人”的开场白，如此谦逊坦诚的口吻，一下子拉近了演说者与听众之间的距离，消除了听众对一位名人可能产生的敬畏心理。另外，老舍说自己是“乱谈”，也就表明自己不是居高临下做演说，而是平等地和大家交流意见罢了。如此平易近人，自然会获得听众的好感，营造亲和的气氛。

演说是双向的交流沟通，不会完美，但可以不断完善，事后的反思总结很重要。要尽可能找到相关人等，让他们提建议，以便自己以后改进。总结的时候，自己的优势要力争保持，对于缺点乃至不足则要想办法加以改进。因此，要做总结，就要让人畅所欲言，什么话都要听，要有耐心，更要听出话外之音。只有总结，才能让人持续改进和提高；也只有总结，才能使自己不断进步与超越。

扫描二维码或访问下列网址阅读扩展案例
2d.hep.cn/21103851/23

第八章
演说的口才训练及方法

本章主要介绍具体的口才训练及方法，包括口语化训练、复述训练、“六力”训练、话题评述训练、描述训练。

第一节　口语化训练

众所周知，演说需要口才。所谓口才，就是口语表达能力，它是演说的必要条件。演说表达的主要特点是“讲”，对演说者来说，能写好演说稿件，不一定就讲得好，正如作曲家不一定是歌唱家一样。有文才，善于写出好的演说词的人，不一定有口才，不一定能讲得娓娓动听。真正的演说家，既要善写，还要会讲；既要有文采，又要有口才。从某种意义上说，口才比文采更为重要。如果演说者讲话哼哼哈哈，拖泥带水，“这个”“那个”一大串，那么，即使有超凡脱俗的智慧，有深刻广博的思想内容，也无济于事。当今社会是开放的信息社会，新型人才不仅要有开拓进取精神，而且还要有出众的口才。

“冰冻三尺，非一日之寒。”良好的口才，往往是经过严格的口语训练培养出来的。例如，古希腊的演说家德摩西尼，为了校正发音含糊不清的毛病，曾口含鹅卵石，对着大海练习朗诵。他的这种刻苦精神，永载演说史册，令人肃然起敬。

演说口才不仅要勤练、苦练，而且要巧练。所谓巧练，就是要练习得法，摸清规律，掌握要领。例如，日本前首相田中角荣，小时严重口吃，说话困难，后来他分析了口吃的原因，常到深山练习大声说话和朗诵，并争取登台演戏。通过这种高标准的训练，他不仅克服了口吃的毛病，而且练出了口才，成为著名的演说家。

一、口语表达技巧的基本要求

演说的语言从口语表述角度看，必须做到发音准确、清晰、优美，词句流利、易懂，语调贴切、自然、动情。

（一）发音准确、清晰、优美

郭沫若说：语言除意义外，应该要追求它的色彩、声调、感触。同义的语言或字面有明暗、硬软、响亮与沉郁的区别。

以声音为主要手段的演说，对语音的要求就更高，既要能准确地表达出丰富多彩的思想感情又要悦耳爽心，清亮优美。为此，演说者必须认真对语音进行研究，努力使自己的声音达到最佳状态。

要达到最佳语言效果，一般来讲，要做到如下几点：

1. 字正腔圆

字正，是演说的基本要求，要读准字音，读音响亮，送音有力。读音要符合普通话声母、韵母、声调、音节、音变的标准，避免地方口音和误读。例如将“干涸”（gān hé）说成“干固”（gàn gù），将“拙劣”（zhuō liè）说成“绌劣”（chù liè），将“栉风沐雨”（zhì fēng mù yǔ）说成“节风沐雨”（jié fēng mù yǔ）。这样读错、讲错字音，一方面直接影响听众对一个词、一个句子甚至整篇内容的理解；另一方面也直接影响演说者的声誉和威信，降低听众对演说者的信任感。在读准字音的同时要尽量做到腔圆，即声音圆润饱满，婉转甜美，富有音乐美。

2. 分清词界

词分单音节词和多音节词。单音节词不会割裂分读，而多音节的词则有可能被割裂而引起歧义。例如：一米九个头的冯骥才伫立在空荡荡的山谷里。这句话中的“一米九个头”本意是“一米九的个头”，念时应为“一米九 / 个头”，如果词界划分不当很容易弄成为“一米 / 九个头”，把“个头”（身材）一词分裂成“个”（量词）和“头”（名词）两个词，因而产生歧义。演说者如出现这种错误，便会令人忍俊不禁。

3. 讲究音韵配搭

汉语讲究声调，声调能产生抑扬急缓的变化，本身就富有音乐美。好的演说，平仄错落有致，抑扬顿挫，显得悦耳动听。汉语的音乐美和节奏感还与语气停顿和押韵有关。演说中若能准确地交替使用单音节词和双音节词，便能使整体的演说过程显得和谐自然。如果在适当的地方，有意押韵，更能产生一种声音的回环美与和谐美，似有散文诗的风韵。此外，恰当地运用象声词和叠声词进行渲染烘托，也能收到声情并茂的功效。

（二）词句流利、易懂

听众通过演说活动接受信息主要依靠听觉。演说者借助口语发出的信息，听众要立即理解。演说中的口语应具有如下特点：首先，句式短小，演说不宜使用过长的冗繁的句子；其次，使用通俗易懂的常用词语和一些较流行的口头词语，使语言富有生气和活力；再次，不过多地做某些精确的列举，特别是过大的数字，要多用约数。此外，较多地使用那些表明个人倾向的词语，例如“显而易见”“依我看来”等，并且常常运用“但是”“除了”等连接词，使讲话显得活泼、生动、有气势。如果我们硬性地把“铁锹”说成“一种由个人操作的手握挖土器”，把“草原”说成是“一个天然的平面”，这样做如果不是故意为难听众，有意不让听众理解，那就是特意和自己过不去，使自己的演说失败。当然，讲究表意朴实的口语化，绝不能像平常随便讲话那样任意增减音节，拖泥带水，磕磕巴巴，这样就损害了口语的健康美，破坏了语言的完整性。

（三）语调贴切、自然、动情

语调是口语表达的重要手段，它能很好地辅助语言表情达意。语言若没有轻重缓急，就难以传情。同样一句话，由于语调轻重、高低长短、急缓等的不同变化，在不同语境里，可以表达出种种不同的思想感情。例如：“啊，多美啊！”用舒缓的语气可以表达赞颂之情，如果用漫画化的怪腔怪调来念，则表现讥讽嘲笑之意。因此，演说者正确选择和运用语调对表达思想感情有着十分重要的意义。

一般来讲，表达坚定、果敢、豪迈、愤怒的思想感情，语气急骤，声音较重；表达幸福、温暖、体贴、欣慰的思想感情，语气舒缓，声音较轻；表示愉快、责备，语调先强后弱；表示不平、热烈，声音先弱后强；表示优雅、庄重、满足，语调前后弱中间强。只有这样才能绘声绘色，传情达意。

语调的选择和运用，必须切合思想内容，符合语言环境，考虑现场效果。语调贴切、自然正是演说者思想感情在语言上的自然流露。所以，演说者恰当地运用语调，事先必须准确地掌握演说内容和感情。著名电影演员李默然在吉林演说讲习班上说：我主张以情托声，就是用情感把你的声音托出来。他以朗读艾青的诗《我爱这土地》为例，朗诵最后两句：“为什么我的眼里常含泪水？因为我对这土地爱得深沉。”他说：如果以情托声，前面读得高昂，到这两句突然有一种凝固的感觉，一个小小的停顿，接着小音量地读，便能把这种“爱得深沉”的感情表达出来。这段经验之谈，正说明了要情动于衷，才能声形于外。只有演说者对所讲的内容理解至深，有真情实感，语调才能用得贴切、自然、动情。

二、口语表达训练

（一）语音训练

演说者要想取得良好的发音效果，必须加强语音训练。“声乃气之源”，发音的基础之一是呼吸。响亮、动听的声音与科学的呼吸训练是分不开的。演说者要善于掌握自己的发音器官，自觉地控制气息。平日可结合生活实际进行练习，为正确地吐字发声打好基础。

吐字发音要做到音节准确，完全符合普通话的发音标准。戏曲艺术所谓的“吐字归音”

训练，其目的就在于美化音色，使声音清晰、响亮、圆润，富有表现力。这种训练要求发音时咬准字头（即读准声母），吐清字腹（即读清韵头、韵腹）和收准字尾（即读准韵尾）。“吐字”时，发音力量集中于“字头”，“归音”时要读准每个音节，即要求“到位”。总之，演说者发音时要正确把握每个音节的发音部位和发音方法。演说者平日要经常进行这方面的训练，同时，为了做到语句流畅，干净利落，出口成章，可根据自己的发音特点，选择一些绕口令和有一定难度的语言片段，进行快口训练，力求做到吐字准确、快速、流畅，快而不乱，语气连贯，不增减词句。

音量大小的变化有利于准确地表达思想感情。演说者要学会准确地控制和把握音量的大小。在情感激荡的地方，意思重要之处，音量要大些，反之则要小些。音量大小变化要自然、流畅，要是感情的自然流露。同时，音量大小变化也要恰当、适度，不能大到声嘶力竭，也不能小得无法听清。此外，演说者平日还要学会准确地把握高音、中音、低音的运用规律，以便恰如其分地表达自己的思想感情。高音具有高亢、明亮的特点，多用来表示惊疑、欢乐、赞叹等情感；中音比较丰富充实，多用来表示平和舒缓的感情；低音则比较低沉、宽厚，多用来表示沉郁、压抑、悲哀之情。这些训练最好是通过朗诵进行。

（二）语调训练

语调包括停顿、轻重、抑扬、缓急、节奏等要素。语调训练是口语训练的重点和难点。演说者应在这方面加强训练。

1. 停顿

在口语表达中，停顿既是一种语言标志，也是一种修辞手段。同样一组音节，因停顿不同，意思完全不一样。例如：“我赞成他也赞成你怎么样？”可以说成：“我赞成他，也赞成你，怎么样？”也可说成：“我赞成，他也赞成，你怎么样？”两种停顿，表达了两种完全不同的意见。可见，停顿不只是演说者在生理上正常换气的需要，也是表情达意的需要。停顿得当，不仅可以清晰地显示语意，而且可以调节语言节奏，给听众留下回味的余地。

停顿不当，往往影响语意的表达。如“班禅大师、赵朴初等参加了座谈会。”这句中“班禅大师”“赵朴初”系并列关系，念时需要停顿。如果在“班禅大师”后不停顿，念成“班禅大师赵朴初”就是大错特错，把并列关系变成同位关系了。还比如，“南京市 / 长江大桥”，如果读成“南京市长 / 江大桥”就招人笑话了。可见，当停则停，不当停则不停，不可滥用。此外，在演说中，停顿太少、太短，或过多、过长，也都会影响思想感情的正确表达。

有时为了加强某些特殊效果或应付演说现场的某些特殊需要，演说者常常采用特殊停顿。这种根据表意需要而设计的特殊停顿，可谓匠心独具，高人一筹，容易收到出奇制胜的效果。有一个案例：有次演说比赛，一位女士走上讲台，在黑板上写出一道醒目的标题——“论坚守岗位”，便走下讲台，扬长而去。这时，全场听众哗然，大家焦急、气恼、猜测、议论。大约过了 3 分钟光景，演说者再次登台，诚挚而郑重地说：“同志们，如果我在演讲时离开是不能被容忍的话，那么工作时间纪律松散，玩忽职守，擅离生产岗位，难道不应该受到谴责吗？我的演讲完了。”这时，听众恍然大悟。评比结果，她以超常的表演和精巧的构思赢得了一等奖。

这种特殊停顿不能落于俗套，滥用特殊停顿可能产生捉弄听众之嫌疑。

一般来讲，演说者在列举事例之前，略作停顿，能引起听众独立思考；在作出妙语惊人的回答之后，稍作停顿，可使人咀嚼回味；在讲述奇闻趣事和精彩见解之后，特意停顿，可使听众加深印象，引起联想；在话题转移之际或会场气氛热烈之时，稍稍停顿，可加深听众记忆，给听众以领会抒情之机。同时，恰当的特殊停顿，也可以使演说者本身赢得调整情绪的时间。

2. 轻重

说话的声音有强有弱。用力大，气流强，声音就大，就重；用力小，气流弱，声音就小，就轻。每个句子都是由词语构成的，每个词语在句中的表意作用各不相同。在演说时，人们常常把某些词语讲得比一般词语重些或是轻些，这样便能起到强调突出的作用。若按声音强弱划分，重音可分为轻读型重音和重读型重音。凡读音比一般词语读音轻些的叫轻读型重音，凡读音比一般词语读音重些的叫重读型重音。例如：“如果世界上真有不知疲倦的人，我们敬爱的周总理啊，一生休息得最少，最少！”“不知疲倦”“敬爱”“周总理”应采用重读型重音来读，读得重而深厚，而“最少，最少”宜采用轻读型重音来读，读得轻而深沉。

若按表现思想感情、内容重点或句子语法结构来划分，重音可分为感情重音、逻辑重音和语法重音。例如：

我深知：自己没有当官的本领，更没有“争官”的嗜好。

我只想：要老老实实地干好本职工作，自己的一举一动要对得起良心，对得起群众。

“深知”和“只想”宜采用轻读型重音，表达出诚挚恳切的感情；“没有”“更没有”宜采用重读型重音，表示强调，突出清廉正直品德；“老老实实”“干好”采用重读型重音，突出全心全意、踏踏实实工作的精神；“一举一动”宜用一字一顿的重读，与后面接连两个重读“对得起”相配合，显示出认真踏实的品格。这些词语的重读，既突出了语句的轮廓，也显示了语言的感情层次和内在的逻辑关系。一般来讲，表示复句的关联词语和具有修辞特征的词语要重读。

3. 抑扬

语调有高低抑扬的变化。同一句话，往往因为语调不同，表达的意思也大不一样。同样一句“今天是星期天”，用平直调子念，表示直陈其事；若用高升调来念，则表示疑问惊讶之情。演说者要熟悉各种语调的特点，掌握语调变化的规律。一般来讲，汉语语调的变化显示在句末。语调大体可分为四种，即平直调、高升调、降抑调和曲折调（见表 8–1）。

表 8–1　语调类别与应用

语调名称	表示符号	语调特征	应用句型	表达心理感情	例句
平直调	→	语势平稳舒缓，无明显高低变化	陈述说明性语句	庄重、严肃、闲适、冷淡	菊花品种很多
高升调	↗	语势由低向高	疑问句、反诘句、某些感叹句	疑问、惊讶、反诘、激昂、愤怒、呼唤、号召	何愁无知己
降抑调	↘	语势由高到低	祈使句、感叹句、陈述性语句	祈求、命令、肯定、自信、沉重、悲痛	他的理想一定能实现
曲折调		语势曲折，升降起伏多变	双关语句	夸张、幽默、讽刺	他十分可爱，连头上的癞痢都非常传神

在实际运用中，语调升降变化的情况十分复杂，演说者要充分把握演说时自身的潜意识，把握演说的内在思想和感情脉络，这样才不会错用语调，导致言不及义，语不合情。

朗读厉风的《血染的木棉花》中的一段：

谁不爱自己的生命？谁不爱生活？谁愿意在刑场上举行婚礼？谁不想分享家庭的温馨和欢乐？可是，我们的先烈，抛头颅、洒热血，为了我们，奉献出自己的一切！

这段话前四句是排比疑问句，都要用高升调，整个语势一浪高过一浪，表达出激昂慷慨的感情。接着“可是”一转，使用降抑调，语势走势由高而低，表达出对先烈的缅怀之情。这样前呼后应，抑扬起伏，具有较强的说服力和感染力。

4. 缓急

语速的变化也是表情达意的重要手段。正常谈话，每分钟讲 120~150 个字。演说的速度不能太快。太快，一则听众难听懂，二则也使人产生怀疑，认为演说者怯场。因为人们胆怯时往往语速较快。当然讲话也不能太慢，太慢就显得拉腔拖调，给人以愚笨、迟钝、缺少教养的感觉。但演说的速度不能总是“一斩齐”，要做到急缓有致。语速的快慢，往往与演说的内容、环境、气氛、心理情绪、修辞手法以及句段重要程度有关。根据内容的要求和感情表达的需要，演说的速度一般可分为快速、中速、慢速三种（见表 8–2）。

表 8–2　语速的分类及其特征

语速	适合的内容	适合的环境	适合的情绪	适合的句段	适合的修饰手段
快速	叙述事情的急剧变化；质问斥责，雄辩表态；刻画人物机智、活泼、热情的性格	欢快、紧急命令、行动迅速、热烈争执	急促、紧张、激动、惊恐、愤恨、欢畅、兴奋	不太重要的句段	排比、反问、反语、叠声
中速	一般性说明和叙述感情变化不大的内容	感情平静	平静、客观	一般句段	一般陈述
慢速	抒情、议论，叙述平静、庄重的事	幽静、庄重	安闲、宁静、沉重、沮丧、悲痛、哀悼	重要句段	比喻、引语、双关、对偶

朗读吴忠祥《美是军人》的片段，注意语调快慢的变化。（浪线表慢速，直线表快速，其余为中速。）

是啊，雕塑家奉献美，有了大卫、维纳斯；音乐家奉献美，有了《英雄交响曲》、《国际歌》；科学家奉献美，有了卫星、导弹、宇宙飞船；工人奉献美，有美的产品；农民奉献美，有美的粮食；老师奉献美，有造福于社会的满园桃李……而军人，军人也在奉献美，奉献美的生活，美的社会，更奉献个人的利益、生命和家庭。于是，军人的美便在牺牲中崇高无上，便在奉献中灿烂夺目！

军人与大山为伍、与蓝天做伴、与碧海相随；军人整齐、和谐、刚毅、威严；军人勇于牺牲和奉献。作为军人，我们可以自豪地说：美在军营，美是军人！

这段话，以诗化的语言，热情洋溢地展示出军人的美，整个基调是抒情的，语气舒缓。前边一串排比铺垫，语速较慢，逐层蓄势。讲到军人的美的本质时，语速逐渐加快，以满腔热情赞美军人的崇高品质。这样慢中有快、快慢相间，增强了语言的气势和节奏，富有鼓动性和感召力。

演说的语速要做到快慢得体，缓急适度，快而不乱，慢而不拖，快中有慢，慢中有快，张弛自然，错落有致。这样，便能显示出语言的清晰度和节奏感，使演说具有音乐美。

5. 节奏

对艺术来说，节奏是各种不同要素有秩序、有规律、有节拍的变化。朱光潜在《谈美书简》一书中指出，节奏是主观与客观的统一，也是心理与生理的统一。它是内心生活（思想感情）的传达媒介。据此分析，演说者思想感情起伏变化结构的疏密松散，语调抑扬顿挫、轻重缓急以及演说者的举止等要素，有秩序、有规律、有节拍地组合在一起，便形成了演说的节奏。常见的演说节奏有轻快型、持重型、平缓型、急促型、低抑型等（见表 8–3）。

表 8-3　节奏类型及其特点

节奏类型	主要特点	适应范围
轻快型	轻松、欢快、活泼，语速较快	欢迎词、祝酒词、贺词
持重型	庄重、镇定、沉稳、凝重，语速较慢	理论报告、工作报告、开幕词、闭幕词
平缓型	平稳自如、有张有弛，语速一般	学术演说、座谈讨论
急促型	语势急骤、激昂慷慨，语速快	紧急动员、反诘辩论
低抑型	声音低沉、感情压抑，语速迟缓	悼词、纪念性演说

总之，语言的抑扬顿挫、轻重缓急，并非彼此孤立，而是密切联系、互相渗透的。例如，演说者情绪激动，语调自然高昂，语速较快，停顿减少，重音增多，语势急骤，形成急促型节奏。

第二节　复述训练

复述，就是把读到或听到的别人的甚至是自己的文字、语音材料在理解的基础上加以整理，重新讲述出来的一种口头表达形式，是一种基本的、用途广泛的表达方式。除了重要场合、正式工作需复述，在日常生活中，我们看了书，读了报，看了电影电视，知道些新闻趣事，往往会讲给周围的人听，这就要用到复述。为人捎口信，转达某人对另一人的要求，也需要复述。在茶馆说书、炉边闲谈都要用到复述。

一、复述的含义和作用

复述不是背诵，所以不要求一字不差；复述也不是朗诵，更不能照本宣科。但复述的根本性质仍是模仿，是对现成材料的重复，要依照又要脱开既定的材料把意思表达出来，这对于培养语感、熟悉语脉、积累词汇、培养良好的语言习惯、提高书面表达的条理性都有极大的作用，是听、说、读、写几种能力的综合训练活动。

复述训练要求有较强的阅读、听辨能力，还要求有较强的记忆、想象能力。如果我们能在复述训练上下较多工夫，一定会增强上述能力。

二、复述的基础和要求

复述的基础是熟悉原材料。我们要认真听，要仔细读，对口语的或书面的原材料要准确把握、理解，记清其中的关键词语、句子和段落，对原材料的各部分内容有一个清楚明晰的概貌，以便复述时将其浮现在脑海中，调整自己表达中可能会出现的偏离，补充可能会有的遗漏。

具体的要求如下：

（一）准确完整

复述必须忠实于原材料，不得扭曲愿意，不得有大的偏差，不得丢失或变换主要内容、主要观点和主要情节。当然，并不是一字不漏，而是要根据表达的需要适当地删除无关紧要的词、句、段，突出重点。

（二）语脉清晰

语脉清晰就是要弄清材料的体裁，抓住文章话语的线索脉络，使之条理清晰、前后连贯、层次分明。大多数话语材料都是叙述性的，多是按事件的发生、发展和时间的推移、地点的转换来安排的。我们只要抓住它们的线索脉络，掌握其内容，复述起来也就自然清楚。有些话语材料是议论性的，往往是按照提出问题、分析问题、解决问题的顺序安排的。还有说明性的话语材料，即对某事、某物，特别是对新产品的介绍。随着市场经济的推进，这种复述会运用得越来越多。我们只要把握所述事物的性质、特点、形状、功用、构造、制作原理与方法等线索，复述起来也是不难的。

（三）生动流畅

复述必须注意口语化、通俗化、生动性。语音训练在复述训练时一样有用。我们在复述时同样要求语音标准、口齿清楚、语调流利自然、语气得体恰当，关键还必须体会原材料作者的思想感情，用合乎原作的语调表情复述出来，使听复述的人能不走样地了解原作所包含的内容。

三、复述的类别

从复述的内容上分，复述可分为三种：第一，重述，即重复自己的话；第二，转述，即把别人的话重复一遍说给第三者听；第三，引述，即以熟读熟听并记住材料内容为基础，以书面语言转换为口头语言为特征，以使他人了解被引述材料的内容为目的的复述。重述是为了强调某个内容，加深对方的印象，转述只是如实转达听到的话，这两者的不同在于一个没改变听话对象，一个则牵涉第三者。引述比前两种要复杂些，也困难些，需要多做些训练。

从对复述的要求上分，复述可分为三种，即详细复述、概要复述和创造性复述。

（一）详细复述

这是一种接近原始材料的复述，形式上最简单、最基本。复述的人要用自己的语言严格地照着原始材料的内容顺序，原原本本、清楚完整地述说。

这种复述虽然讲求忠实于原始材料，以保持其严肃性和准确性，但仍不是照本宣科、一字不掉地背诵。详细复述允许复述者在句式上做必要的调整，使之口语化，便于理解。比如某些过长的句子可以化短，某些过于复杂的语法结构可以化简，某些拗口的句子可以化为通顺流畅的句子，某些妨碍理解的文言、土语可化为通行的言辞。

做好详细复述的基本方法是：第一，仔细地读、看、听，抓住材料中心。弄清言谈思路，理出段落层次，全面把握内容。第二，在把握、理解的基础上，对长篇材料列出一个提纲，做适于口语表达的组织加工，并强行储存于脑中；对稍短的材料也要打好腹稿，记住几个要点。第三，依照提纲或腹稿复述，复述过程中可通过想象适当补充重要内容，添加些次要内容，使叙述丰满生动。

（二）概要复述

这是对原始材料加以浓缩、选择和概括，然后用简洁明了的语言陈述出来的一种复述。其中又可分为以下三类：

1. 浓缩复述

浓缩复述即把原始材料的全部内容尽量压缩得短小精炼。压缩时要舍得剪枝节，突出主干。同时也要避免放弃重点，偏离中心。

2. 选择复述

选择复述是根据具体场合、具体对象，抽取有针对性的内容加以连贯复述的一种形式。做这类复述的基本方法是：第一，熟悉原始材料的全部内容；第二，在熟记内容的基础上对全部材料进行分析、鉴别、比较，以确定应该复述的内容；第三，把相近、相关的内容归类，再按一定顺序详略适当地加以复述。

3. 综合复述

综合复述是归纳某些共同点来集中复述的一种形式，可以是对单个材料的综合，也可以是对若干材料的综合。做这种复述的方法是：第一，具体地分析原始材料，找出有内在联系的内容。第二，进行归纳综合，概括出若干要点，舍弃无关紧要的部分；第三，按主次加以排列，用语句表述。

（三）创造性复述

这是在忠实于原始材料基本内容的前提下，根据复述的目的、要求，对原材料的内容和形式做某些创造性的改变和扩充的一种复述的形式。它比前两种复述方式要求高、难度大，需要复述者有一定的想象力和创造力。它可以分为以下两种：

1. 改变型创造性复述

这是改变人称、改变结构、改变体裁等的复述。当然，这种复述只限于改变形式，不能改变内容。所以，和其他复述一样，主题、情节、人物、风格等不能改。这相当于作文训练中的改写。

2. 扩充型创造性复述

这是增添某些细节，增加一些说明性、修饰性内容的复述。扩充，是扩充内容，是在对原材料内容深刻理解的基础上，在不偏离中心、不改变主题的情况下，通过合理的想象，将内容扩展开来。这相当于作文训练中的扩写，我们可以借鉴作文训练中的方法帮助我们做口语训练。

第三节 “六力”训练

这里的“六力”指注意力、理解力、记忆力、辨析力、灵敏力、选择力。

一、注意力的训练

（一）全神贯注地听

先看一个智力测验题：如果你开着一辆客车从武汉去黄石，车行 40 公里后，有 3 位乘客下车，同时又有 2 位乘客上车，此时车上的人平均年龄是 40 岁，问司机的年龄是多少？

这个题目实际上考的是听话的注意力。它巧妙地放了一个烟幕弹，把“你开着一辆客车”这一前提罩在了武汉、黄石这些地方和“40，3，2，40”这些数字的烟幕里，使你的思维失重，不知怎么计算。我们由此可以看出，在听的过程中，全神贯注、专心致志是多么的重要，有时仅仅一瞬间的走神就会错过对方说话的关键，因而无法把握中心，更不用说做出相应的对策。

要训练集中精力，我们可采取以下的方式。

（1）听一篇 1000 多字的小说，然后复述，尤其要复述出人物姓名、情节、比较突出的对话。然后对照原文，看复述的内容与原小说的差距大不大，有无实质性错误。

（2）听一段市场信息或一段科普文章，然后复述其中提到的各组数据，看有无记错的地方。这种方式是训练对一些枯燥数字的注意力。

（二）有选择有分配地听

我们有时候不得不一心二用，或面对众多声音从中选出需要特别关注的声音。如果是在课堂上，老师则要分配好听力，以保证班上所有学生的声音能入耳入心，使教学工作顺利地进行。

训练方式有：

（1）用两台录音机同时播放一篇小说和一篇散文的朗读录音，要求选听其中一篇，听完后复述，看是否会将两个录音搞混。

（2）一边听歌曲，一边写下歌词，尽量记准确、记完整。

（三）耐心地听

听对方讲话不仅需要专心，而且要耐心，除了必要的提示和反馈外，一般不宜打断对方的话，这是一种礼貌、一种修养。即使对方有些啰唆，也应耐着性子听下去。

训练方式有：

（1）找一段你最不感兴趣的材料让别人读，看你能记住多少，能否理解。

（2）找一篇水平不高的文章的初稿听，整理归纳自己听到的内容，分辨文章中写了些什么、作者的意图如何、哪些地方稍好些。

（四）注意对方说话时的体态表情

人们说话总会伴随各种体态表情，所以我们听别人说话的时候也要用眼睛去注意对方的体态，去解读其含义。如果没有这种注意力，仅仅用耳朵听，则肯定会漏掉很多口语里没负载的信息。

二、理解力的训练

（一）寻找“潜台词”

有这么一个故事：出身于贵族家庭的苏联外交部长莫洛托夫出席国际会议，席间，一位英国工党议员对他说：“先生，你出身贵族，我世代为工人，我们两人到底谁更能代表无产阶级的利益？”莫洛托夫指着彼此胸部平静地说：“我们两人都背叛了自己的阶级。”莫洛托夫的话就是含有“潜台词”的：我背叛了贵族，成了无产阶级利益的忠实代表；你虽出身工人，却成了资本主义制度下国会的议员。听话过程并不仅仅是一个单纯的破译信息码的过程，还必须分析出字面意义所隐含的内部意义，不光要知道对方在说什么，还要弄清对方想说什么。

训练方式有：

（1）听故事，找出语意含蓄的话，说说其中的弦外之音是什么。比如下面这段话：

有一个乡下人谈自己的愿望，说："如果有100亩好田就妙极了。"他的邻居是个爱妒忌的人，听了之后，说："如果我养100只鸭子一定放到你的100亩田里。"

两人你一言我一语地争吵得不可开交。来了一个秀才，劝他们别争。两人非但不罢休，还要秀才判个是非。秀才说："你'如果'有田，他'如果'有鸭子，你们斗得这么热闹，我'如果'做了官，再来审这个案吧。"

（2）看电视剧、小品，注意人物的潜台词，思考这些潜台词起什么作用。

（二）把握言语的背景

一位班主任看见教室的窗户玻璃被打破了，问了几个同学，这些人都说是学生甲打的。于是老师找来学生甲问是不是他打破的。学生甲说："不是我，又能是谁？"从字面上看，他承认了打破窗户玻璃这一事实；从语气上看，他显得态度很坏。细心的老师从中听出了情绪，耐心询问，终于弄清，窗户玻璃并不是学生甲打破的。因为他平时常犯错误，班上不论出了什么事，他总是被怀疑，于是他背上了沉重的思想包袱：什么错都往我身上推，洗也洗不清了。"不是我，又能是谁？"这话显然含有不满、抱怨、恼怒等抵触情绪。如果老师不对谈话的背景有所了解，只听学生承认了，接着教训他一顿，就算以循循善诱的口气说教，学生也会觉得委屈，会继续以破罐子破摔的态度对待班上出现的事情。这样，老师作为一个教育者是失败的。因此，听别人讲话不仅要弄清字面意义，还要看讲话的背景，在什么场合，当着什么人讲，带有什么样的情绪，在什么样的心态下讲这种话，从而判断话语中哪些可信，哪些需深究，哪些需放置一边。

训练方式有：

（1）分别听七八个人谈某一件事，结合这些人的身份、职业、为人，分析他们对这件事的谈论，试着找出哪些话是客观公正的，哪些话是发泄私愤，哪些人没有任何责任，只是逞一时口舌之快。

（2）看电影、电视、小说时，分析在同一问题上正反两方面人物不同的立场观点。

三、记忆力的训练

（一）把握对方说话的中心

一次谈话总有一个中心，谈话中其他言语活动都是为这个中心服务的。如果我们在听对方谈话时，能把握住这段话语的中心，那么就可以充分发挥自己的定向思维能力，防止误听误解，并使记忆变得轻而易举。

训练方式有：

（1）听读一篇1500字左右的小说，写出故事梗概。

（2）听某人陈述一件较复杂的事情，力求及早把握其中心。

（二）长期听与间断听相结合

做事贵在坚持，听力训练也是这样，听觉记忆力的训练更是这样。坚持长期听无疑能强化我们听话的记忆力。不过，我们也得训练自己在隔了相当一段时间之后能迅速追忆以前所听内容的能力。有目的地间断听也有利于我们提高听话时衔接断层信息流的能力。

训练方式有：

（1）坚持收听广播电台的小说连播节目，力求听完一部小说之后能记住大部分内容。

（2）收听广播电台的新闻节目，有意识地去记忆，看能记住几条。长期坚持下去，力求越记越多。

四、辨析力的训练

（一）注意声调和语调

声调能区别词义，语调能区别句义，这已是常识。我们听对方说话时如能准确把握声调和语调，就很容易进一步把握其语言的中心和重点。

训练方式有：

（1）根据下列句子重音的不同位置体会句子的不同含义。

我听说你到了北京。

我**听说**你到了北京。

我听说**你**到了北京。

我听说你**到了**北京。

我听说你到了**北京**。

（2）听读鲁迅《故乡》中的一段文字，联想这会是一幅怎样的图画。

深蓝的天空中挂着一轮金黄的圆月，下面是海边的沙地，都种着一望无际的碧绿的西瓜，其间有一个十一二岁的少年，项带银圈，手捏一柄钢叉，向一匹猹尽力地刺去，那猹却将身一扭，反从他的胯下逃走了。

（3）听读下面两首诗，想象之后，用形象的口语描述诗的意境。

竹 里 馆

王 维

独坐幽篁里，弹琴复长啸。
深林人不知，明月来相照。

采 莲 曲

王昌龄

荷叶罗裙一色裁，芙蓉向脸两边开。
乱入池中看不见，闻歌始觉有人来。

（二）由开端联想到结局

事物发展的规律大都是可循的，有些事的规律虽不大好捉摸，但这不应成为我们手足无措的理由，我们可以展开想象，试着从事物的开端想到它的发展，想到它的结局，想到事物之间或明或暗的联系。有生活经验和社会阅历的人，听他人讲话时总能在话语刚开始时就联想到说话人最终会讲到什么，而且会联想出几种结局，就像看电影看多了会在影片刚开始时猜想故事会怎样结束，人物命运会如何改变一样。

五、灵敏力的训练

（一）迅速捕捉信息，激发灵感

听人说话的目的在于捕捉信息，而捕捉信息的速度则在很大程度上代表着听话的质量。“闻一而知十”“窥一斑而知全豹”这都是说在有知识、经验的基础上，借助些微的线索启发思维，从而迅速地全面认识事物。我们听别人说话也要尽快跟上甚至超过对方的话语，直接达到对方想要说出的话的核心。如果老跟不上，则必然影响交际。

（二）及时做出反应

听完别人的话语后应及时做出反应，形成信息反馈、感情交流。这是听懂了或感兴趣的表示，这才有利于使谈话的气氛友好融洽，也给对方一个“棋逢对手”的印象，觉得有继续深谈下去的必要。我们要了解对方，也必须善于洞察对方的思想情绪，善于推己及人，设身处地地努力与对方在感情上产生共鸣，在思想认识上达成共识。

训练方式有：

（1）找一个内向的人，与之交谈，用恰当的表情、体态、言语鼓励他讲出心里话，他讲得越多说明你使用的方法越恰当。

（2）仔细研究著名节目主持人的主持方法，看他们是如何应对场面上变化多端的情况的，即如何随机应变、临场发挥的。

六、选择力的训练

（一）剔除"杂质"的能力

听对方说话并不是每一句都要听，当对方话语里夹杂了很多琐碎、杂乱的信息，或者掺杂了有意迷惑我们的话时，我们应注意将它们排除掉，否则会干扰我们掌握对方言谈的实质。当然，如果对方整个言谈都无意义，我们可以在不伤及友情的情况下尽早结束这一场交谈。

训练方式有：挑一个有的内容离开中心，有的内容前后重复的讲话录音来听，听完后指出哪些内容是应剔除的。

（二）寻找重点的能力

对方的话肯定有的重要，有的不太重要，或者对我们听话者来说有的需要，有的不需要。这时我们应有一种从中找出重点，找出需要的内容的选择力。

训练方式有：挑一个用多种手法描写人物形象的小说片段，读一遍后找出描写人物的重点。

（三）归类合并的能力

人们说话肯定不像写作文那样已自行安排好了结构。所以我们听别人说话时要有一种将对方有些乱的话语按一定的类别、一定的秩序归类合并的能力。

训练方式有：两人一组，做归类合并练习。甲随便说出属于三个词类的词 15 个，乙听完后再按词类分别复述一遍。乙随便说出属于不同用途的工具名称 15 个，甲再按这些工具的用途分类复述一遍。

（四）抓住线索的能力

听完一段话后，我们要能迅速弄清说话者是按何种思路来叙述的，贯穿讲话的主线是什么。掌握这样一条主线就可以充分理解话语的中心意思。

训练方式有：选择一篇按时间顺序说明事物的文章，读一遍并录音。再把文章的层次打乱，一段一段地读并录音。先把层次已乱的录音一段一段地放出来听，尽量找出线索，重新组织。再将层次线索清晰的录音放出来进行比较，看刚才所做的工作效果如何。

第四节　话题评述训练

评述，是一种人们经常使用的表达方式。做了复述、描述之后，表达者会对所述之事发表自己的看法，阐明自己的观点，分享自己的感受。比如说到《水浒传》中武松到了景阳冈下“三碗不过冈”的酒馆，武松自恃勇武，无视店家的善意劝说，拍桌子骂人催着上酒，扬言要“把你这鸟店子倒翻转来！”店家只得忍着伺候他喝了15碗酒。虽说武松接下去要做的是一件惊人壮举：赤手空拳打虎，但表达者如果是就今天商家和顾客的关系来谈的话，一定会忍不住插进这么一段评述：

今天，像武松这样的顾客也不少见，可像店家那样好的态度也不多见，尽管不少商店、饭馆挂着“高兴而来，满意而去”的招牌，可真要碰上武松这样的顾客，我真担心双方会打得头破血流。

这样的评述能让听者在听故事之余，结合身边的事思考一些有深度的问题。

评述的核心在“评”这个字上，与复述、描述的不同之处是：它不是以见到的、听到的或回忆起来的材料为表达对象，而是以所见、所听、所忆的材料激发出来的见解和感受为表达对象。评述虽以“评”为核心或主体，但离不开“述”作为基础，所以也可称之为述评。只有先对所见、所闻、所忆的人或事做客观冷静的复述和描述，才能由此产生表达主观意识、富于情感倾向的评论。否则，评论就无的放矢，就是一堆空话。因此，评述是“评”“述”两方面相结合的带有综合性特点的口语表达方式。

做评述训练，不仅可以继续提高评述者复述和描述的能力，还能培养和提高其分析能力、理解能力、鉴赏能力和评论能力。这将要求评述者的思维更为灵敏、更为有条理。因为评述已不是一种单一的、平面的表达方式，它的复杂性使得表达者不能仅仅局限在某一种形式的表达上。

一、评述的要求

既然评述是一种以“评”为主的表达方式，就要求评述者心中要有一个原则：评论要有说服力。复述和描述只是将客观事实述说给听者，使听者相信这事实，仅此而已。而评述则要上升到让听者同意表达者对这一事件的见解和感受。所以，要使评述有说服力，具体要做到以下几点：

（一）实事求是，持论公允

实事求是是一种哲学层次的基本原则，但用于评述时是很切实际的。“述”要做到有什么说什么，没有什么不能瞎说，这就是“实事”。“评”要做到公正、公允、持中，向真理靠近，这就是“求是”。“述”是表达客观事物，必须原原本本不走样，切忌断章取义，切忌歪曲事实，这才能为“评”打下可靠的基础。如“述”得不准确，“评”就免不了偏颇，失去公允。有了准确的“述”，还要对它做深入研究、具体分析、客观评价，要掌握好尺度，恰当地予以“评”，这才能使听者理解、接受，而不至于反感、怀疑。

（二）观点鲜明，论据充足

评述关键在一个“评”字，赞成什么，反对什么，爱什么，恨什么，都要通过“评”表达出来，如果没有价值上的判断也就不是评了。所以评述要观点明确、旗帜鲜明、立场坚定，切忌含糊其辞、模棱两可、左右摇摆、前后矛盾。当然，我们也不是每句话都充满火药味，没理找理。有了正确的观点，并不等于评述完成，而是要找充分可靠的论据，用事实说服人。

（三）语言生动，逻辑严密

评述的语言也要求准确、简练、生动、活泼，这主要偏重于“述”的一面。“评”是表达观点、讲明道理，要求语言条理规范、层次分明、符合逻辑，具体讲就是概念明晰、推理合乎规律，不违反一些人人皆知的逻辑规律。即使“评”的内容比较深奥，也尽量用浅显、通俗的语言表达。深入浅出总比装腔作势更受欢迎。

二、评述的种类

评述的内容广泛，方式多样。从内容看，评述大致有阐明性的和辩驳性两种，前者是从正面发表对某事的看法，后者则站在反驳者立场上表达对某事的看法。从方式上看，就“评”和“述”的结合形式，评述可分为以下三类：

（一）先述后评

先述后评即先用复述和描述将要评的内容表述出来，然后集中做全面的或突出某一点的评论。这种评述又有自述自评和他述我评两种形式。前者，“述”“评”都是一个人完成的，后者则是评述者听了他人的复述和描述之后阐明自己的观点。不论是自述自评还是他述我评，“述”在先，是基础；“评”在后，是目的。因此，进行这两种先述后评，都必须在“述”的过程中对其内容做具体分析、周密思考，把自述或他述中最重要的内容整理清楚，把感受最深的部分、需要评论的部分归纳梳理一遍，在自述或听完他述之后，按主次轻重的顺序阐述观点看法。

评述，可以是全面的评，也可以是重点的评，以全面评为主。一般说来，先述后评这种形式“述”的比重大些，“评”的比重轻些，观点相对集中而单一。先述后评在结构上截然分为“述”和“评”两部分，尤其是他述我评，由两个人来完成评述，更容易看出两者的界线。

先述后评是评述中最简单、最基本的一种方式，常用于评述人物、事件、见闻、讲话等。

（二）边述边评

边述边评即在复述或描述的进行过程中，随时予以评论。也就相当于作文中所谓的“夹叙夹议”。

边述边评，“述”和“评”水乳相融地交错进行，结合非常紧密，界线模糊不清，但并不是说“述”就是“评”，“评”就是“述”了，我们仍要把握两者的区别，避免把客观事实与主观评价混为一体，误导听众。“评”可以全面地评，也可以重点地评、片段地评，以评重点、评片段为主，这是夹叙夹议时很自然的一种结果。如果要全面地评，也多是放在开篇和结尾。这是和前面讲的先述后评偏重于全面地评很大不同的一点。

进行边述边评，要求评述者熟悉“述”的内容，并有独特见解和深切感受，反应敏捷，出口成章，这样才能在“述”的过程中随时、及时地予以点评，使“述”与“评”成为一个整体。这种方式在讲解课文、评点文章、评介人物事件时经常用到。

下面是一段评述鲁迅笔下典型人物孔乙己的口语材料，可以借鉴。

孔乙己是个十分不幸而又十分可爱的人物。他总是穿一件又脏又破的长衫，到咸亨酒店喝酒。每当他来店里，总有人取笑他，他红着脸说些难懂的话和他们争辩，又引得人们哄笑。他读过书，却连半个秀才也没捞到，越过越穷。他又好吃懒做，弄不到钱，却去做与身份不符的事，去偷书偷钱换酒喝。他又心地善良，教小伙计识字，给孩子茴香豆吃。到最后，这样一个受封建文化毒害的人因老毛病重犯被打断了腿，用手走路，不久就死了。

这段评述一开头就是个概括性的评价，中间的“好吃懒做”“心地善良”是对人物思想性格的具体评价，最后又用“受封建文化毒害”来深刻揭示造成人物悲剧结局的社会原因。这些是对“述”的人物的片段的评价，连接起来成为一个整体评价，剩下的全都是对人物生平事迹的叙述了。

（三）先评后述

先评后述即先阐明自己的观点和感受，提出某一明确的论点，然后述说事实，引用论据，以此来证明论点正确。这是一种以“评”为主线的评述。它的目的偏重于申明自己的某种观点，使这种观点为听者接受。这种评述的“评”，观点集中单一，即有一个中心观点，但须从不同方面对中心观点展开深入的论述。这种评述的“述”，不限于某一材料，而应广泛获取能支持和证明已表述观点的材料。引述事实论据，不求周详完备，多用概述的方式介绍最主要的内容。这些是先评后述与上面所说的两种评述的最大区别。

先评后述是评述最高、最难掌握的形式。进行这种评述需充分准备，要琢磨、推敲好观点，获取、选择好论据，还要安排好评述的思路。如果还不太擅长评述，可暂且不忙于采取这种方式。要做好这种评述，最好是编写一个稍详细的书面提纲，列出论点及支持它的几个论据，犹如拟一份发言提纲。评述时，在表达需要强调的观点时要重音突出，语气丰满，以引起听者的注意；陈述事实论据，要简练明确、从容不迫、丝丝入扣、前后连贯，切忌观点加事例式的简单堆砌。

第五节　描述训练

描述与复述是很不同的一种表达方式。复述是以现成的、原有的语言材料为表达对象，具有明显的模仿性、复制性。而描述则是用生动形象的语言，把所见所闻，以及所知的人、物、事、景等具体形态特征，细致准确地描绘给他人听的一种口语表达方式。描述以观察为表达基础，具有鲜明的独创性、原发性。复述主要用于表达大段成篇的内容，讲求条理清楚、结构完整；描述则主要用于对个别事物或若干事物的组合体的表达，强调或突出具体事物的特征形态，只求鲜明、形象，难免具有片段化、跳跃性。复述基本上使用原材料现成的语言；描述则一无依凭，全靠叙述者迅速调动自己的思维资源和语言积蓄，组织并转化为外部语言，即口语。比如说，描述一个人长得胖，可以说：“这个人很胖很胖。”但这种描述明显不形象、不具体。也可以说：“这个人胖得脸上皮肤不够用，要张嘴，他就得闭眼；要睁眼，他就得合拢嘴巴。”这就比前面的平淡描述要有吸引力得多了，也会给听者留下深刻印象。

一、描述的要求

怎样才能使描述达到预期目的呢？这要求描述者做到以下几点。

（一）抓住特征，真实准确地描述

不论是描绘人物、景物、器物，还是描绘事件、场景，都要看准其特征，要符合真实的生活，让听者相信你所描述的与现实相同，不能随意渲染夸张、拼凑堆砌。比如：有的人描述秋天，他会说秋天的梅花很好看，这明显不符合事实；他如果说秋天有很多树呀、草呀，又没突出秋天的特征，这样的描述自然不会给人留下印象。契诃夫在《套中人》这篇小说里描述别里科夫就是个成功的例子。他写道：

> 即使在晴天，他也穿上雨鞋，带着雨伞，而且一定穿着暖和的棉大衣。他的雨伞总用套子包好，表也包在套子里，削铅笔的小折刀也装在套子里。他的脸老藏在竖起的衣领里，常戴墨镜，用棉花堵耳朵，一坐上马车总要车夫支起车篷来。总之，他总想用一层外壳把自己包起来，仿佛要制造一个套子，与世隔绝，不受外界影响。

这段描述始终紧扣“套”这个关键字，这个人物的与众不同之处也就突显出来了。

（二）力求使形象鲜明生动

上面说的抓特征，就是使描述鲜明生动的一个关键。抓住以后，又怎么把特征用形象生动的语言表达出来，使之活灵活现地呈现在听者面前，这就要借助口语修辞和声音技巧了。这些技巧能让听者有一种身临其境，如见其人，如睹其物的感受。《水浒传》里描述鲁提辖拳打镇关西一节，就给人留下极为深刻的印象：

> 扑的只一拳，正打在鼻子上，打得鲜血迸流，鼻子歪在半边，却便似开了个油酱铺，咸的、酸的、辣的，一发都滚出。……就眼眶际眉梢只一拳，打得眼棱缝裂，乌珠迸出，也似开了个彩帛铺的，红的、黑的、绛的，都绽将出来。……又只一拳，太阳穴上正着，却似做了一个全堂水陆的道场，磬儿、钹儿、铙儿一齐响。

这三拳都用了人们熟悉的生活场景作比喻，一个像开油酱铺，唤起人们也曾有过的鼻子被碰、被打的痛感；一个像开彩帛铺，则纯从旁观者看到的眼破眉裂来讲，惨不忍睹之余也让人觉得作恶者下场的可叹；一个像全堂水陆道场，当代人也许不熟悉什么是道场，但明清时则老幼皆知，用这来形容挨打者眼冒金星、耳鸣脑眩也再形象不过了。

（三）注意用描绘性的语气语调增加感染力

在口头表达时，有的人说话干巴巴的、硬生生的，这当然不会引起听众的兴趣。如果调动口语中本来就有的语气语调并稍加夸张渲染，使口语比之书面上的叙述增加了立体感、起伏感，在该着急的地方让人真的把心都吊起来；该舒缓的时候让人大大地松一口气，做到话中有画，给人留下磨灭不掉的印象。如小学课文里所讲的司马光砸缸的故事，我们用平铺直叙的语调和跌宕起伏的语调各描述一遍，小学生们自然会被后一种描述吸引。再如一些电台里常播放的评书，用充满激情的语调讲述着民族英雄岳飞的故事，让听众激动不已，在受到教育的同时，也领略到一种美感。

二、描述的类别

描述可从两个方面进行分类。一是从描述的内容上分，大致可分为：景物描述、人物描述、场面描述。看见这些名称，我们就知道这些类别所指的是什么了，不再详述。这里着重介绍从描述的方式上所分出的一些类别。

（一）观察描述

这种描述就是描述者一边看着事件的发展或看着在场的人物，一边对其进行描述，也可以是对刚刚看过的人或事加以描述。描述者对正在身边的人或正在发生的事做全面、细致、准确的观察，了解其特征、变化、结局，按一定结构、顺序，用生动形象、层次分明的语言讲述出来，就是观察描述。

这种描述以观察为基础，这就要求描述者观察细致、全面、准确，只有做到这几点才能保证描述得具体、形象和真切。观察时掌握好顺序、方位、角度，就像一个训练有素的画家对待所要画的人物、风景，这样才能描述得层次分明、条理清楚、色彩鲜活。描述者在观察时还可以注意鉴别、比较，舍弃无关紧要的枝节性场景，使描述重点突出、本质突显、中心明确。下面的一段描述是作家峻青在《瑞雪图》中观察雪景的文字：

大雪整整下了一夜。第二天早晨，天放晴了，太阳出来了。推开门一看，嗬！好大的雪啊！那山川、河流、树木、房屋，全都笼罩上了一层白茫茫的厚雪，极目远眺，万里江山变成了一个粉妆玉砌的世界。看近处，那些落光了叶子的树木上，挂满了毛茸茸亮晶晶的银条儿，而那些冬夏常青的松树和柏树上，则挂满了蓬松松沉甸甸的雪球儿。一阵风吹来，树木轻轻地摇晃着，那美丽的银条儿和雪球儿簌簌落落地抖落下来，玉屑也似的雪末儿，随风飘扬，在清晨的阳光下，幻映出一道道五光十色的彩虹。

从这一段文字中可以看出，作者从远到近进行观察，并按这个顺序描述，层次分明。他既描述了看到的瑞雪的颜色、光泽、风未起时的静态，又描述了风吹来后雪的动景，描述得具体、形象、迷人，让看文章的人陶醉在这幅瑞雪图前。

（二）回忆描述

这是描述者对不在眼前的人或事以及很久以前的人或事，一边回想，一边描述，或先全部想好再整体描述的一种方式。描述者与描述对象已“隔”了一层，听话的人与描述对象就隔得更远了，他们只能通过描述者所说的话去了解他们所想要了解的人或事，这样，描述者的责任就远比观察描述中描述者的责任大得多了。

回忆描述的基础是记忆力。记得清楚与否、准确与否关系到描述是否成功、是否可信。我们常看到各种人物的回忆录，有些是可以相信的，写得生动，有些则与事实不符，胡编乱造。进行回忆描述，描述者必须先对描述对象进行详细的回忆，回忆不出来，就不要描述；回忆不全面，也不要急着描述，要保证回忆出的东西准确无误。实在不行也就不勉强。把握住一个原则：有一分事实说一分话，绝不要凭想当然去做回忆描述。回忆清楚了之后，描述者就可以确定描述的中心、重点，按顺序，选角度，从容不迫、有条有理地用恰当语言进行描述。

回忆描述的范围很广泛，如追忆青少年时的黄金时光，缅怀亲朋故旧的音容、趣事，述说游览大好河山的感受等。比如鲁迅在《藤野先生》中的描述：

其时进来的是一个黑瘦的先生，八字须，戴着眼镜，挟着一叠大大小小的书。一将书放在讲台上，便用了缓慢而很有顿挫的声调，向学生介绍自己道：

“我就是叫作藤野严九郎的……”

这篇文章里，鲁迅回忆起他在仙台医学专门学校里遇上的一位对教育认真、对中国友好、形貌有些独特的日本教授，这位老人对鲁迅以后的生活起了相当大的作用。我们通过鲁迅的回忆描述也就了解了当时中日两国之间的一些关键事件，也了解了两国人民之间的一些微妙关系。这样的回忆描述当然是真实可信且发人深省的。

（三）想象描述

上面两种类别的描述都必须依据事实，但我们不可能每次描述都碰上这种情况：有实实在在的人或事被亲眼见到，有惊人准确的记忆力做依据。这时我们就要借助想象和联想了。想象描述就是描述者以观察或记忆的某些人或事为基础进行想象和联想，“创造”出一种新的、符合描述要求的材料，然后用适当的语言描述出来。

这种描述不是以观察到的、或清晰地留存于脑中的材料为主要描述对象，而是更多地以想象或联想产生的材料为描述对象，这样的材料明显是有“虚构”成分的，所以我们不强调这种描述的完全真实性。不过，想象和联想是以平时对生活的观察、记忆作为底子的，人们正是平时多观察、多储存，日积月累，有了丰富的经验和感性材料，才能使想象和联想展开坚强有力的翅膀。从这个意义上说，想象描述又与观察描述、回忆描述没有本质上的差异。

想象和联想并不是凭空乱想，而是与平时学习、工作、生活中所经历的事、所获得的经验有关，与积累的广博深厚的知识有关，与明断是非的鉴别力有关，如果没有这些做基础和依据，想象和联想就失去了科学性、可信性。

想象和联想不能太受拘束，也不能太离奇。太拘束了，不敢驰骋于广阔天地，这种想象和联想就不可能丰富多彩、新鲜感人，就没有生命力，难以收到描述的效果；太离奇了，云里雾里，满嘴跑火车，这就有悖于人情事理，成了神话传说、奇谈怪论，听的人只要稍有常识，也就不会把这种描述当一回事了。

进行想象描述的步骤如下：

（1）明确目的，确定中心和重点，按这个目的为想象和联想定下基调。

（2）根据主题，展开多层次、多角度的合情合理的想象和联想。可从个别推测整体、从稳定的现状想象动荡后的情景，从眼前所见联想其未来，从外表猜测背后的故事，等等。

（3）把想象、联想到的内容围绕中心重点加以剪裁取舍，用连贯的语言描述出来。

很多描述受条件限制只能采取想象描述，如：推想事件的前因后果、来龙去脉，揣摩人物的内心活动、情感变化。就连科普读物的作家，在描述一些自然现象、科学规律时，也需依靠想象描述来达到他们想要向读者讲清楚的目的。

第九章
规定情境下的演说

为了使学习者能够更好地应对各种演说情境，本章将有针对性地介绍不同情境下的演说内容和技巧。本章内容包括人物介绍、主持开场、竞职面试、即兴发言等。

第一节　人物介绍

介绍，是社交场合人们相互认识，建立联系的必不可少的手段，一般分为自我介绍、介绍他人、被别人介绍和名片介绍四种方式。在这一节中，我们将对这四种介绍方式做具体说明。

一、自我介绍

自我介绍是在没有中间人的情况下自己介绍自己，实际上是一种自我推销，它能给别人留下深刻的第一印象。

（一）自我介绍的内容

自我介绍包括姓名、年龄、家庭、特长、性格、经历、梦想等方面的内容，在介绍这些方面时可根据实际情况对内容进行增减。以下将针对各部分内容的构成进行具体分析。

1. 介绍姓名

介绍姓名时可根据姓名的文字特征、由来源起等展开说明，让别人在短时间之内记住你的名字。如“我叫张凤，弓长张，春风的风”“我叫刘以恒，爷爷给我取这个名字，希望我做事情能坚持到底，持之以恒”“我叫郭城，当歌星郭富城不再富的时候就变成我了”。

2. 介绍家庭

介绍家庭的内容主要包括出生地、居住地、家庭成员构成等方面，可根据自身家庭特征展开说明。如“一千多年前，诗人陶渊明描写过号称世外桃源的理想乐土，那就是我的家乡，湖南桃源”。

3. 介绍年龄

介绍年龄时可根据出生日期的特点、属相的特征等进行具体说明。如“我出生在国庆节，所以取名国庆”“我属猴，有着猴一样的聪明头脑，做事讲求方法，灵活应变”。

4. 介绍性格

介绍性格时要根据个人特征和场景特征确定内容。例如“家庭经济并不富裕，我从小就养成了节俭的习惯，因为体验了贫困所带来的不便，所以我一直渴望富裕的生活。但是我知道要想走出贫困，靠天靠地都只是徒劳，只有靠自身努力才能创造出属于自己的一片天空，所以我坚信天道酬勤”。

5. 介绍个人经历

介绍个人经历时要根据具体场合、具体情况有针对性地选取内容，保证内容与自己性格特征和具体情境相符合，实现三者相辅相成。例如“在我的成长过程中有一段特殊的经历，曾经被选为学校的运动员代表在体校参加训练。体校的训练是很艰苦的，每天很早就要起床，从压腿、慢跑等活动开始，每天早晨有一万米的晨练，之后根据每个人的具体情况，进行长短跑的专项训练。那段经历培养了我吃苦耐劳的性格，也明白了人生的每一次提升都需要付出百倍的努力，坚韧对于一个人来说至关重要。所以，面对今天这样一份野外作业的工作，我并不恐惧，因为这些过程我似乎都经历过，我需要的就是做好每一项具体工作”。

6. 介绍个人理想

介绍个人理想时，内容不要空洞，要讲理想形成的原因、过程等具体内容。例如“我幼年时曾做过许多色彩斑斓的梦，当播音员或者当电视节目主持人是我最大的梦想。于是，我利用一切机会学播音、练演说、说相声、打快板，表演舞蹈，主持节目。我参加爸爸所在部队的春节文艺晚会，我表演的快板书、绕口令受到战士们的热烈欢迎。我知道，做一名合格的播音员或者电视节目主持人是非常不容易的事情，成长的道路上会有成功的喜悦，但更多的是失败的沮丧；会有收获的幸福，但更多的是耕耘的艰辛。但我有勇气、有决心去面对这一切。于是，今天，我站在了同学们中间。我和在座的同学们一样，渴望展翅高飞，渴望将来有更大的发展空间，有施展才华的更广阔的天地。我想，有耕耘就会有收获。未来的四年里，有各位老师的倾情传授，我们一定会有无限美好的未来”。

（二）自我介绍的几种类型

1. 工作式

工作式的自我介绍，主要适用于工作之中。它是以工作为自我介绍的中心，因工作而交际，因工作而交友。有时，它也叫公务式的自我介绍。

工作式的自我介绍，应当包括本人姓名、供职的单位及所在的部门、担任的职务或从事的具体工作等。其中，第一项姓名，应当一口报出，不可有姓无名，或有名无姓。第二项供职的单位及所在的部门，最好全部报出，具体工作部门有时也可以暂不报出。第三项担任的职务或从事的具体工作，有职务最好报出职务，职务较低或者无职务者，则可报出所从事的具体工作。例如“你好，我叫田宏男，是大连大学的教务处长”“我名叫林伟，在外交部工作”。

2. 应酬式

应酬式的自我介绍，适用于某些公共场合和一般性的社交场合。它的对象，主要是通过一般性接触认识的对象，如在旅行途中、宴会厅里、舞场之上、通电话时认识的人。对介绍者而言，对方属于泛泛之交，或者早已熟悉，进行自我介绍只是为了确认身份而已，故此种自我介绍内容要少而精。应酬式的自我介绍最为简洁，往往只包括姓名即可。例如“您好，我的名字叫李笑”“我是刘伟”。

3. 交流式

交流式的自我介绍，主要适用于社交活动中。它是一种刻意寻求与交往对象进一步交流与沟通，希望对方认识自己、了解自己、与自己建立联系的自我介绍。有时，它也叫社交式自我介绍或沟通式自我介绍。交流式自我介绍的内容，大体应当包括介绍者的姓名、工作、籍贯、学历、兴趣以及与交往对象的某些熟人的关系等，但不一定要面面俱到，而应依照具体情况而定。例如“我叫罗至勋，在惠普公司工作，是北京大学95级的学生，我想咱们是校友”“我的名字叫蒋静，上海人，我刚才听见你在唱孙莉的歌，她是我们上海人，我特喜欢她”。

4. 礼仪式

礼仪式的自我介绍，适用于讲座、报告、演出、庆典、仪式等一些正规而隆重的场合。它是一种意在表示对交往对象友好、敬意的自我介绍。礼仪式的自我介绍，亦包含姓名、单位、职务等，但是还应多加入一些适宜的谦辞、敬语，以示自己礼待交往对象。例如“各位来宾，大家好！我叫苑峰，是环海公司的执行总监。现在，由我代表本公司热烈欢迎大家光临我们的开业仪式，谢谢大家的支持”。

5. 问答式

问答式的自我介绍，一般适用于应试、应聘和公务交往，在普通的交际应酬场合也可以使用。问答式的自我介绍讲究问什么答什么，有问必答。例如主考官问：“请介绍一下你的基本情况。”应聘者答：“各位好！我是赵海，今年32岁，浙江杭州人，壮族，共产党员，2000年毕业于西安交通大学，学习电子工程专业。毕业后就任于铁路工程第19局，从事高铁建设工作，因在高铁线路建设中针对具体问题提出了解决方案，为项目节省了2500万元的建设资金，荣获五一劳动奖章。”

（三）自我介绍的注意事项

（1）要有具体内容，不要空洞地抒情或评论。

（2）篇幅不要过短或过长，要根据场合具体设定。

（3）不要盲目模仿别人的自我介绍，要找到自己的个性表达方式。

（4）语速要慢一点，注意抑扬顿挫。

（5）不要自吹自擂，过于夸张。也可以说一下自己的不足，但是可以以另一种方式表达，比如比较急躁，可以说成太急于求成；对于细节不肯放过，可以说成太过于追求完美等。总之，处理得当就可以了。

（四）自我介绍的案例

屠呦呦在获得诺贝尔奖致辞中的自我介绍

可以这么说：我是一个为青蒿素或者说是为诺贝尔奖而生的人。

1930年12月30日黎明时分，我出生于中国浙江宁波市开明街508号的一间小屋，听到我人生第一次“呦呦”的哭声后，父亲屠濂规激动地吟诵着《诗经》的著名诗句“呦呦鹿鸣，食野之蒿……”，并给我取名呦呦。

不知是天意，还是某种期许，父亲在吟完“呦呦鹿鸣，食野之蒿”，又对仗了一句“蒿草青青，报之春晖”。

也就是从出生那天开始，我的命运便与青蒿结下了不解之缘。

只是当时，我还不认识什么是青蒿，不知道什么是青蒿素，也不知什么是中医，更不知道什么是诺贝尔奖。

林志颖在《超级演说家》中的自我介绍

大家好，我是林志颖。今天我要讲的是，我不是偶像。15岁那年我被广告商发现，于是我就变成了大家眼中的我，电视机里的这个林志颖，被大家认识24年，据说是不老的传说。

我很谢谢大家这样夸我，但是呢，我不是偶像，我是一个技术宅男，我是科技狂人，我可以用我的手机在这里控制我家里的一切电子设备，我只要按个钮，我客厅也可以变成一个正宗的KTV。

我不是一个偶像，我是一个赛车手，我可以置生死于度外去超越我的极限。在这次的车祸里面，我的脚断了三根（骨头），打了四根钢钉。那时候的我，一心只想要超越别人，却伤害了自己。后来我就不断地要求我去超越我自己，竟然就变成了拿20座冠军奖杯的职业车手。

对于我身边的人，我更不是一个偶像，我完全是一个超级奶爸，做尽了不偶像的事情，我希望我是他的偶像，可是现在看来呢，他对赛车并没有很感冒，而且反而喜欢跳舞，而且还嫌我的舞步土。会土吗？根本不会，而且（他）还教我跳街舞。我就天天陪儿子从客厅跳到厨房，真的是难死我了，超级奶爸不好当。

我不是一个偶像，我已经为人夫了，所以我们的爱情并不是电视剧里面偶像剧式的那种浪漫的爱情故事，可以在街边拥吻，下绵绵细雨，手牵手浪漫地过日子。我们永远都只能保持10米以上的距离，所以在这边，我想对我老婆说："老婆，谢谢你，你辛苦了，我爱你。"

最后一条我不是偶像的理由。我记得我刚出道的时候，人家看到我都说："哎，小志、小林、小朋友来来来。"但是零零跟九零后的同学们都说："哎，颖叔出来玩嘛，出来玩嘛。"你们看这还能叫偶像吗？偶像都变"偶叔"了。

陈州在《超级演说家》中的自我介绍

在我6岁的时候，我父母离异了，没有父爱母爱，我不幸福。13岁的时候，我被火车轧断了双脚，躺在那张小床上的时候，我也不幸福。直到有一次，我流浪到泰山脚下，那年我18岁，已经流浪10年了。我问一个山上下来的游客，我说："大哥，泰山有多高，你觉得我能登上去吗？"他对我干笑了两声："你问都不要问，你是不可能登上去的。"

当时我就觉得，我特别地受打击，第二天一早，我就拿着我的两个小木盒（我的鞋），冲进了登山的人群当中，我花了12个半小时才登上南天门，一路上我的手磨了很多的泡，可是有很多人夸我："小伙子你太棒了！"那是我……特别少……夸我，但那次我非常开心。到达山顶的时候，我看到了人们梦寐以求的风景——泰山日出，我很幸运。最重要的是，之前我是仰视一切的，但在那一刻，我俯视了周围的一切。我明白了这种感觉叫"一览众山小"。所以打那开始，我登上了百座山，其中光泰山就登了13次。那时开始，我就用另外一种心态，去对待我的生命，原来我的流浪，不单单是为了生存，还可以有机会让我游遍祖国的大好河山。"拍拍身上的灰尘，我振作疲惫的精神，远方也许尽是坎坷路，也需要孤孤单单走一程，早就习惯一个人，少人关心少人问，就算无人为我付青春，至少我还保留一份真。"

之前我和我的搭档，每一次迁移到新的一个城市，他们都喜欢去闹市区、去广场，而我不一样，我觉得我可以去博物馆、风景区，这样的流浪生活就变得美好起来。目前为止，我去过20多个省份，700多个城市，在街头的演唱会达到了3000多场，其中，我与我太太也是在这3000多场中认识的，她是我在这3000多场中最大的一笔劳务。

其实人生就像一次旅行，我没有了双腿，我的脚步就变慢了，就是因为我的脚步变慢了，那么我更能体会生命之美。对不对？你比如说，我和妻子，我们在一起 11 年了，她有一个洁癖，就是特别讨厌别人不洗脚，所以有时候我在想，跟我在一块儿以后，这个问题就不成问题了。我们有的第一个孩子是女儿，她今年 10 岁，非常可爱。

之前我特别自卑，我怕她会为有这样一个父亲而抬不起头，所以我从来没有去接她放过学，有一次我太太实在因为有事脱不开身让我去接她，我就去了，远远地在学校对面一个巷口，看着她。这时候，放学以后，她飞快地跑到我身边，就在这个时候，我最担心的事还是发生了。她的很多同学围上来，说什么的都有。“陈玉晓，你爸爸怎么没有腿啊？”“他这腿是不是黏在这两个桶上的？”还有的小孩甚至掀掀我的衣服，看我是不是把腿别在了后面。这个时候，我女儿说话了：“我爸爸没有腿怎么了，我爸爸没有腿他能爬山，他去过很多地方，还给我们买了房子，你爸爸做到这些了吗？”

你们可以想象一下，当一个父亲听到女儿这一番话以后会是什么样的感觉，压在我心底很多年的一个心结，一下子就打开了。所以，幸福不会因为我失去了双腿，就没有了。我被他们的爱每天包围着，我想不幸福都难。不要总认为自己的鞋子不够漂亮，这个世界上还有很多没有脚的人。

我很幸福，我是陈州。

二、介绍他人

介绍他人，即替另外两方的人互相介绍，为他们相互认识牵线搭桥。

社交场合中并不是人人都认识，而参与社交的人往往希望结识更多的朋友，因此，介绍他人相识便成了社交中必不可少的内容了。介绍，可以促使陌生人成为朋友；介绍，可以促进双方的合作；介绍，甚至可以使双方结为秦晋之好。因此，选择什么内容，采用什么语言形式介绍他人，成为大家关心的问题。

（一）介绍的内容

为他人介绍的内容除姓名、工作单位以外，还应该根据被介绍人的情况有所选择，特别是特长。如“这是 ×××，我们单位的舞林高手”“××× 曾是我们省羽毛球赛的冠军，知道您也有这个爱好，有机会你们可以切磋切磋”。这种介绍对促进双方了解，建立友谊是非常有益的。

给被介绍的人做一个简单、中肯的评价，也是比较好的方法。如“×× 是一位特别热心的人，相信你们一定会相处愉快的”“你们都是搞运输的，李先生在这方面非常有经验，被人称为‘运输通’，你们好好聊聊吧，一定会很有收获的”。这种评论式的介绍，能使对方产生良好印象，从而奠定结识的基础。

（二）介绍的方式

介绍他人可采取直接陈述的方式，往往只用三言两语就能够勾画出一个人的轮廓，要避免拐弯抹角、故弄玄虚，要采用简明的语言直接陈述，如“这位是我的朋友老刘，搞建筑设计的”“这是 ××，很会讲笑话，同他交谈你会感到快乐的”。

除了直接陈述外，介绍他人还可采取询问句。如“刘 ××，我可以介绍 ×× 同你认识吗”。采用先征询意见，得到同意后再引荐的介绍方法，不仅能显示出你对他人的尊重，而且询问句的语调会给人一种亲切感，易于让对方接受。

（三）介绍的原则

在介绍他人时，首先要了解双方是否有想要认识的愿望。如果双方或一方没有这种愿望最好不要冒昧引见。

一般说来，要先介绍客人再介绍主人；先介绍年长的，辈分高的，再介绍年轻的，辈分低的；先介绍女的，再介绍男的。在年龄差别不大的同性之间，向已婚的引荐未婚的；向一对夫妇引荐时，先向女性引荐男性。介绍时要伸开手掌示意，不要用手指头指指点点。在人员较多的场合，作为被介绍的双方，也可主动地做自我介绍，以缓解介绍人的忙乱；如有后来者，可先介绍后来的，然后逐一介绍在场的人，也可有选择地介绍，不必带着客人在室内团团转。

三、被别人介绍

有人将你介绍给别人，你作为被介绍人时，应站在另一被介绍人的对面。等介绍完后，应握一下对方的手，并说“您好”“认识您很高兴”“久仰久仰”等。也可递上自己的名片，说声“请多关照”“请多指教”。

四、名片介绍

现代社会，名片的使用越来越广泛。以名片代替言语介绍，既显得慎重，又免却对方劳思费神地去记姓名、住址、职业、电话号码等，可谓一举多得。

在使用名片时要注意的是：

（1）要把自己的名片放在易于拿出的地方，以免在需要取出时手忙脚乱。

（2）出示名片时，要正视对方，并用双手递上，说“请多关照”等话语。

（3）出示名片时要适时。通常有两种机会适于出示名片：一是谈话比较融洽，对方愿意与你建立联系时；二是与对方握手告别时。

（4）接到对方名片后要认真看一下，再郑重地放进口袋，切不可看也不看就随意扔在桌上，那会伤害对方的自尊。如自己没带名片，要向对方说明情况，并主动做自我介绍。

第二节　主持开场

一、会议开场主持词

会议开场主持词是主持会议时使用的，带有指挥性、引导性的讲话。一般大型或正规的会议都要有会议开场主持词，所以，这种主持词的使用频率较高。和其他公文一样，它也有自身的特点，有自身特有的创作规则。因此，我们有必要对其进行研究和探讨，以便我们在创作或表达的时候更规范、科学。

（一）会议开场主持词的特点

1. 地位附属

会议开场主持词是为领导讲话和其他重要文件服务的，开场主持词的内容是由会议的内容决定的，不能脱离会议内容。其附属性地位，决定了它只能起陪衬作用，不能喧宾夺主。因此，我们在创作过程中，从主持词的结构到内容乃至遣词造句、语言风格、讲话口气等，都要与会议相协调、相一致。

2. 篇幅短小

会议开场主持词篇幅一般不宜过长，要短小精悍，抓住重点，提纲挈领。篇幅过长，重复会议内容会造成主次不分、喧宾夺主。

3. 语言平实

与严肃的会议气氛相适应，会议开场主持词在语言运用上应该平实、庄重、简明、确切，要开门见山，直入主题，尽量不用修饰和曲笔。

4. 结构独立

会议词分为开篇、中间和结尾三个部分，每部分都相对独立，穿插在会议过程中，开场主持词只运用在开篇部分。

（二）会议开场主持词的内容构成

会议开场主持词主要是介绍会议召开的背景、会议的主要任务和目的，以说明会议的必要性和重要性。具体分为以下五方面内容：

（1）宣布开会。

（2）说明会议是经哪一级组织或领导提议、批准，以强调会议的规格以及上级组织、上级领导对会议的重视程度。

（3）介绍在主席台就座的领导和台下的参会人员，说明会议的规模。

（4）介绍会议召开的背景，明确会议的主要任务和目的，这是开场主持词的“重头戏”。介绍背景要简单明了，目的在于引出会议的主要任务。

（5）介绍会议内容。会议的主要任务要写得相对详尽、全面、具体，但也不能长篇大论，要掌握这样两个原则：一是站位要高，要有针对性，以体现出会议的紧迫性和必要性；二是任务的交代要全面而不琐碎，具体中又有高度概括。

为了使与会者对整个会议有一个全面、总体的了解，在会议的具体议程进行之前，主持人应首先将会议内容做逐一介绍。如果会议日期较长，可以阶段性地介绍。如“今天上午的会议有如下几项内容”“今天下午的会议有下列内容”。如果会议属专项工作会议，会期较短，可以将会议的所有内容一次介绍完毕。

（三）各类会议开场主持案例

1. 年会、例会

中国经济年会（2014—2015）开场主持词[1]

尊敬的曾培炎理事长，尊敬的各位嘉宾，女士们、先生们、朋友们，大家上午好。欢迎大家参加由中国国际经济交流中心主办的2014—2015年中国经济年会，这是中国国际经济交流中心举办的第六届中国经济年会。不久前召开的中央经济工作会议全面分析了国内国外的经济形势，在总结2014年经济工作的基础上提出了2015年经济工作的部署、整体基本要求、主要任务和宏观经济政策趋向。会议强调指出，科学认识当前形势，准确判断未来走势，必须历史地、辩证地认识我国经济发展新阶段特征，正确把握经济发展新常态。

1. 本案例引自中国网，http：//www.china.com.cn/zhibo/2014-12/21/content_34292448.htm。

会议还全面、系统、深刻地阐述了经济发展新常态呈现的新趋势、新特征。这是中央对我国经济发展形势的科学判断和准确把握。2015年是全面完成“十二五”规划的收关之年，也是为“十三五”时期开局的奠基之年。做好经济工作至关重要。而要做好明年的经济工作必须正确认识新常态、积极适应新常态，全面转入新常态。在这一大背景下，今年中国经济年会的主题为“新常态下中国经济的可持续发展、改革、开放、创新”，这个主题体现了党中央的决策部署，具有很强的现实意义和深远意义。本届年会包括一个主论坛和三个分论坛，分论坛的主题分别是改革开放、创新驱动发展、为“十三五”献计献策。

与会嘉宾将为大家带来精彩纷呈的思想观点和建议，下面首先请国务院原副总理、中国国际经济交流中心理事长曾培炎同志致辞，大家欢迎。

国新办就2014年金融改革、支持实体经济进展成效等举行吹风会开场主持词[2]

女士们、先生们，大家上午好。欢迎大家出席今天的吹风会，今天是国新办今年举办的第二场国务院政策例行吹风会。

2. 本案例引自中华人民共和国国务院新闻办公室网站，www.scio.gov.cn/32344/32345/32347/20150123/tw32497/Document/1393205/1393205.htm。

金融改革是中国全面深化改革的重要内容，也是中外媒体十分关注的一个话题。为了帮助大家更好地了解相关的情况，我们今天很高兴请来了人民银行副行长潘功胜先生，银监会副主席王兆星先生，保监会副主席周延礼先生和记者们见面，请他们向大家介绍背景情况，并回答大家的问题。

2. 论坛

第六届海峡论坛大会开场主持词[3]

主持人：欢迎各位来到第六届海峡论坛，从6月11日起，本届海峡论坛已经陆续先期举办了一系列活动，为此组委会文宣中心特别制作了一个精彩的视频，此刻让我们共同跟随这段视频一起进入到第六届海峡论坛。

是的，和谐发展，幸福两岸，来宾们、朋友们，此刻第六届海峡论坛大会即将开始，让我们恭请中共中央台办、国务院台办叶克冬副主任主持今天的论坛大会。各位，掌声有请！

叶克冬：尊敬的全国政协俞正声主席，尊敬的中国国民党洪秀柱副主席，各位乡亲，各位朋友，大家上午好！今天，海峡两岸万名同胞乡亲齐聚八闽大地，隆重举行第六届海峡论坛。时逢六月，正应了我们中国人的一句老话，叫作“六六大顺”，这预示着本届论坛将获得圆满成功。本届论坛由两岸73家单位和团体共同举办，其中台湾37家、大陆36家，涵盖农、渔、工、商、教科文卫体以及妇女、青年、民族、宗教等30多个界别和基层民众。我们大家怀着两岸一家亲的理念，秉持“扩大民间交流，加强两岸合作，促进共同发展”的宗旨，围绕“和谐发展，幸福两岸”的主题，共叙乡情，共商合作，共谋福祉，共创双赢，让我们对各位嘉宾的光临表示热烈欢迎！

3. 本案例引自国际在线网站，http：//gb.cri.cn/news/other/nx20140615001.htm。

纪念富连成社创办110周年座谈会开场主持词

由北京外国语大学、中国人民大学主办，中国戏剧家协会为支持单位，北京外国语大学艺术研究院、中国人民大学国剧研究中心承办的纪念富连成社创办110周年座谈会现在开始！

首先，我向大家介绍一下在座的各位领导和嘉宾：……

参加今天座谈会的有来自……单位的负责同志、艺术家、专家、学者和富连成的弟子与家属代表。

出席今天座谈会的还有……等新闻媒体的朋友们。让我们对大家的出席和给予本次座谈会的支持表示热烈的欢迎和衷心的感谢。

3. 研讨会

2014 年《产业蓝皮书》发布暨中国制造业发展研讨会开场主持词[4]

各位领导、各位嘉宾，上午好！ 2014《产业蓝皮书》发布会暨中国制造业发展研讨会现在开始！

4. 本案例引自中国网，http//www.china.com.cn/zhibo/2014-12/29/content_34415658.htm。

本次会议是由中国社会科学院工业经济研究所和社会科学文献出版社共同主办。下面请允许我介绍各位领导和嘉宾：

中国社会科学院工业经济研究所所长、博导、研究员黄群慧先生，中国社会科学院工业经济研究所副所长李维民先生，中国社会科学院科研局局长马援先生、社科文献出版社社长谢寿光先生、中国建设银行周小知行长，中国社会科学院经济研究所副所长杨春学先生，财政部关税中心任烈博士，包头稀土高新区管委会主任助理、稀土产业局局长安四虎先生。参加今天会议的还有产业竞争力报告的各位作者、工业经济研究所的部分研究人员和工作人员，以及众多媒体记者。让我们以热烈的掌声欢迎大家的到来。

城市基本公共服务满意度评价理论研讨会暨蓝皮书发布会开场主持词[5]

各位领导，专家学者，媒体朋友，大家上午好。城市基本公共服务满意度评价理论研讨会暨《公共服务蓝皮书（2014）》发布会现在开始。本次论坛研讨会和发布会由拉萨市委市政府主办，拉萨市委宣传部、中国社会科学院马研院发展部、华图教育共同承办。今天上午是《公共服务蓝皮书（2014）》的发布会，下午是城市基本公共服务满意度评价理论研讨会。明天全天参观考察拉萨公共服务建设情况。上午的发布会现在开始，首先允许我介绍出席今天上午发布会的各位领导，他们是：

5. 本案例引自中国网，http：//www.china.com.cn/zhibo/2014-12/13/content_34269732.htm。

……

让我们以热烈掌声对各位领导和嘉宾的莅临表示欢迎。

《公共服务蓝皮书》自发布四年以来，引起了社会的关注与重视。拉萨市连续在公共服务排名中名列前茅，今年在基础教育、社保就业、医疗卫生、城市环境、文化体育、公共服务等指标上排名第一，这引起了相关部门和学术界的关注。2014 年公共服务蓝皮书发布会之所以第一次离开首都北京，选择在拉萨召开，也是希望深入研究总结拉萨的公共成果和宝贵经验，整体提高城市公共服务能力。下面请齐扎拉同志致辞，大家欢迎。

国新办就机关事业单位养老保险制度改革有关情况举行发布会的开场主持词[6]

女士们、先生们，上午好。欢迎大家出席国务院新闻办的新闻发布会。国务院目前发布了《关于机关事业单位工作人员养老保险制度改革的决定》，《决定》从 2014 年 10 月 1 日启动实施。大家对这个《决定》关注，对这个改革也很关注，

6. 本案例引自中华人民共和国国务院新闻办公室网站，www.scio.gov.cn/xwfbh/xwbfbh/wqfbh/2015/20150119/。

今天很高兴请到人力资源和社会保障部副部长胡晓义先生，请他向大家介绍有关情况并回答大家感兴趣的问题，下面先请胡部长作介绍。

4. 新闻、新品发布会

2014·甘肃·陇南油橄榄产业发展新闻发布会开场主持词[7]

女士们、先生们上午好，欢迎大家出席今天的新闻发布会。近年来甘肃陇南市大力发展特色农业，其中油橄榄已经成为在全国最有影响的优势特色产业。随着社会对油橄榄及其制品的认知程度越来越高，油橄榄产业已经被社会各界广泛关注。为了能让大家全面了解甘肃陇南油橄榄产业的情况，我们今天在这里举行发布会。很高兴请到了陇南市委副书记、市长陈青女士，请她向大家介绍陇南油橄榄产业发展的有关情况。出席发布会的还有国家林业局绿化造林司副司长赵良平，甘肃省林业厅副厅长樊辉先生，陇南市委常委武都区委书记田广慈，陇南市人民政府副市长曹成章，他们会回答大家的提问。下面请陈市长介绍有关情况。

7. 本案例引自中国网，http：//www.china.com.cn/zhibo/2014-11/22/content_34117481.htm。

《打造中国经济升级版》新书发布会开场主持词[8]

各位领导、各位来宾，新闻媒体界的各位朋友，大家上午好。《打造中国经济升级版》新书发布会现在开始。首先，我介绍一下出席今天会议的嘉宾：……

出席今天发布会的出版方领导有……我代表人民出版社和中国国际经济交流中心两家出版单位向出席发布会的各位领导、各位专家学者以及媒体界的朋友表示热烈的欢迎和衷心的感谢。

党的“打造中国经济升级版”的提出，全面建设健康的小康社会必须以更大的勇气和智慧不失时机地深化重要领域的改革。习近平总书记指出，改革开放是决定当代中国命运的关键一招，也是决定实现“两个100年”奋斗目标、实现中华民族伟大复兴的关键一招。

作为党和国家的政治性、公益性出版机构，人民出版社在十八大召开前后，在我们社长黄书元的努力下恢复了一大批深入宣传学习贯彻十八大精神的宣传图书，其中，为加强对党的新一届领导集体提出的一系列新思路、新举措的研究，使广大干部群众比较全面深入地了解和把握，（我们）邀请相关机构的学者撰写了系列性的书籍，并陆续出版，起名为“深化改革开放丛书”，今天发布的是《打造中国经济升级版》。下面请人民出版社社长兼党委书记黄书元同志致辞。

8. 本案例引自下列网址，http：//webcast.china.com.cn/webcast/created/15764/152_1_0101_desc.htm。

二、仪式开场主持词

仪式，是对具有宗教或传统象征意义的活动的总称。仪式具有一定的时段、特定的场合，可以由个体、群体或团体组织。在人们的日常生活中每天都有各种各样的仪式在进行，有开幕仪式、开业仪式、奠基仪式、签约仪式、揭牌仪式、捐赠仪式、婚礼仪式、葬礼仪式等。所有的仪式在进行过程中都要遵循既定的程序，这些程序的引导者就是现场的主持人，完善的主持词也就成为仪式活动不可或缺的关键环节。这一部分将就仪式开场主持词展开，主要介绍其特点、内容构成，并提供一些可供借鉴、参考的案例。

（一）仪式开场主持词的特点

1. 营造气氛

不同的仪式类型会形成不同的现场气氛，如婚礼体现的是喜庆气氛，签约仪式体现的是庄重的气氛，葬礼仪式体现哀痛的气氛，而且同样的仪式也会依据主办方的不同出现个体差别，在整体氛围不变的前提下会展现出别样的姿态，如教堂中的婚礼除了体现喜庆的气氛外，还要有神圣的气氛。所以作为仪式的重要组成部分，开场主持词也要在语言上营造出与仪式相契合的氛围，体现出主办方的意图。

2. 阐明主题

由于仪式是具有象征意义的活动，在进行过程中会通过环节的设置、道具的运用突出其象征意义，如婚礼仪式中的杯塔、喜烛，揭幕仪式中的揭幕动作。同时，每个具体的仪式都会有独特的主题。开场主持词要根据主办方的意见做出主题性说明，阐明其独特的主题内涵。

3. 展现个性

如今，各种仪式的主持词雷同现象非常严重，我们会在不同的场合听到同一版本的主持词，千篇一律，毫无个性。所以好的仪式开场主持词要追求新意，突出个性特征。

4. 整合元素

现代科技的发展使仪式的形式和内容更加丰富多彩，投影、灯光、视频、音效等设备的运用使仪式表现元素更加多样。作为主持人要善于借力而行，可以利用这些设备在开场阶段形成独特的效果，如现在一些婚礼开场会运用视频、音效等手段进行设计。

5. 提升仪式感

前面已经提到，仪式是有象征意义的，开场主持词要在字里行间体现出其深刻的象征意义，充分提升仪式的格调，展现其内涵。

（二）仪式开场主持词的内容构成

写好开场主持词，要把握好吸引观众、创设情境、导入主题三个重要环节，具体要做到：

（1）先声夺人，通过对所有来宾的问候，将观众的注意力全部吸引过来。比如：“尊敬的各位领导，亲爱的观众朋友们，大家好！”这样的问候，可以让所有的观众都对号入座，调动起观众的参与热情并迅速投入到仪式中。

（2）对现场和当时的情景加以描述，让观众感到熟悉、感到亲切自然，乐于接受。如2006年7月9日中国济南国际儿童广场晚会的开场主持词中这样写道：“寂静的园林已笼罩着一片暮色的苍茫，远方的山峦又勾画出一个个令人喜爱的卡通形象。飞泻的霓虹早已闪烁着七彩的灯流，泉城的夏夜呀，四处弥漫着花草的芬芳。风儿歇息了，鸟儿也歇息了，只有潺潺的流水拨动着爱的琴弦在轻轻歌唱。”当时的演出场地是在泉城公园中，主持词通过对特定的周边环境的描述，表现出一种优美和深幽的意蕴，让观众身临其境，引起感情上的共鸣。

（3）观众被吸引之后，应迅速导入主题，进入节目欣赏环节。开场白写得再好，也不能毫无休止地朗诵下去，因为这里不是诗歌朗诵会。所以，将观众的情绪调动起来以后，应迅速切入主题，让演出拉开帷幕，让观众欣赏第一个节目。

（4）要增加主持词的文化内涵，达到寓教于乐的目的。

（5）注意对象，增强艺术表现力。比如为少年儿童写作的主持词，在语言的表述中应尽量采用具有少年儿童特征的语言，否则，过于成人化的语言，会失去少年儿童天真的特性。

（6）借鉴诗词和散文诗的写作手法，提高主持词的艺术感染力。在主持词写作中，运用诗词写作中的对仗、押韵技巧，可以让主持人读起来朗朗上口，让听众听起来具有音乐的节奏美。在大段的抒情性的描述中，主持词的创作者则可以借鉴散文诗的写作特点，可以分行，也可以不分行，还可以以段落形式出现。

（三）范例

1. 婚礼仪式

尊敬的各位来宾，女士们，先生们：

大家好！

春回大地，万象更新，百花盛开，春意盎然。在这美好温馨浪漫的时刻，我们迎来了一对新人幸福的结合，首先请允许我代表一对新人以及他们的家人向各位来宾的光临表示衷心的感谢和热烈的欢迎！欢迎你们！

春天是生机勃勃的季节，春天是充满希望的季节，我们的一对新人将在这里放飞希望，融为一体。他们将共同培育爱情的常青树，共同享受人生的幸福果。也就是从今天开始，他们将向蓝天和白云一样相依相伴，他们将向大海和沙滩一样，无尽缠绵，他们将共同迎接那初升的太阳，共同奔向那落日的霞光！

两年前的一次相遇，让今天的男主角遇上了一个敞开心扉的小女孩，他们一见钟情，然后进入甜蜜的恋爱阶段。他们经过700多个日日夜夜的耐心等待，度过了一段难忘的时光，到今天他们终于盼来了梦寐以求的幸福时刻，他们将携手共同走向这爱情的红地毯。好，良辰吉时已到，现在我向全世界宣布，××× 先生和 ××× 小姐的结婚庆典仪式正式开始，鸣炮！

让我们响起隆重而热烈的掌声有请今天的白马王子登场。[9]

9. 本案例引自豆丁网，http：//www.docin.com/p-1190951585.html。

2. 开业庆典开场主持词

各位领导、各位嘉宾，先生们、女士们：

大家好！

金风送爽、金菊吐丝，丹桂飘香、香满鹏城。我们怀着激动的心情，迎来了今天的大喜日子——×× 公司揭牌开业庆典仪式隆重举行。首先，我谨代表 ×× 公司全体员工对在百忙之中前来参加开业庆典活动的各位领导和朋友表示衷心的感谢和热烈的欢迎！

今天，前来参加开业庆典的嘉宾有给予我们大力支持的 ×× 公司领导和 ×× 公司的领导，有给予我们大力支持的新闻媒体记者，有 ××，还有 ×××。在此，请允许我代表 ×× 公司再一次向各位的到来表示衷心的感谢。

现在，我宣布：×× 公司揭牌开业庆典仪式正式开始。[10]

10. 本案例引自中国教育文摘，http：//www.eduzhai.net/yanjiang/19/yanjiang_380509.html。

3. 满月宴开场主持词

尊敬的各位嘉宾：

大家晚上好！

今天是 ××× 先生和 ××× 女士的爱女 ××× 小宝宝的满月之喜，值此良辰美景，××× 先生携全家对今天到场的各位嘉宾朋友表示衷心的感谢与热烈的欢迎！

人生是一次幸福的旅程……他们相识相知相恋，并且诞下了爱的结晶，取名 ×××。让我们一起来祝福他们全家吧！祝福他们喜得千金，祝福宝宝快乐成长！

参加今天满月酒宴的嘉宾有：×××。

女士们、先生们，我们已欣喜地看到 × 夫妇的家庭已经盛开了一朵鲜艳的花蕾，结出了一颗爱情的硕果。花的绽放，果的飘香，让我们看到：为人父合不拢嘴，做人母无比欢欣。庆典之时，作为新生儿的父母一定有很多饱含欣喜、饱含深情的话要说，下面掌声有请喜添千金的 ××× 先生讲话！[11]

11. 本案例引自豆丁网，http：//www.docin.com/p-1107118330.html。

4. 寿宴开场主持词

各位亲朋、好友、来宾：

大家上午好！

今天我受家人的委托，做寿宴的主持人。

又是一个霜叶红于二月花的晚秋，又到了享受丰收喜悦的时候，在农历××月××日这个美好日子里，我们欢聚一堂。请允许我代表老人的全家向各位的光临表示热烈的欢迎和由衷的感谢！

下面我宣布老人的寿辰庆典仪式现在开始！[12]

12. 本案例改编自下列网址，http：//www.oh100.com/a/201208/130068.html。

5. 奠基仪式开场主持词

女士们，先生们：

大家上午好！

江城七月骄阳似火，地气人气共聚瑞气。在最能代表武汉人热情与性情的2011年仲夏，在升官渡这个有着古老美丽传说与强势发展新景的中庸非庸之处、森然厚德之所、华贯长天之地，迎来了具有历史意义的××广场奠基典礼。在这值得铭记的历史时刻，我们非常荣幸地邀请到了众位领导和嘉宾……

让我们以最热烈的掌声欢迎各位领导和嘉宾的光临！

此外，出席今天庆典的来宾还有：……我谨代表武汉××有限公司，对各位领导和嘉宾的光临再次表示热烈欢迎和衷心感谢！

下面，我宣布：××广场奠基典礼庆典仪式现在开始！[13]

13. 本案例改编自豆丁网，http：//www.docin.com/p-787579113.html。

6. 葬礼仪式开场主持词

各位来宾：

今天，我们怀着无比沉痛的心情，在这里悼念老支书、老前辈同志。赵老先生因病医治无效，不幸于××年××月××日晚与世长辞，享年82岁。

赵老先生生前曾担任村支部书记30多年，并任市县人大代表，为村子做出重大贡献，并获得许多奖励和荣誉。老年大学校长专程送来挽词，中肯评价了老支书一生造福乡里，勤勉为民的高风亮节。

赵老先生去世后，前来吊唁的还有市人大、市政府、市政协、市纪委的各位领导，亲友先后送来了花圈、挽幛以表达悼念之情。参加今天追悼大会的有赵老先生的生前好友、亲属、乡党等。在此，我代表赵老先生治丧委员会向赵老先生的去世表示沉痛的哀悼，向前来悼念的各位父老乡亲、亲朋好友表示诚挚的谢意！向治丧工作的全体人员、乡党执客表示由衷的感谢！向各位家眷表示亲切的慰问，敬请节哀顺变。[14]

14. 本案例改编自百度文库，http://wenku.baidu.com/link?url=3WMJ7LOu7oJ2qNmGk1l-mLz35YalUR5YWw5d1Z5YeCyY5zfZKf7pM-mHBykARajotmkNicfekig33s9HDENb1zJTbRRTsTPEbT8vgH2drGW。

三、其他活动开场主持词

除了会议和各种仪式，日常生活中由单位、企业或个人组织的各种活动其他充斥着我们的日常生活。有依据节日举行的文娱活动，有依据自身的纪念日举行的联欢活动，有依据某一主题举行的纪念活动等。每一项活动的进行都离不开主持人这一角色。主持人需要在现场进行穿针引线，活跃气氛，保证活动顺畅、有序地进行。开场白作为主持词的重要组成部分也就显得格外重要，是引领参与者进入活动的必要环节。本部分将就活动开场主持词的内容展开说明。

（一）活动主持开场白的特点

（1）语言要简洁明了，不宜太过拖沓。

（2）即兴成分较多，没有固定的程式。主持人更多依靠个人性格、形象特点、语言动作表达方式及多方面能力去随机发挥。许多独创的机智语言、幽默动作给人留下难忘的印象，其根源并不在于主持技巧，而在于主持人的基本素质和综合能力。

（3）注重现场气氛的调动。活动的类型多种多样，有智力比赛型的活动，有游戏娱乐型的活动，有文艺表演型的活动等，所有的活动都要求参与者全身心地投入其中，做到真正的参与，这就要求主持人在开场阶段通过语言、动作和环节设置使参与者尽快进入状态，以一种积极的状态参与活动。

（4）语言要与活动内容相贴合，要先“入戏”，才能使参与者融入活动。

（5）综合应用多种表现手段。活动主持要学会利用投影、音乐等多种表现手段打造独具特色的开场。

（二）活动主持开场白的内容构成

（1）问候观众。

（2）简单介绍自己。

（3）阐明活动主题。

（4）介绍活动主办方、赞助方，参加活动的主要单位和个人。

（5）欢迎到场的各位观众并致谢。

（6）如果活动中涉及比赛、游戏等环节要宣布规则。

（7）宣布活动开始。

（三）范例

1. 圣诞活动

女：夜色阑珊、流光溢彩，

男：星河灿烂、圣诞祝福，亲爱的各位来宾、各位朋友，

女：女士们、先生们，

合：大家晚上好！

女：圣诞佳节喜相逢，平安之夜欢乐多！

男：今天我们在圣诞之际，相约在此，一来相会旧友，二来结识新朋。

女：是啊，让我们把祝福珍藏在心中，

合：感受圣诞给您带来的这非同凡响的一刻。

男：让我们用最热烈的掌声有请 ××× 为晚会致开幕词。

女：因为相聚，让我们分享这快乐的时光，

男：因为浪漫的圣诞让我们承载无尽的祝福，

合：亲爱的朋友们，真心地祝愿您：圣诞快乐！

男：愿圣诞老人把我们今晚许下的所有心愿，

合：一一实现。

男：圣诞狂欢歌舞晚会现在开始！[15]

15. 本案例改编自百度文库，http：//wenku.baidu.com/link?url=NWn-7bAfvcUjYFjwm5SoZqlQwi3dx4layfXolYsucOcKhQuKJfSFx8E61GdQOTlOdNjTkSb7RRb3VLf30lDgsNQka_Ox7vbCxBnNDYNBly_。

2. 公司宴会主持开场

男：尊敬的各位领导，

女：亲爱的各位来宾、各位朋友，

合：大家晚上好！

男：今晚我们公司的全体同仁在这里欢聚一堂，喜庆昨日的辉煌业绩，展望公司的美好未来！

女：回首往昔，2012 年对于我们每一个人来说都难以忘怀，她给予了我们希望、收获，更重要的是给予了我们成长的经历。

男：展望未来，一年胜似一年景，龙蛇飞舞，迎来美好明天。

女：我们坚信：公司的事业一定蒸蒸日上，她的明天将更加美好。

男：爆竹声声辞旧岁，

女：和风送暖迎新春。

男：愿新年的炮声带给我们吉祥如意，

女：愿新年的钟声带给我们幸福平安。

男：我是主持人 ×××，

女：我是主持人 ×××。

男：出席今天晚会的是公司的全体同仁，同时非常荣幸，我们也邀请了合作伙伴的嘉宾，他们是 ×××。

女：我们公司的发展和成功，与合作伙伴的大力支持和帮助是分不开的，让我们以热烈的掌声对他们的到来表示隆重的欢迎和衷心的感谢！

男：下面有请公司常务副总经理上台。公司业绩蒸蒸日上，让我们以热烈的掌声送给他真挚的祝福，有请 ×× 先生为我们致新年贺词。[16]

16. 本案例改编自百度文库，http：//wenku.baidu.com/view/868498b3ec3a87c24028c4c5.html? from=search

3. 比赛主持词开场

男：尊敬的各位领导，各位来宾，

女：亲爱的同事们，朋友们：

合：大家晚上好！

男：炎炎夏日，又到了一年一度的安全生产活动月，今年是第十个安全生产活动月，本次活动月的主题是：安全责任，重在落实！

女：没错，正所谓未雨绸缪，防患于未然，安全是我们永恒不变的话题，更是我们的生产、生活以及生命的守护！

男：为了纪念中国共产党建党 ×× 周年，也为了使“安全责任，重在落实”安全生产活动开展得更为扎实有效，集团公司工会、企划处主办了本次“安全知识，守护生命”知识竞赛！

女：本次知识竞赛活动得到了集团公司领导的高度重视，今天，集团公司的相关领导也在百忙之中抽空来到了我们竞赛现场，更增添了本次活动的魅力！

男：首先，我们来介绍一下今天到场的领导，他们是 ×××。各位领导亲临活动现场，给我们的竞赛以指导和鼓励，对此，我们表示热烈的欢迎和衷心的感谢！

女：下面为大家介绍担任本次竞赛的评委会成员，他们分别是：×××。还有我们的工作人员：×××。掌声谢谢他们！

男：接下来，让我们掌声有请 ××× 为我们的竞赛致辞！[17]

17. 本案例引自道客巴巴，http：//www.doc88.com/p-501834860616.html。

4. 讲座主持词

蒋碧昆教授学术讲座主持词[18]

18. 本案例引自豆丁网，http：//www.docin.com/p-855393882.html。

今天，我们非常荣幸地邀请来了蒋碧昆教授，与我们全体宪法学与行政法学硕士点的师生进行座谈，使我们有一次与宪法学专家直接交流与对话的机会。

蒋碧昆教授，中国法学会宪法学研究会顾问、中南财经政法大学教授、湖北省宪法学会会长。

蒋碧昆教授是我国著名宪法学家，宪法学界前辈。（1）蒋先生是新中国第一批法学专业本科生。（2）蒋先生曾两次参与《中华人民共和国宪法》的起草和修订工作。在中南海宪法草案办公室参加第一部宪法制定的具体工作，亲历了第一部宪法的诞生。（3）蒋老师长期从事宪法学的教学与研究，培养了大批宪法人才，在学界享有很高的声誉。（4）蒋老师与安徽大学渊源深厚，为安徽大学法学院宪法学与行政法学的建设与发展，做出过突出的贡献。安徽大学培养出新中国第一位行政法学硕士，这个“第一”有蒋碧昆老师及其当时的中南政法学院（现中南财经政法大学）的大力支持。因为这个全国“第一”的行政法学位的“名号”，是（我们的前辈）安徽大学法律系陈安明教授培养的、是蒋碧昆老师为首的中南政法学院授予的。

蒋碧昆老师出生地是湖南省宁乡县花明楼，与 ××× 是同乡、也是至亲。蒋先生的家门是“一门三博士，双教两高工”。即儿子、儿媳和小女儿是博士，父子是教授，大女儿和大女婿是高级工程师。蒋教授曾经说过，他教育子女的方法完全来自于当年 ××× 的耳提面命：一个人的成长有主客观两方面方面，但无论顺境还是逆境，关键还是靠自己；再就是，为学者首先要学会做人。

蒋碧昆先生精通国学，担任武汉青松诗社名誉会长，著有《蒋碧昆文集》等。蒋碧昆教授在法学教育领域默默耕耘 50 多年。播撒法学理念、畅言人间正道、弘扬宪政精神。我们都是在聆听中成长、启迪中感悟的、敬仰中前行。蒋碧昆老师今年 83 岁高寿，今天仍然活跃在教书育人与推进中国宪政的讲坛上，值得我们尊敬与敬仰。我们以热烈的掌声，欢迎蒋老师做讲座。

5. 运动会开场主持词

尊敬的各位领导，老师，亲爱的同学们：

大家早上好！

追逐着十一月的和风，沐浴着温暖的阳光！我们相聚在一起，相会在这收获的季节，让豪情燃烧，让生命射出智慧的光芒。健康的体魄，充沛的精力更是每一个人工作和学习的重要条件。在全面实施素质教育的今天，发展体育运动，增强人民体质，便是我们最迫切的愿望。××× 中学在各级领导的关怀和支持下，不断拼搏，艰苦奋进，一步步地走向辉煌。经过精心筹划、组织实施，今天，我们欢聚一堂，共同迎来了我们的第三届田径运动会！

参加此次体育盛会的共有 9 个代表队。在本届运动会上，他们将发扬“更高，更快，更强”的体育精神，秉承“友谊第一，比赛第二”的优良传统和高尚风格，为班级争光，为校争光，充分展示学生拼搏进取的精神风貌。希望我们的参赛选手在赛场上努力拼搏，赛出风格，赛出水平。让我们共同祝愿本次运动会取得圆满成功！

各位领导，老师，亲爱的同学们，激动人心的开幕式现在开始！[19]

19. 本文改编自道客巴巴，http：//www.doc88.com/p-4415807226177.html。

第三节　竞职口才

竞职面试需要竞职口才。竞职口才是竞职者利用自己所学的知识和技能，向企业、事业单位寻求创造物质财富和精神财富的岗位，获取合理报酬的一种能力，也指在竞职过程中，竞职者准确得体、恰当有力、生动巧妙的口语表达艺术和技巧。简而言之，竞职口才就是竞职者在应聘过程中通过语言表达所表现出来的一种才能。

一、竞职口才的特征

竞职口才除了具有口才的一般特征外，还具有其自身的特殊性，主要表现在以下几个方面：

（一）目的性

在面试考场上，竞职者运用简洁、坦诚而富有个性的语言进行自我介绍、回答问题等，是为了让面试单位认可自己的实力与价值，从而获得理想的职位，具有很强的目的性。

（二）自荐性

自荐性强，是竞职口才区别于其他口才的一大特点，这是因为竞职行为就是为了把自己成功地推销出去。作为竞职者，除了平日积淀下来的良好思想修养和专业素质外，还要做到知己知彼、有备而来、彬彬有礼，还要敢于毛遂自荐、自信自知、有的放矢。

（三）艺术性

竞职口才不仅是自身能力的体现，更是竞职技巧的体现。竞职面试是通向职场成功的第一步，因此竞职者不仅要赢，而且要赢得漂亮。要想赢得让人记忆深刻，竞职者在面试时就要做到审时度势、随机应变、别具一格，突破招聘人员的问话限制，把话说得耐人寻味、富于艺术性。

你要推销的第一个对象，是你自己。你越是对自己有信心，越能表现出自信。你必须有办法盯住对方的眼睛，使他深信你是一个坦荡的、有能力的、靠得住的人。

二、竞职面试时的着装、举止

竞职口才的展现，也需要良好的仪表、举止的配合。

（一）面试着装礼仪

面试是一种正式场合，竞职者的服饰穿戴影响着用人单位对竞职者的第一印象，因而应当认真对待。一般来说，竞职者的着装应与社会时尚相协调，做到既高雅端庄，又大方得体，给人以和谐感、明快感、整体感。在着装时，一忌奇装异服怪打扮，二忌不修边幅邋遢相，三忌不顾细节露马脚。竞职者的须发应该整齐、干净、有光泽，能够露出整个面庞。如果化妆，要化淡妆，以起到强化优点、掩饰缺点、显现个性的作用，使你看上去身体健康，精神焕发，光彩耀人。

（二）面试举止礼仪

1. 彬彬有礼，不得鲁莽

来到单位，竞职者先要轻轻敲门，听见“请进”后，再轻轻地推开门，并主动向屋里的人打招呼，等主人说“请坐”后，再慢慢入座。

2. 举止动作，姿势优雅

竞职者算是有求于人，在供职单位不得太过随便，也不要过于拘谨，或站或坐，都要大方得体。做到：站者，挺直如松；坐者，文雅端庄；动者，从容稳重。比如，坐在考官对面时，身体应微微前倾，双手自然平放或叠放在双膝上，微笑地看着对方，并不时点头回应，这样会给对方留下好的印象。

3. 保持微笑，和善可亲

微笑是社会公关最通用的表情，更是面试竞职不可或缺的表情。从面试的开始到面试结束，竞职者自始至终应该面带微笑。无论成败，微笑都是面试的必备表情。

三、竞职演说的内容

有针对性地展现口才应了解面试的具体内容。面试流程包括自我介绍、回答问题两个部分。下面将对这两部分内容做具体说明。

（一）自我介绍

竞职演说主要是指竞职面试中的自我介绍部分。一个好的自我介绍可以起到推销自己、说服考官的作用。

1. 从对方谈起，反衬自己

许多竞职者在面试中做自我介绍时，总是开门见山、单刀直入地介绍自己。这容易给用人单位一种不太理想的印象。如果换一种方式，不是从我谈起，而是从对方谈起，效果就会大不一样：“我觉得你们单位力量雄厚，领导得力，上下一心，适于一切有才干的青年发展。”这样更能引起对方的好感。

2. 语言客观，不宜过分推销

在向主考官介绍自己时，要注意用较为客观的语言来叙述，从自己与所竞岗位的适应性上来介绍，使用人单位既了解你的成绩和才能，又不至于给对方造成画蛇添足、哗众取宠的感觉。

有一家外贸公司想要招聘一名从事经济贸易的人才，而且要求竞职者会外语。一位青年听到这个消息后喜出望外，马上赶到那家公司应聘。在这位青年面前有三位主考官，他们分别向这位青年提出了一些相关问题。这位青年回答以后，又主动地将自己的情况进行了介绍。他说：“我对经济贸易很感兴趣，因为我上高中时，对世界地理的学习特别用功，所以对各个国家的地理概貌、矿产资源都比较了解，我可以用英语介绍美国西部地区的情况，同时，我也可以用日语介绍第二次世界大战后日本经济腾飞的情况。我曾在商业部门工作三年，所以也懂得一些经商之道。如果你们能认真考虑我的条件，我想我可以胜任此项工作。”这位青年的自我推销恰到好处，不卑不亢，使得在场的三名主考官连连点头，一致同意聘用他。

3. 让对方认同，缩短彼此间的心理距离

这种推销自我的方式适用于条件较优越的人到一般单位竞职。由于自己的条件较优越，容易引起用人单位的误解。所以在介绍自己时，选择让对方易于接受的观点，缩短与对方的心理距离，就会容易得到主考官的认同。例如，大企业的辞职人员到小企业竞职，大城市的任职者到中小城市面试竞职，都要注意这一点。要展示成绩，并说明留下来的动机。

4. 说服劝导，加深主考官的印象

竞职面试时，竞职者处于被动地位，但有时候竞职者对面试主考官进行巧妙、恰当地说服和劝导，能够加深对方对竞职者的印象，有利于竞职的成功。

美国当代著名的创造工程学家奥斯本也曾采用这样的方法推销自己。奥斯本 21 岁那年失业后，到处寻找工作。一次，他到一家报社应征，主考人问他：“你从事写作有多少年的经验？”奥斯本直言相告：“只有三个月，但是您先看一看我所写的文章吧！”主考官看完，对他说：“从你写的文章来看，你既无写作经验，又缺乏写作技巧，文句也不够通顺，但内容却富有创造性，暂时录用，试一试。”奥斯本从主考官的评语中领略到“创造性”的可贵。工作之后，他积极主动地发挥自己的创造力，从一位从未受过高等教育的小职员逐渐成长为大学问家，并出版了《创造性想象》等创造工程学领域的不朽著作，成为现代创造工程的权威和奠基者之一。

5. 说出自己的特点，巧妙地推销自己

人与人的性格特点各不相同，兴趣爱好亦有所区别。面试时，竞职者要根据自己的特点，发挥自己的长处，巧妙地推销自己。

（二）回答问题

大多数面试的问题看似很多，但主考官所关心的大事只有三件：竞职者愿意接受这个工作吗？竞职者是否足以胜任这个工作？竞职者适合这个招聘单位吗？其实这三个问题都在显示同一件事：主考官将因为决定录用竞职者或建议录用竞职者而冒风险。有些主考官只在竞职者完满地回答完这三个问题后，才决定或建议录用，有些主考官则只要你对其中一两个问题有满意的答复后，就会决定或建议录用竞职者。

回答问题也是有技巧的，竞职者掌握了这些技巧就可以轻松地面对竞职面试。这些技巧包括：

1. 克服自卑，表现自信

年轻人都有一种羞怯感，在特定的场合，由于某种原因，羞于启齿是很正常的。然而进入招聘的口试阶段，则应当努力克服羞怯心理。平常不好意思在陌生人、领导、专家面前讲话的，不妨在正式面试前，请一两位有一定相关知识的陌生人进行模拟面试。这种“热身仗”的目的不在于猜题，而是为了减少胆怯感和自卑心理。

2. 听清题意，发挥特长

口试题目，许多是考官们事先准备好的，有题卡供选择，也有即兴提问的，竞职者必须听清题意或者看清题意，针对所问的题目做回答，不要偏离中心，让话语“信天游”。参加招聘考试，有的竞职者是专业对口的，有的是与专业相关、相近的，有的是与原来所学的专业不太对口的，但多数竞职者都会经过“充电”，扩大知识视野，努力做到一专多能，适应市场经济和人才需求的变化。在招聘中，竞职者要抓住机会，主动发挥自己专业特长的优势。

3. 注意语言表达，注意你的声音

竞职者说话的声音和语调代表着自己的性格、态度、修养和内涵。对一个陌生人来说，声音的特点会更加明显地传达这些重要的信息。

在面试时，竞职者务必要口齿清楚、语言流利，不要含糊不清、吞吞吐吐，要保持适当的音量、语调和语速。正确的语调能使人感觉到亲切、沉稳，会在无形之中拉近你和面试人员之间的距离。如果竞职者能把每一个字都十分清楚地表达出来，那就会给人一种自信和头脑清晰的感觉。在现在的职场中，这样的竞职者的综合素质已受到更多的重视。

4. 回答问题要抓住要点

竞职者在回答问题时尽可能用第一、第二、第三来说明，这样能给人以头脑清晰、反应快、思维能力强、办事精明可靠的印象。如果未能完全听懂问题或者不清楚提出这样问题的目的和意图，竞职者可以直截了当地问：“您是否可以再做进一步说明？”或者问：“我对这个问题的要求还不明确，能不能请您再解释一下？”竞职者应该把问题弄清楚再回答，不要抢半截话，或者答非所问，牛头不对马嘴，更不得与对方争辩。

5. 选准角度，注意措辞

面试的话题随问随答，容易失口露怯，竞职者一定要慎重考虑，讲究措辞。假如你是师范院校的毕业生，尽管你可能对当老师不是很感兴趣，但当招聘者问“你对当老师怎么看”时，一种回答是：“我不喜欢当老师，但不得已。”另一种回答是：“我是师范院校毕业的，我喜欢我的专业，当老师能发挥特长。”显然，第一种回答会使招聘者感到你有不安心工作的嫌疑，而第二种回答则会给招聘者留下良好的印象。

6. 坦诚亮底，说话有术

竞职者需要扬长避短，尽量显示自己的优势，但有时要善于坦诚亮底，将局势转劣为优。有位竞选厂长的小伙子这样自荐：“我一没有光荣的党票，二没有金灿灿的大学文凭，三没有丰富的阅历，我只是个初涉社会的小伙子，你们有百分之百的理由怀疑我能否担当我们这个厂的厂长重任。然而，工友们，请你们细心想想，我们工厂长期处于瘫痪状态，难道是因为你们的历届厂长没有党票，没有文凭，没有阅历吗？”

他将历届厂长与自己做了对比，以不言自明的潜台词表明自己的劣势并不是当厂长必备的条件。不过，坦诚亮底应该“亮”得恰到好处，对缺点要点到即止。如果把自己的缺点和毛病说得过多过细，就会损害自己的形象。

7. 不卑不亢谈吐得体

竞职者在面试交谈时要把握一定的“度”，注意说话的速度、声音的高度、感情的温度以及表情、手势、姿态的风度等。竞职者讲话时语速不可太快也不要太慢，声音要不高不低，要体现热情但不要过于激动或者冲动，动作和表情手势要优雅大方、彬彬有礼、举止有度，让人感觉沉着自信，不卑不亢。

有两名刚毕业的大学生到同一家公司应聘。从外表来看，甲西装革履，颇有风度，乙则相貌平平，穿着朴素。按常理来说，甲在面试中应占有优势。但结果却是乙被录取了。原来，甲自以为口才好，不等主考官说完便滔滔不绝地发表意见，中间不让人插话，似乎刻意让别人感到他才华横溢、见解不凡。而乙在交谈时，语速平稳，平静地叙述了自己的见解和想法。主考官说，他从乙的叙述中，看到了礼貌、自信和稳重的品质，看到了他潜在的创造力。而甲语速过快，给人感觉有些轻浮、不扎实，对工作不会有实干精神。

8. 妥善处理问题

有一些在面试中经常碰到的问题，也正是竞职者经常犯错误的地方。比如考官问道：“你认为自己有什么不足？”应试人员问这个问题，是想了解你的诚信度和你是否与你应聘的职位相匹配。一般人只会顾及两个方面中的一个方面，要么直截了当地把自己的缺点都说出来，以求给面试人员一个诚实的印象；要么掩饰自己的缺点，向面试人员撒谎。

这两种做法都是不可取的，我们应该在两者之间寻找一个平衡点。如果你应聘的是财务工作，你可以这么说：“我是个慢性子，这使得我常常对每件事情都考虑得很细致。”又比如，你笼统地说：“我的确有很多缺点，但是我想这些缺点并不会影响我的优点的发挥。”

应试人员通常还会这么问：“如果你的意见和上司的意见发生了冲突，你会怎么做？”这种假设是想试探你的沟通能力和自我认同感。你的回答应该是：“首先，对上司的意见进行思考，因为毕竟他比我有经验，看问题也会更加全面和深刻一些；其次，如果我的确认为我的意见更加正确，那么我会把我的意见和上司进行沟通，相信他也会赞同我的意见，毕竟我们的目标是相同的。当然在沟通的过程中应该注意运用一定的技巧。”

还有一个问题是竞职者关心的，那就是薪酬。竞职者即使不认为这个问题是最重要的，至少也会认为它很重要。如何跟面试人员谈论薪酬问题十分关键，它对你面试成功与否有很大的影响。竞职者要大胆地说出自己的期望薪酬，不要说“按照公司的规定办”之类的话。这表明你对现在的工作并没有很清楚的认识。当然，你的期望薪酬应该跟公司和你个人的要求相符合，过高或过低对你都没有好处。给出一个可以浮动的范围，这样让对方有考虑的空间。一般而言，如果你的确很适合这个职位，雇主不会让你失望的。

四、竞职演说案例

竞职演说以自我介绍为主。学习下列演说中的自我介绍案例，找到适合自己的自我介绍方法。

我是×××。我来自陕西安康，西北的山城、北方的江南。我喜欢旅行、喜欢运动、更喜欢阅读。喜欢英国作家罗素。罗素用诗的语言讲述了支撑他人生意义的三种东西：知识、爱和悲悯。我没有罗素一样深沉的阅历，但我发现能够支撑我人生幸福的东西也有三种。这三种东西其实是三重不同的身份：一重是学生，做学生能够不断体验求知的乐趣，所以我现在还是学生。第二重是教师，做教师可以不断体验启迪他人的乐趣。我目前执教于北京新东方学校。第三重是尚未成就的梦想，一个有个性的电视节目主持人。在我看来做主持人与做教师无异，因为电视媒体能为我提供一个更大的讲台，因而一个好的主持人能够启迪更多的人！

我毕业于中国传媒大学英语播音与主持艺术专业，目前在英国伦敦政治经济学院和美国南加州大学攻读全球传媒与传播的双硕士学位。专业的知识积累和多元文化的经历给了我海纳百川的性格，我衷心地希望自己能够做一名沟通的使者，架起一座连接中国和世界、电视和观众的桥梁，让交流更加顺畅，生活充满和谐，希望您给我这个宝贵的机会！谢谢！

我貌赛潘安、义超关羽、智胜孔明，上知天文、下晓地理，出口成章、提笔成文，懂阴阳、测八卦，知奇门、晓遁甲的大豪杰、大英雄、大剑客、大宗师，人称山崩地裂水倒流，赶浪无丝鬼见愁，前无古人，后无来者的天下第一"帅"呀！是这段吧！自己的主持人观点：电视是一扇窗，当你打开这扇窗时，你我之间就开始了真诚的交流，主持对我来说是一个无限广阔的魅力空间，我甘愿为他付出，为他奉献。我的赛前宣言：这次《挑战主持人》真是高手如云，不管我今天的胜负如何，我都要把最好的一面展现给观众朋友。

尊敬的各位评委老师、各位观众，你们好！一个自信的性格，一个放松的状态，以及一种让人亲近的感觉，这就是我。我毕业于 ××× 表演专业。我是一个非常乐观的小孩，最大的特质就是执着，只要是我所选择的事情、我所选择的道路，我都会非常坚定地走下去。我喜欢挑战自我，喜欢在强手之中找到自己的位置。如果胜利，我会嫣然一笑；如果失败，我会得到更大的动力，争取更大的成功。我看过一本书，书上说：机遇对每个人都是平等的。但成功只给有准备的人。而这个准备，就是一个自我提高、自我完善的过程。只要你为自己选择的目标去奋斗，你的生活就会充满快乐。今天，能不能得上奖并不重要，重要的是我给了自己一次展示自我、认识自我、锻炼自我的机会，也给我一次向大家学习、提高自我的机会。[20]

20. 以上案例是根据电视栏目《挑战主持人》参赛者的自我介绍整理的。

第四节 即兴发言

即兴发言又称即席发言或临时发言，是一种不凭借文字材料来表情达意的语言交际活动。发言者"兴之所至，有感而发"，在事先没有准备或准备不充分的情况下，就眼前的场面、情境、事情、人物等，发表意见、看法或表达某种情感、愿望。例如，各种大小会议上的发言、总结致辞；各种礼仪讲话，包括生日祝词、婚庆祝词、开业庆典祝词、节日祝福、迎送答谢词；各种聚会、座谈、谈判、聚会上的即兴讲话等。

一、即兴发言的特征

（一）临场性

有无发言稿，是拟稿发言与即兴发言的重要区别。即兴发言大多数只有几分钟的时间打腹稿，靠“临阵磨枪”、就地取材，然后展开联想，借题发挥。

（二）迅速性

即兴发言是在特定的时空环境下临时发表的言论，要求发言者在很短的时间内根据眼前的特定场合、对象等进行构思，组织材料进行发言。

（三）凝练性

由于临时准备、即兴发挥，发言者很难构思出长篇大论来，所以即兴发言的内容单一，往往讲述一个场景、一件事情、一个观念，短小精悍，语言简洁、生动、形象。如耶鲁大学原任校长理查德·赖温在耶鲁大学300年校庆时的发言，只有一分钟。

（四）以小见大，借题发挥

即兴发言可以以点带面，从现象究本质，阐述具有普通意义的人生道理、生活哲理和社会真理。

二、即兴发言的话题选择技巧

即兴发言是人们在特定的场景中，受客观事物的触发而临时进行的发言。“兴之所至，有感而发”是即兴发言的基本特点。那么这兴致又从何而来呢？实践证明，即兴发言的“兴”即话题，来源是丰富多彩的。发言者临场选择与发言主题一致的话题，或选择听众所熟悉的、易理解的话题等，可以使即兴发言取得旗开得胜的效果。

（一）感“时”起“兴”

特定的时间，是即兴发言的一个构思要素。有些主题与特殊的时间相关，如教师节师生联欢会上的即兴发言，发言者就可以问候一声：辛勤培养我的老师们，你们辛苦了！祝愿一声：无悔奉献人生的老师们，你们节日快乐！发言者抓住“教师节”这个具有特定意义的时间，表达了自己对教师节的盼望之情，对教师的问候和祝愿之意。这种朴实自然的发言，可以吸引听众的注意力，现场效果很好。

（二）感“地”起“兴”

特定的地点同环境因素密切相关，如果处在现场环境中的人对这一地点有着难以忘怀的人生记忆，就有可能由此激起内心强烈的情感活动，从而产生一吐为快的表达欲望。如老同学聚会时的即兴发言：当年一声再见，我们含泪离开母校。今天为了重温旧梦，我们又从四面八方汇集到母校。母校是我的娘家，回到娘家，心中就有许多说不出来的感慨和欣喜……学校是学生成长的摇篮，有许多青春的记忆。重返校园，讲述让人魂牵梦绕的校园故事，能够使听众感同身受。

（三）感“人”起“兴”

在发言活动中，发言者和听众的关系十分密切。在即兴发言时，最切实可行、最容易做到的就是用自己做例子或从听众的身份、职业、爱好、语言、籍贯等方面入手寻找发言兴奋点。如有关“矮子问题”的即兴发言：

由我当众提出这个问题（“矮子问题”），岂不惹火烧身？这也要点勇气呢！老实说，在我年轻的时候，我并不觉得“矮”有什么问题，直到80年代，在舆论压力之下，才感觉成了问题。其实，白鹤腿长，鸭子腿短，都是生来如此，何必自寻烦恼！现在要问，矮子能有风采吗？答曰：“高个儿不见得都有风采，矮个儿不见得都没风采。”那么，矮个儿怎样才能也具有风采呢？我有几点心得可供参考：首先是要有自信……第二，不要犯忌讳……第三，把胸脯挺起来……第四，最重要的还是本人的德学才识，有修养，有风度，对社会有贡献……趁着晚会的高兴劲儿，解开这个“矮子问题”，不知台下的某些同学心里是否踏实些？[21]

21. 方克强编：《能说会道》，上海三联书店1998年版，第161页。

发言者就自己的身高开题，向听众发表对“矮子问题”的看法。亲身的经历，深切的体验，自信的语调，展示了“矮子的风采”，引起了听众的强烈共鸣。

（四）感“事”起“兴”

在社会生活中，热门话题常常成为即兴发言的主题。其实，所谓的生活小事只要蕴涵重要的意义，也同样可以成为富有启发性和感召力的话题。如周末班会上的一位教师针对商店招牌上的错别字进行了即兴发言：“今天我上街的时候，发现商店招牌上的错别字明显减少了。也许有人会认为这是件小事，但我认为这是一件令人高兴的大好事。因为它说明社会用字的规范化问题已经引起了政府有关部门的重视，并得到了人民群众的理解和支持。同学们，你们是未来的人民教师，不仅平时要写规范字，而且还要尽一切可能承担起规范用字的社会责任。”这位教师抓住用字规范这一现象，向学生表达了自己对规范汉字的见解，使学生深受教育和启发。

（五）感“景”起“兴”

世间最奇妙的事，就是天才诗人与美妙山水的遇合。即兴发言时，特定的景象同样也能给发言者带来一吐为快的冲动。如一位班主任带领学生春游，在举行联欢会前，班主任进行了即兴发言：“今天天气真好，春风特别和煦，阳光格外明媚。在这充满生机与活力的季节里，我们走进了美丽的大自然。面对莺歌燕舞、姹紫嫣红的美妙世界，我们怎能不亢奋、怎能不激动、怎能不欣喜？让我们放开歌喉，尽情歌唱这妩媚的春天吧！”大自然的美丽多姿，激起了发言者的热爱之情，也使发言情景交融，声形并茂，自然而然地激发了学生的表演激情。

（六）感“物”起“兴”

会议现场有时会出现某种引人注目的物品，发言者可以着眼于其特殊内涵、象征意义进行主观联想，借题发挥。如发言者在“钻石表杯”业余书评授奖大会上的即兴发言：钻石代表坚韧，手表意味时间，时间显示效率，坚韧与效率的结合，这是一个读书人的成功所在，一个人的希望所在。发言者就眼前之物“钻石表”起兴，揭示了“钻石表”的品牌内涵，表达了对读书人的殷切希望，给听众以深刻的启示和教育。

（七）感“言”起“兴”

当我们置身于座谈会、迎送会等场合中，看到别人滔滔不绝、侃侃而谈时，有时也会深受感染，产生说话的兴致。可是怎么说呢？这时最简单的办法就是从别人的表达中捕捉话题，加以引申、发挥。

如某位老师在高职语文研讨会上的即兴发言：“张老师刚才的发言真是太好了。我十分赞同他的‘高职大学语文课程教学必须贯彻高职本位和语文本位’的观点。是的，高职大学语文教学改革既要对课程进行定位，又要重构教学内容，如分成阅读理解、口语交际和应用写作三个部分……”这位老师对高职大学语文教学改革的看法，显然是在研讨会上聆听了别人的发言后被一种强烈的赞同感而激发出来的。

（八）感“行”起“兴”

生活中，倘若某种行为具有普遍的社会意义，就能激起发言者发言的兴趣。如某教师在一次主题班会上的即兴发言：“今天我们班的同学，在炎炎烈日下为救灾做义演，为的是向四川受灾群众献上一份爱心，送去一片希望。你们的爱让我感动，让我欣慰。你们这些 90 年代以后出生的孩子，不是自私的一代，不是没有情感的一代，而是充满爱心的、富有责任感的一代。”

三、即兴发言的结构

在特定的语言环境中即兴发言，现场的压力往往催生出灵感的火花，但这些火花般的“思维点”是支离破碎、稍纵即逝的。因此，发言者要迅速开动脑筋，想清楚要说什么和怎么说。

从被点名走到讲台或从座位上起立站稳，通常都能“偷到”30秒左右的宝贵时间。有经验的发言者都能充分利用这黄金时间，根据已经确定的主题，镇静而又迅速地对散乱的思维进行连缀，或以一个模式框架进行快速构思，使自己的表达既符合人们的思维习惯，又能让自己有“路”可寻、有“径”可依。具体的构思方法有以下几种模式：

（一）散点连缀法

在即兴发言前紧张地选材构思时，人的头脑中会出现很多散乱的思维点，发言时要捕捉这些思维点，从这些点的关系中确定一个中心，并用它连缀这些点，舍去与主题无关的点。当表达“网络”形成后，就可以开始讲话了。

（二）卡耐基的“魔术公式”

这个公式的要点是：援引例子——提出观点——警句收尾。发言时，先把实例的细节告诉听众，说明具体意念；接着，以详细清晰的言辞说出论点，陈述缘由；最后向听众强调，如果按所说的去做，会有什么好处。这个公式非常适合当今快节奏的生活方式。如发言者想要听众为贫困儿童慷慨解囊，可以先描述一个缺乏经济援助的儿童的病例，为发言的目的铺路，然后再进行详细说明。

（三）理查德的“四部曲模式”

这一模式的步骤是：第一，“喂，请注意”，唤起听众的兴趣；第二，“为什么要费这个口舌”，强调发言的重要性；第三，“举例”，用具体事例形象化地将论点印入听众的脑海；最后，“怎么办”，讲清楚听众该做什么。理查德认为，“为什么”和“举例”这两部分如同馅饼里的馅，味道全在这里面。但是这两部分要注意开篇和结尾相呼应。

（四）“三么”框架模式

在即兴发言前短暂的准备时间里，快速思考三个最基本的问题：是什么、为什么、怎么做。如教师在谈学生厌学时，就要调动自己的知识积累和生活经验，从“三么”的角度来构思。

（五）“三点”归纳模式

这“三点”是归纳前面所有讲话人的要点，提取前面某个人或某些人讲话的特点，捕捉前面某个人或某些人讲话的闪光点。一般总结性的即兴发言可以综合运用要点、特点、闪光点；中场性的即兴发言，可抓住其中的某一点——特点或闪光点。

（六）“链形”延展模式

“链形”延展模式的特点是先确定发言的主旨，并以此为“意核”。发言者以“意核”为“开篇首句”，然后句句紧扣意核（首句），单线纵向发展，形成环环相扣的链条。

四、即兴发言案例

马云 2001 年回答网友提问

创业初期，不仅需要公司英雄，更需要团队英雄。最好是唐僧团队。

中国人认为最好的团队是“刘、关、张”的团队，还有赵子龙、诸葛亮，这样的团队真是“千年等一回”。

我们认为世界上最好的团队是唐僧团队。唐僧是领导，也是最无为的一个，唐僧“迂腐”得只知道“获取真经”才是最后的目的，孙悟空脾气暴躁却有通天的本领，猪八戒好吃懒做但情趣多多，沙和尚中庸但却任劳任怨挑着担子，这样的团队无疑比“一个唐僧三个孙悟空”的团队更能够精诚合作、同舟共济。

这就是团队的精神，有了猪八戒才有乐趣，有了沙和尚才有人担担子，少了谁也不可以，互补，相互支撑，关键时也会吵架，但价值观不变。我们要把公司做大、做好。阿里巴巴就是这样的团队，在互联网低潮的时候，所有的人都往外跑，但我们是员工流失率最低的。

马云 2001 年在厦门会员见面会上的演说

我认为公司里最大的财富是老员工。我的 COO，25 年前从伦敦商学院毕业，在通用电气工作了 16 年，在 BTR 工作了 6 年，他们的经验告诉我，MBA 必须和现实结合，必须有实践经验才能获得成功。

MBA 不是职业经理人，我本人对职业经理人这个提法有很多很多的看法，包括我现在请来的职业经理人，他们也认为我们不需要经理人。

千兵易得，一将难求，MBA 要培养的是一个领导人。中国有 5 千年的文化，我们一直以人为本，如果把人抛弃了，纯粹搞“中国时代的一套”肯定不行。大家可以想想，今天全世界这么多“.com”里，纯 MBA 建立起来的公司并不多。

不想当将军的士兵不是好士兵，但是做不好士兵的人永远当不了将军。

屠呦呦在获得诺贝尔奖时的致辞

最后，我要万分感谢的，是一种生长在中国大地上的草本植物——青蒿。它星散地生长于低海拔、湿润的河岸边砂地、山谷、林缘、路旁等，也见于滨海地区。在中国近20个省、区都能见到它的身影。

一岁一枯荣的青蒿，生，就生出希望；死，就死出价值。

其茎，其叶，其花，浓香、淡苦，蕴涵丰富的艾蒿碱、苦味素，是大自然送给人类的一种廉价的抗疟药。

在我的科研生涯中，一代又一代，一茬又一茬的青蒿“前赴后继”，奉献了自己的身躯，成就了中国的中医事业。

正是因为他们的“牺牲”，才铺就了我通往诺贝尔的坦途。

青蒿呦呦。

情感呦呦。

生命呦呦。

俞敏洪励志演说节选

伟大与平凡的不同之处是，一个平凡的人，每天过着琐碎的生活，但是他把琐碎堆砌出来，还是一堆琐碎的“生命”！所谓伟大的人，是把一堆琐碎的事情，通过一个伟大的目标，每天积累起来以后，变成一个伟大的事业！

陈道明在回答观众关于教育孩子问题时的一段演说

我对女儿的教育特别简单，当时她出去留学的时候我就给她三句话，第一句话是要愉快，第二句话是身体要好，第三句话才是尽量学习好。我为什么把学习搁在最后，我觉得人的一生愉快最重要，这个不在于你生活的水平高低，也不在于你生命的长短。愉快的一生，这是“质量”，然后尽量身体好，因为保重自己的身体，是你愉快的一个基础。宝塔尖永远是一小部分。你要把鸭子赶上架挺难的，凤凰落在地上还是凤凰，鸡搁在墙头上还叫鸡。

参考书目

[1] 张颂 :《中国播音学》,中国传媒大学出版社 2003 年版。

[2] 张颂 :《朗诵美学》,中国传媒大学出版社 2010 年版。

[3] 李秀然 :《诵读艺术技巧与训练》,中国传媒大学出版社 2013 年版。

[4] 曾致 :《朗诵艺术指要》,中国传媒大学出版社 2013 年版。

[5] 吴郁 :《当代广播电视播音主持》,复旦大学出版社 2008 年版。

[6] 罗莉 :《文艺作品演播技巧》,中国广播电视出版社 2003 年版。

[7] 王福生 :《诗歌朗诵艺术》,中国广播电视出版社 2009 年版。

[8] 付程 :《实用播音教程——语言表达》,中国传媒大学出版社 2002 年版。

[9] 鲁景超 :《广播电视即兴口语表达》,中国传媒大学出版社 2000 年版。

[10] 叶立新 :《卡耐基口才训练全集》,海潮出版社 2010 年版。

[11] 林语堂 :《说话的艺术》,陕西师范大学出版社 2009 年版。

[12] 宋怀强、陶延东、陈贝贝 :《脱口秀主持人语言技巧训练》,上海音乐出版社 2006 年版。

[13] 方凤玲 :《演讲与口才》,北京师范大学出版社 2009 年版。

[14] 胡伟、邹秋珍 :《演讲与口才》,清华大学出版社 2009 年版。

[15] 宋小丹、汤卓家 :《魅力演讲与辩论》,羊城晚报出版社 2002 年版。

郑重声明